2025년 23회 대비

나눔의집 사회복지사1급

# 강의로 쌓는 기본개념

1과목 | 사회복지기초

## 2영역 사회복지조사론

사회복지교육연구센터 편저

사회복지 전문출판 나눔의집

# CONTENTS

# 2024년 제22회 사회복지사1급 국가자격시험 결과

22회 필기시험의 합격률은 지난 21회 40.70%보다 10%가량 떨어진 29.98%로 나타났다. 많은 수험생들이 3교시 과목을 어려워하는데, 이번 22회 시험의 3교시는 순간적으로 답을 찾기에 곤란할 만한 문제들이 더러 포진되어 있었고 그 결과가 합격률에 고르란히 나타난 듯하다. 이번 시험에서 정답논란이 있었던 사회복지정책론 19번 문제는 최종적으로 '전항 정답' 처리되었다.

### 제22회 사회복지사1급 응시현황 및 결과

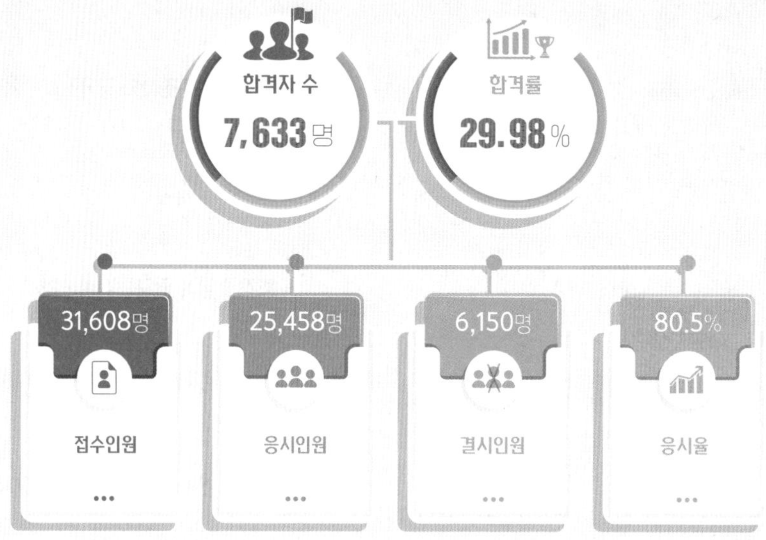


※이는 필기시험 결과이다.

### 1회~22회 사회복지사1급 국가시험 합격률 추이

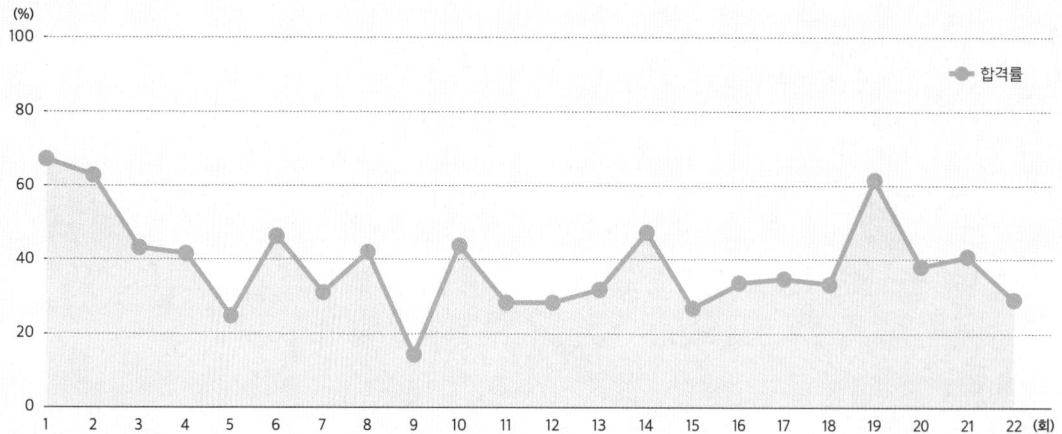

## 22회 기출 분석 및 23회 합격 대책

### 22회 기출 분석

사회복지조사론은 출제영역의 분포에 있어서 예년과 비교하여 크게 변하지 않는 모습을 보였으며, 난이도도 높지 않게 출제되었다. 다만, 선택지의 내용을 헷갈리게 하거나 새로운 용어를 사용하는 등 답을 선별하기 어렵게 만든 문제가 다수 출제되었으며, 기존에 자주 출제되지 않았던 분석단위, 인과관계 추론, 표집용어, 참여관찰자의 유형에 관한 문제가 출제되면서 까다롭게 느낀 수험생들도 있었을 것이다. 7장 측정과 9장 표집(표본추출)에서 총 8문제가 출제되면서 예년의 시험과 유사하게 여전히 높은 출제비중을 보였다.

### 23회 합격 대책

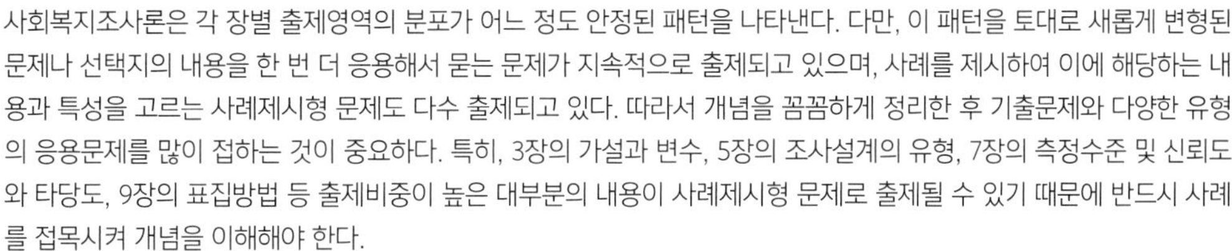

사회복지조사론은 각 장별 출제영역의 분포가 어느 정도 안정된 패턴을 나타낸다. 다만, 이 패턴을 토대로 새롭게 변형된 문제나 선택지의 내용을 한 번 더 응용해서 묻는 문제가 지속적으로 출제되고 있으며, 사례를 제시하여 이에 해당하는 내용과 특성을 고르는 사례제시형 문제도 다수 출제되고 있다. 따라서 개념을 꼼꼼하게 정리한 후 기출문제와 다양한 유형의 응용문제를 많이 접하는 것이 중요하다. 특히, 3장의 가설과 변수, 5장의 조사설계의 유형, 7장의 측정수준 및 신뢰도와 타당도, 9장의 표집방법 등 출제비중이 높은 대부분의 내용이 사례제시형 문제로 출제될 수 있기 때문에 반드시 사례를 접목시켜 개념을 이해해야 한다.

## 22회 출제 문항수 및 키워드

| 장 | 22회 | 키워드 |
|---|---|---|
| 1 | 3 | 과학철학, 과학적 탐구의 윤리적 문제, 과학적 지식의 특성 |
| 2 | 2 | 종단연구의 유형(패널조사, 동년배조사), 분석단위 |
| 3 | 2 | 변수의 유형, 영가설과 연구가설 |
| 4 | 2 | 인과관계의 추론, 내적 타당도 저해요인(통계적 회귀) |
| 5 | 2 | 통제집단 사전사후검사 설계, 정태적 집단비교 설계 |
| 6 | 1 | 단일사례설계 |
| 7 | 4 | 측정수준, 내적 일관성 신뢰도법, 신뢰도와 타당도 |
| 8 | 1 | 척도의 유형(보가더스의 사회적 거리척도, 리커트 척도) |
| 9 | 4 | 표집용어, 표집방법의 유형, 표집오차, 질적 연구의 표집방법 |
| 10 | 1 | 자료수집 유형 |
| 11 | 1 | 내용분석법 |
| 12 | 0 | - |
| 13 | 2 | 질적 연구의 특성, 참여관찰자의 유형 |
| 14 | 0 | - |

## 합격을 잡는 학습방법

### 아임패스와 함께하는 단계별 합격전략

나눔의집의 모든 교재는 강의가 함께한다. 혼자 공부하느라 머리 싸매지 말고, 아임패스를 통해 제공되는 강의와 함께 기본개념을 이해하고 암기하고 문제풀이 요령을 습득해보자. 또한 아임패스를 통해 선배 합격자들의 합격수기, 학습자료, 과목별 질문 등을 제공하고 있으니 23회 합격을 위해 충분히 활용해보자.

### 기본개념 학습 과정

**1 단계**

#### 강의로 쌓는 기본개념

어떤 유형의, 어떤 난이도의 문제가 출제되더라도 답을 찾기 위해서는 기본적인 개념이 탄탄하게 잡혀있어야 한다. 기본개념서를 통해 2급 취득 후 잊어버리고 있던 개념들을 되살리고, 몰랐던 개념들과 애매했던 개념들을 정확하게 잡아보자. 한 번 봐서는 다 알 수 없고 다 기억할 수도 없지만 이제 1단계, 즉 이제 시작이다. '이렇게 공부해서 될까?'라는 의심 말고 '시작이 반이다'라는 마음으로 자신을 다독여보자.

#### 기본개념 완성을 위한 학습자료

기본개념 강의, 기본쌓기 문제, O X 퀴즈, 기출문제, 정오표, 묻고답하기, 지식창고, 보충자료 등을 아임패스를 통해 만나실 수 있습니다.

### 실전대비 과정

**4 단계**

#### 강의로 완성하는 FINAL 모의고사(3회분)

그동안의 학습을 마무리하면서 합격에 대한 확신을 가져보자. 답안카드를 포함하고 있으므로 시험시간에 맞춰 풀어보기 바란다.

#### 강의로 잡는 회차별 기출문제집

학습자가 자체적으로 모의고사처럼 시험시간에 맞춰 풀어볼 것을 추천한다.

※이 내용은 합격수기 게시판에 올라온 선배 합격자들의 학습방법을 바탕으로 재구성한 것입니다.

**기출문제 번호 보는 법**

22-01-25 (기출회차 - 영역 - 문제번호)

'기출회차-영역-문제번호'의 순으로 기출문제의 번호 표기를 제시하여 어느 책에서든 쉽게 해당 문제를 찾아볼 수 있도록 하였다.

## 기출문제 풀이 과정

**2 단계**

### 강의로 복습하는 기출회독

한 번을 복습하더라도 제대로 된 복습이 되어야 한다는 고민으로 만들어진 책이다. 기출 키워드마다 다음 3단계 과정으로 학습해나간다. 기출회독의 반복훈련을 통해 내 것이 아닌 것 같던 개념들이 내 것이 되어감을 느낄 수 있을 것이다.

1. 기출분석을 통한 이론요약
2. 다양한 유형의 기출문제
3. 정답을 찾아내는 훈련 퀴즈

### 강의로 잡는 장별 기출문제집

기본개념서의 목차에 따라 편집하여 해당 장의 기출문제를 바로 풀어볼 수 있다.

## 요약정리 과정

**3 단계**

### 강의로 끝내는 핵심요약집

8영역을 공부하다 보면 먼저 공부했던 영역은 잊어버리기 일쑤인데, 요약노트를 정리해두면 어디서 어떤 내용을 공부했는지를 쉽게 찾아볼 수 있다.

## 예상문제 풀이 과정

### 강의로 풀이하는 합격예상문제집

내 것이 된 기본개념들로 문제의 답을 찾아보는 시간이다. 합격을 위한 필수문제부터 응용문제까지 다양한 문제를 수록하여 정답을 찾는 응용력을 키울 수 있다.

★ **QR코드를 활용하세요!**

스마트폰의 카메라, 네이버의 '스마트렌즈', 카카오톡의 '코드스캔' 기능으로 QR코드를 찍으면 관련 동영상 강의를 바로 볼 수 있습니다.

## ★ 장별 학습내용 안내

본격적인 학습에 앞서 각 장에서 어떤 내용을 다루고 있는지를 전체적으로 확인해볼 수 있도록 마련하였다.

**한눈에 쏙**

각 장에서 학습하게 될 내용들을 안내함과 동시에 그동안의 출제율을 반영하여 중요도 및 23회 출제 부분을 표시하였다.

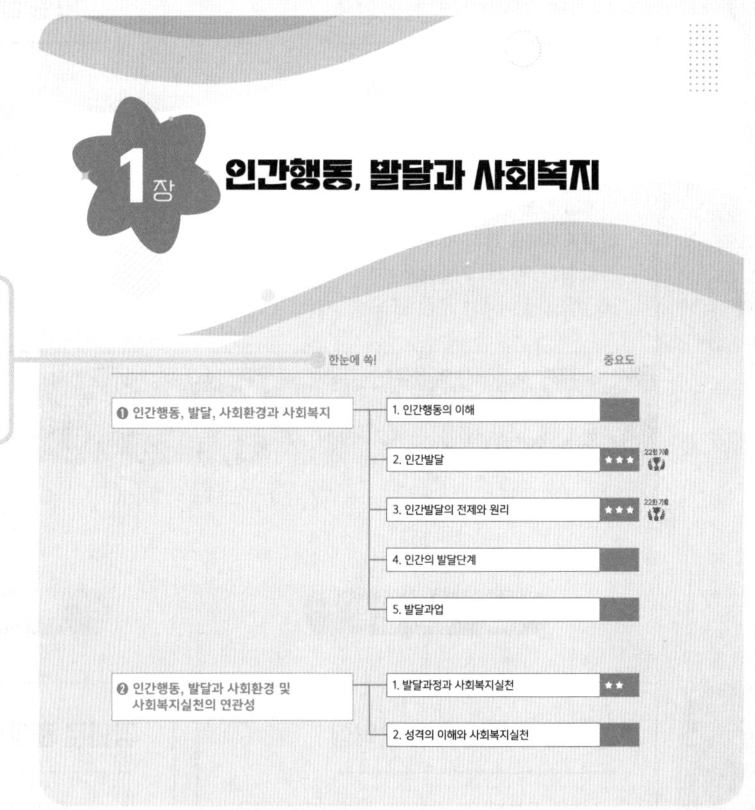

1장 인간행동, 발달과 사회복지
한눈에 쏙!
중요도
❶ 인간행동, 발달, 사회환경과 사회복지
1. 인간행동의 이해
2. 인간발달
3. 인간발달의 전제와 원리
4. 인간의 발달단계
5. 발달과업
❷ 인간행동, 발달과 사회환경 및 사회복지실천의 연관성
1. 발달과정과 사회복지실천
2. 성격의 이해와 사회복지실천

## ★ 장별 기출경향 안내

18회 시험부터 22회 시험까지 최근 5개년의 기출문제를 분석하여 관련 정보를 안내하였다.

**기출 포인트**

최근 5개년 출제 분포와 함께 시험 경향을 안내하여 어떤 점에 유의하면서 학습해야 하는지를 안내하였다.

**핵심 키워드**

최근 10개년의 기출문제를 분석하여 핵심 키워드를 선정하였다. 나눔의집의 학습전략 2단계 기출회독 시리즈는 각 영역별로 핵심 키워드에 따라 복습하도록 구성되어 있다.

**아임패스와 함께**

기본개념 강의를 비롯해 아임패스에서 제공하는 다양한 학습자료들을 보다 편리하게 이용할 수 있도록 각 장마다 QR코드로 안내하고 있다.

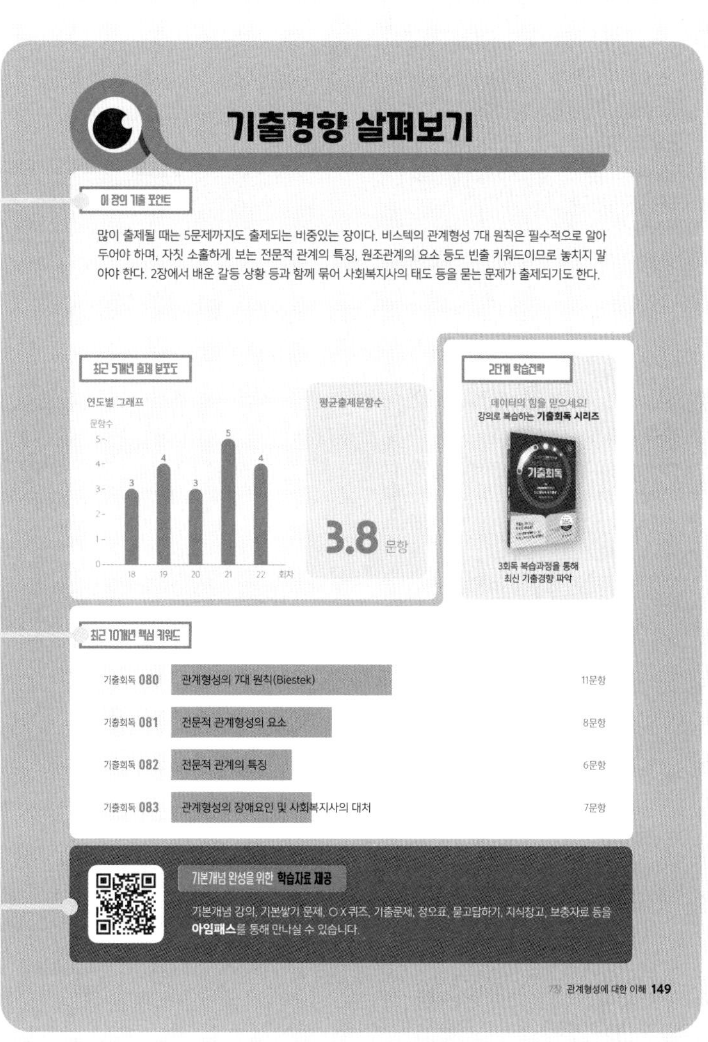

기출경향 살펴보기
이 장의 기출 포인트
많이 출제될 때는 5문제까지도 출제되는 비중있는 장이다. 비스텍의 관계형성 7대 원칙은 필수적으로 알아두어야 하며, 자칫 소홀하게 보는 전문적 관계의 특징, 원조관계의 요소 등도 빈출 키워드이므로 놓치지 말아야 한다. 2장에서 배운 갈등 상황 등과 함께 묶어 사회복지사의 태도 등을 묻는 문제가 출제되기도 한다.
최근 5개년 출제 분포도
연도별 그래프
문항수
3
4
3
5
4
18
19
20
21
22
회차
평균출제문항수
3.8 문항
2단계 학습전략
데이터의 힘을 믿으세요!
강의로 복습하는 기출회독 시리즈
3회독 복습과정을 통해
최신 기출경향 파악
최근 10개년 핵심 키워드
기출회독 080 관계형성의 7대 원칙(Biestek) 11문항
기출회독 081 전문적 관계형성의 요소 8문항
기출회독 082 전문적 관계의 특징 6문항
기출회독 083 관계형성의 장애요인 및 사회복지사의 대처 7문항
기본개념 완성을 위한 학습자료 제공
기본개념 강의, 기본쌓기 문제, O X 퀴즈, 기출문제, 정오표, 묻고답하기, 지식창고, 보충자료 등을 아임패스를 통해 안내실 수 있습니다.
7장 관계형성에 대한 이해 149

## ★ 본문에서 짚어주는 기출경향 및 중요도

공부하는 내용이 많다 보니 어느 부분이 중요한지, 어떤 내용이 출제되는지를 파악하는 것은 매우 중요하다. 좀 더 효율적으로 학습할 수 있도록 본문에 기출과 관련된 사항들을 안내하였다.

**기출회차**

1회부터 지금까지 얼마나 자주 출제된 내용인지를 알 수 있도록 출제된 회차를 표시하였다.

**중요도**

그동안의 기출경향을 파악하여 학습의 포인트를 짚어주었다.

중요도 ★★★

융 이론에서는 아들러 이론에서와 마찬가지로 전반적인 개요와 주요 개념을 묻는 문제가 주로 출제되므로 무엇보다 개념을 정확히 구분하는 것이 중요하다.

### 2. 분석심리이론의 개요 22회 기출

**(1) 개념 및 특징**

- 인간행동은 의식과 무의식의 상반되는 두 가지 힘에 의해서 형성된다.
- 무의식을 개인무의식과 집단무의식으로 구분하였다.
- 융은 아동기보다는 성인기의 발달에 더 관심을 두었다.

**22회 기출**

22회 시험에 출제된 부분은 별도로 표시하였다.


중요도 ★★★

융 이론에서는 아들러 이론에서와 마찬가지로 전반적인 개요와 주요 개념을 묻는 문제가 주로 출제되므로 무엇보다 개념을 정확히 구분하는 것이 중요하다.

### 2. 분석심리이론의 개요 22회 기출

**(1) 개념 및 특징**

- 인간행동은 의식과 무의식의 상반되는 두 가지 힘에 의해서 형성된다.
- 무의식을 개인무의식과 집단무의식으로 구분하였다.
- 융은 아동기보다는 성인기의 발달에 더 관심을 두었다.


**꼭!**

꼭! 봐야 할 내용을 놓치지 않게 한 번 더 강조하였다.

**강화(reinforcement)** ★

- 강화란 보상을 제공하여 행동에 대한 반응을 강력하게 하는 것을 말한다.
- 행동의 결과로서 그 행동을 좀 더 자주 유지하도록 했다면 그 결과를 강화라고 한다.
- 강화물은 반응을 증가시키는 행위나 사물로 행동을 강화함으로써 미래에 그 행동을 다시 할 가능성을 높이는 역할을 한다.

  예 철수가 심부름을 하자(행동) 엄마가 아이스크림을 사주었다(행동의 결과). 그랬더니 철수가 그 뒤로도 심부름을 자주하더라(행동빈도의 증가 혹은 유지). 이때 행동의 결과인 '아이스크림 사주기'는 강화에 해당한다.
- 강화에는 즐거운 결과를 부여하여 행동 재현을 가져오도록 하는 (긍)정적 강화와 혐오스러운 결과를 제거함으로써 바람직한 행동 재현을 유도하는 부(정)적 강화가 있다.

# ★ 더 쉬운 개념 이해를 위한 구성

간단한 개념정리, 함께 봐두면 도움이 될 만한 내용, 쉽게 헷갈릴 수 있는 내용들에 대해 안내하였다.

**잠깐**

용어의 정의나 개념 등을 간략히 설명하였다.

**합격자의 한마디**

선배 합격자들이 공부하면서 헷갈렸던 내용들이나 암기하는 요령 등에 대해 짚어주었다.

**한걸음 더**

본문에서 미처 다루지 못했지만 한번쯤 살펴볼 만한 내용을 담았다.

**QR코드로 보는 보충자료**

시험에 출제되지는 않았지만 이전 수험생들이 궁금해 했던 내용이나 이해를 도울 수 있는 추가 자료를 따로 담았다. 홈페이지 아임패스 [impass.co.kr]를 통해 확인해볼 수 있다.

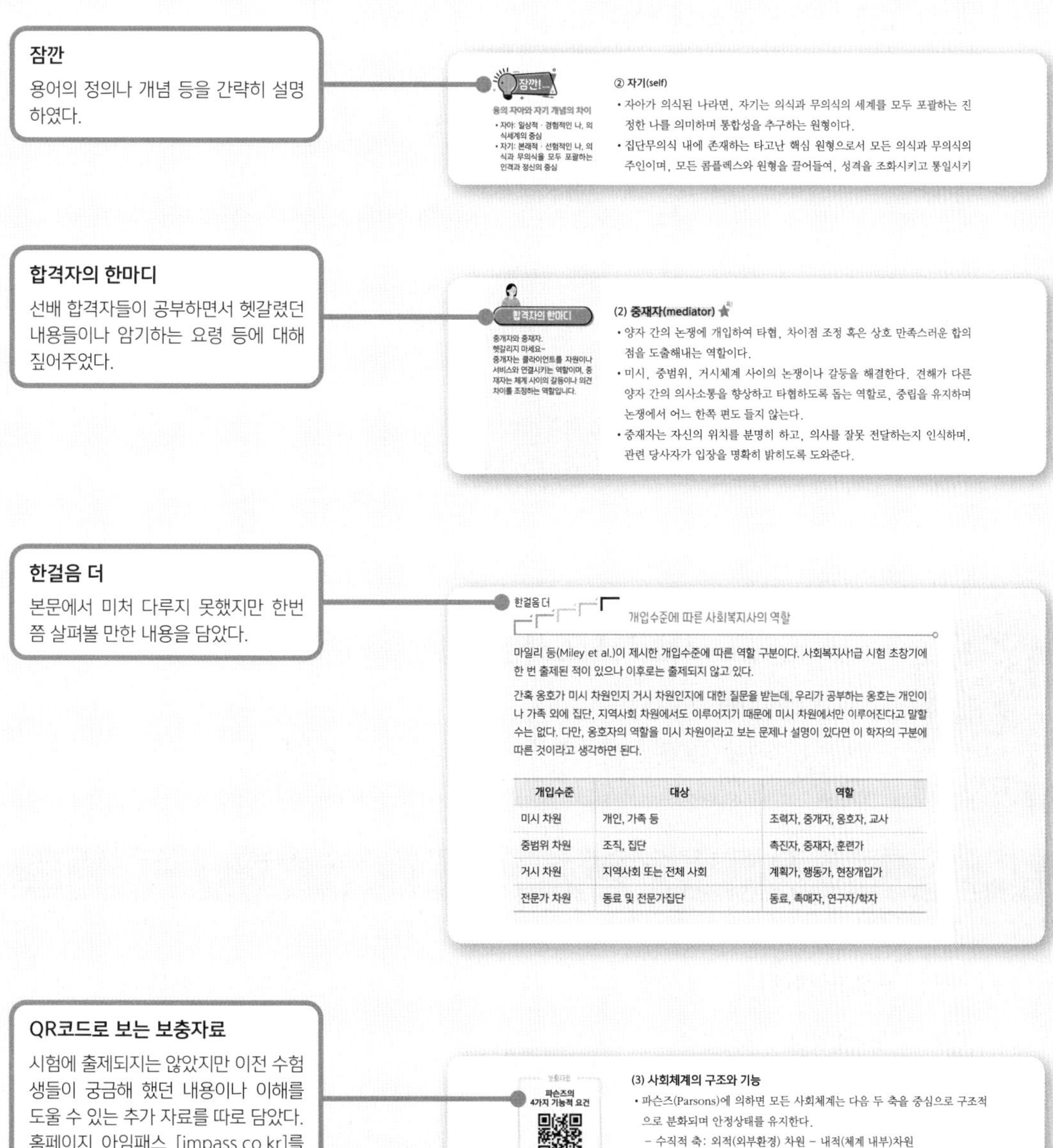

# 사회복지사1급의 모든 것

## 사회복지사1급의 모든 것
## 4,840문항 모든 기출을 분석해 찾은 데이터 기반 학습법

1998년부터 27년 동안 사회복지 분야의 책을 전문적으로 출판해온 나눔의집은 2002년부터 사회복지사1급 국가시험 대비 수험서를 출간하기 시작하여 현재 22번째 개정판을 출간하였습니다.

2012년부터는 매년 가채점 데이터를 축적하여 최근 13년간 출제된 2,680문항에 대한 21,947명의 마킹률 데이터를 보유하고 있습니다.

이를 바탕으로 분석한 출제율 96.5%의 핵심키워드 250개와 마킹률 데이터를 통해 수험생에게 필요한 자세한 내용 분석을 제공할 수 있게 되었습니다.

나눔의집 사회복지사1급 수험서는 종이에 인쇄된 단순한 책이 아닙니다.
나눔의집을 만나는 순간, 당신의 합격을 위한 최고의 전략을 만나게 될 것입니다.

**강의로 쌓는 기본개념 사회복지조사론**

**5년간 데이터로 찾아낸 합격비책**

여기에서 **79.2%**(20문항) 출제

| 순위 | 장 | 장명 | 출제문항수 | 평균문항수 | 22회 기출 | 체크 |
|---|---|---|---|---|---|---|
| 1 | 7장 | 측정 | 21 | 4.2 | 🏆 | ✓ |
| 2 | 9장 | 표집(표본추출) | 15 | 3.0 | 🏆 | ✓ |
| 3 | 1장 | 과학적 방법과 조사연구 | 12 | 2.4 | 🏆 | ✓ |
| 4 | 13장 | 질적 연구방법론 | 12 | 2.4 | 🏆 | ✓ |
| 5 | 2장 | 조사의 유형과 절차 | 11 | 2.2 | 🏆 | ✓ |
| 6 | 3장 | 조사문제와 가설 | 11 | 2.2 | 🏆 | ✓ |
| 7 | 4장 | 조사설계와 인과관계 | 9 | 1.8 | 🏆 | ✓ |
| 8 | 5장 | 조사설계의 유형 | 8 | 1.6 | 🏆 | ✓ |

강의로 복습하는 기출회독 **사회복지조사론**

**10년간 데이터로 찾아낸 핵심키워드**

여기에서 **96.0%**(24문항) 출제

| 순위 | 장 | 기출회독 빈출키워드 No. | | 출제문항수 | 22회 기출 | 체크 |
|---|---|---|---|---|---|---|
| 1 | 7장 | 045 | 측정의 신뢰도와 타당도 | 22 | 🏆 | |
| 2 | 9장 | 048 | 표집방법 | 19 | 🏆 | |
| 3 | 2장 | 032 | 조사의 유형 | 17 | 🏆 | |
| 4 | 5장 | 040 | 실험설계의 유형별 특징 | 16 | 🏆 | |
| 5 | 4장 | 038 | 조사설계의 타당도 | 15 | 🏆 | |
| 6 | 3장 | 037 | 변수 | 12 | 🏆 | |
| 7 | 3장 | 036 | 가설 | 11 | 🏆 | |
| 8 | 7장 | 044 | 측정수준 | 11 | 🏆 | |
| 9 | 13장 | 056 | 질적 연구의 특성 | 11 | 🏆 | |
| 10 | 13장 | 057 | 질적 연구의 유형과 방법 | 11 | 🏆 | |
| 11 | 1장 | 029 | 과학철학 및 패러다임 | 10 | 🏆 | |
| 12 | 9장 | 049 | 표본의 크기와 표본오차 | 9 | 🏆 | |
| 13 | 10장 | 050 | 서베이 방법의 특징 | 9 | | |
| 14 | 11장 | 052 | 내용분석법 | 8 | 🏆 | |
| 15 | 1장 | 028 | 사회과학에서의 윤리 | 7 | 🏆 | |
| 16 | 8장 | 047 | 척도화의 유형 | 7 | 🏆 | |
| 17 | 10장 | 051 | 서베이의 유형 | 7 | 🏆 | |
| 18 | 1장 | 027 | 과학적 방법의 특징 및 필요성 | 6 | 🏆 | |
| 19 | 6장 | 042 | 단일사례설계의 특성 | 6 | 🏆 | |
| 20 | 7장 | 046 | 측정의 오류 | 6 | | |
| 21 | 12장 | 054 | 욕구조사 | 6 | | |
| 22 | 3장 | 035 | 조사문제 | 5 | | |
| 23 | 2장 | 033 | 조사의 절차 | 3 | | |
| 24 | 2장 | 034 | 분석단위 | 3 | 🏆 | |
| 25 | 6장 | 043 | 단일사례설계의 유형별 특징 | 3 | | |

# 사회복지사1급 국가시험 안내문

※ 다음은 2024년 1월 13일 시행된 22회 시험에 대한 공고 내용이다. 시험공고는 시험일로부터 대략 3개월 전에 발표되고 있다.

## 시험방법

| 시험과목수 | 문제수 | 배점 | 총점 | 문제형식 |
|---|---|---|---|---|
| 3과목(8영역) | 200 | 1점 / 1문제 | 200점 | 객관식 5지 선택형 |

## 시험과목 및 시험시간

| 구분 | 시험과목 | | 입실시간 | 시험시간 |
|---|---|---|---|---|
| 1교시 | 사회복지기초(50문항) | · 인간행동과 사회환경(25문항)<br>· 사회복지조사론(25문항) | 09:00 | 09:30-10:20<br>(50분) |
| | | 휴식시간 10:20 ~ 10:40 (20분) | | |
| 2교시 | 사회복지실천(75문항) | · 사회복지실천론(25문항)<br>· 사회복지실천기술론(25문항)<br>· 지역사회복지론(25문항) | 10:40 | 10:50-12:05<br>(75분) |
| | | 휴식시간 12:05 ~ 12:25 (20분) | | |
| 3교시 | 사회복지정책과 제도(75문항) | · 사회복지정책론(25문항)<br>· 사회복지행정론(25문항)<br>· 사회복지법제론(25문항) | 12:25 | 12:35-13:50<br>(75분) |

※ 이는 일반수험자 기준이며, 장애인수험자 등 응시편의 제공 대상자는 1.5의 시간을 연장함
※ 시험관련 법령 등을 적용하여 정답을 구하여야 하는 문제는 시험 시행일 현재 시행 중인 법령을 기준으로 출제함

## 합격(예정)자 결정기준(사회복지사업법에 의거)

· 시험의 합격결정에 있어서는 매 과목 4할 이상, 전 과목 총점의 6할 이상을 득점한 자를 합격예정자로 결정
· 사회복지사1급 국가시험 합격예정자는 한국사회복지사협회에서 응시자격 서류심사를 실시하며, 응시자격서류를 정해진 기한 내에 제출하지 않거나 심사결과 부적격자인 경우에는 최종불합격 처리함
· 최종합격자 발표 후라도 제출된 서류 등의 기재사항이 사실과 다르거나 응시자격 부적격 사유가 발견될 때에는 합격을 취소함

※ 시험관련 정보는 한국산업인력공단 사회복지사1급 홈페이지(http://www.q-net.or.kr/site/welfare)와 한국사회복지사협회 홈페이지(http://www.welfare.net)에서 확인할 수 있다.

**대학원 졸업자**

고등교육법에 따른 대학원에서 사회복지학 또는 사회사업학을 전공하고 석사학위 또는 박사학위를 취득한 자(시험 시행년도 2월 28일까지 학위를 취득한 자 포함). 다만, 대학에서 사회복지학 또는 사회사업학을 전공하지 아니하고 동 석사학위를 취득한 자는 보건복지부령이 정하는 사회복지학 전공교과목과 사회복지관련 교과목 중 사회복지현장실습을 포함한(2004. 7. 31 이후 입학생부터 해당) 필수과목 6과목 이상(대학에서 이수한 교과목을 포함하되, 대학원에서 4과목 이상을 이수하여야 한다), 선택과목 2과목 이상을 각각 이수하여야 한다.

**대학교 졸업자**

① 고등교육법에 따른 대학에서 보건복지부령이 정하는 사회복지학 전공교과목과 사회복지관련 교과목을 이수하고 학사학위를 취득한 자(시험 시행년도 2월 28일까지 학사학위를 취득한 자 포함)
② 법령에서 고등교육법에 따른 대학을 졸업한 자와 동등 이상의 학력이 있다고 인정하는 자로서 보건복지부령으로 정하는 사회복지학 전공교과목과 사회복지관련 교과목을 이수한 자(시험 시행년도 2월 28일까지 동등학력 취득자 포함)

**외국대학(원) 졸업자**

외국의 대학 또는 대학원(단, 보건복지부장관이 인정한 대학 또는 대학원)에서 사회복지학 또는 사회사업학을 전공하고 학사학위 이상을 취득한 자로서 대학원 졸업자와 대학교 졸업자의 자격과 동등하다고 보건복지부장관이 인정하는 자

**전문대학 졸업자**

① 고등교육법에 의한 전문대학에서 보건복지부령이 정하는 사회복지학 전공교과목과 사회복지관련 교과목을 이수하고 졸업한 자로서 (시험 시행년도 2월 28일을 기준으로) 1년 이상 사회복지사업의 실무경험이 있는 자
② 법령에서 고등교육법에 따른 전문대학을 졸업한 자와 동등 이상의 학력이 있다고 인정하는 자로서 보건복지부령이 정하는 사회복지학 전공교과목과 사회복지관련 교과목을 이수한 자로서 (시험 시행년도 2월 28일을 기준으로) 1년 이상 사회복지사업의 실무경험이 있는 자

**사회복지사 양성교육과정 수료자**

① 고등교육법에 따른 대학을 졸업하거나 이와 동등 이상의 학력이 있는 자로서 보건복지부장관이 지정하는 교육훈련기관에서 12주 이상의 사회복지사업에 관한 교육훈련을 이수한 자로서 (시험 시행년도 2월 28일을 기준으로) 1년 이상 사회복지사업의 실무경험이 있는 자
② 사회복지사 3급 자격증 소지자로서 (시험 시행년도 2월 28일을 기준으로) 3년 이상 사회복지사업의 실무경험이 있는 자

※ 다음 각 호의 어느 하나에 해당하는 자는 사회복지사가 될 수 없음.
가. 피성년후견인
나. 금고이상의 형의 선고를 받고 그 집행이 끝나지 아니하였거나 그 집행을 받지 아니하기로 확정되지 아니한 자
다. 법원의 판결에 따라 자격이 상실되거나 정지된 자
라. 마약 · 대마 또는 향정신성의약품의 중독자
마. 정신건강복지법에 따른 정신질환자(다만, 전문의가 사회복지사로 적합하다고 인정하는 사람은 예외)

※ 응시자격에 대한 자세한 사항은 한국산업인력공단 HRD고객센터(1644-8000),
한국사회복지사협회(02-786-0845)로 문의

# 일러두기

- 이 책은 한국사회복지교육협의회의 『사회복지 교과목 지침서 2022』를 바탕으로 하면서도 시험의 출제경향, 대학교재의 공통사항, 학습의 편의성 등을 고려하여 구성하였다.

- <사회복지법제론>을 비롯해 수험서에서 다루고 있는 법률은 2024년 3월 초 현재 시행 중인 규정을 따랐다. 이후 추가적인 개정사항이 있을 시 주요 사항을 정리하여 아임패스 내 '학습자료'를 통해 게시할 예정이다.

- 이 책에서 발생할 수 있는 오류사항에 대해서는 아임패스 내 '정오표' 게시판을 통해 정정할 예정이다.

- 학습 중 헷갈리거나 궁금한 내용이 있을 때에는 아임패스 내 '과목별 질문' 게시판을 이용할 수 있다.

**기본개념 마스터 하기**

아임패스는 사회복지사1급 나눔의집에서 운영하는 학습지원 사이트로 강의수강 및 수험서 안내 등이 제공됩니다.

I'MPASS
기본개념 마스터하기

I'MPASS
사회복지조사론

## 교과목 목표

- 과학적 방법 및 사회복지 조사방법에 관한 기본개념과 기초이론 및 윤리성을 학습한다.
- 사회복지조사과정을 학습한다.
- 양적 조사방법론의 설계, 측정, 자료수집 방법을 학습한다.
- 질적 조사방법론의 설계, 자료수집 및 분석방법을 학습한다.
- 조사연구의 설계와 보고서의 작성을 통해 사회복지조사의 실제 수행능력을 학습한다.

# 과학적 방법과 조사연구

| 한눈에 쏙! | | 중요도 | |
|---|---|---|---|
| ❶ 지식의 탐구 | 1. 지식탐구의 방법 | | |
| | 2. 일상적인 지식탐구 과정에서 범할 수 있는 오류 | | |
| ❷ 과학과 과학적 방법 | 1. 과학의 목적 | | |
| | 2. 과학의 특징 | ★★★ | 22회 기출 |
| | 3. 과학적 조사의 논리 | ★★★ | |
| | 4. 과학철학 | ★★★ | 22회 기출 |
| ❸ 사회과학 연구방법론 | 1. 연구방법론 | | |
| | 2. 사회과학 연구방법론 | ★★ | |
| | 3. 사회과학의 한계 | | |
| | 4. 사회과학에서의 윤리 | ★★★ | 22회 기출 |
| ❹ 사회복지조사 | 1. 사회과학으로서의 사회복지학 | | |
| | 2. 사회복지조사 | ★★ | |

# 기출경향 살펴보기

## 이 장의 기출 포인트

매회 평균 2~3문제가 출제되며, 주로 과학적 방법의 특징, 사회과학 패러다임 및 과학철학, 조사연구의 윤리에 관한 문제가 출제되고 있다. 최근 시험에서는 사회과학 패러다임 및 과학철학에 관한 문제의 출제비중이 높아지고 있으며, 그동안 자주 다뤄지지 않은 패러다임 및 과학철학 개념이 출제되는 등 난이도가 높아지고 있다. 이 외에도 연역법과 귀납법의 비교, 사회복지조사의 특성과 유용성에 관한 문제도 종종 출제되고 있다.

## 최근 5개년 출제 분포도

연도별 그래프

| 회차 | 18 | 19 | 20 | 21 | 22 |
|---|---|---|---|---|---|
| 문항수 | 2 | 2 | 3 | 2 | 3 |

평균출제문항수

**2.4** 문항

## 2단계 학습전략

데이터의 힘을 믿으세요!
강의로 복습하는 **기출회독 시리즈**

3회독 복습과정을 통해
최신 기출경향 파악

## 최근 10개년 핵심 키워드

| 기출회독 | 키워드 | 문항 |
|---|---|---|
| 기출회독 027 | 과학적 방법의 특징 및 필요성 | 6문항 |
| 기출회독 028 | 사회과학에서의 윤리 | 7문항 |
| 기출회독 029 | 과학철학 및 패러다임 | 10문항 |
| 기출회독 030 | 연역법과 귀납법 | 0문항 |
| 기출회독 031 | 사회복지조사 | 2문항 |

**기본개념 완성을 위한 학습자료 제공**

기본개념 강의, 기본쌓기 문제, O X 퀴즈, 기출문제, 정오표, 묻고답하기, 지식창고, 보충자료 등을 **아임패스**를 통해 만나실 수 있습니다.

기출회차

| 1 | **2** | 3 | 4 | 5 |
| --- | --- | --- | --- | --- |
| 6 | 7 | 8 | 9 | 10 |
| 11 | **12** | 13 | 14 | **15** |
| 16 | 17 | 18 | 19 | 20 |
| 21 | 22 | | | |

강의로 복습하는 기출회독 시리즈

# 1 지식의 탐구

지식을 탐구한다는 것은 우리를 둘러싼 이 세상의 많은 현상들에 대해 알아간다는 것을 의미한다. 우리는 지식을 탐구할 때 직접적인 탐구나 경험을 통해서 일수도 있지만(이를 경험적 지식이라 한다), 많은 경우, 다수의 사람들이 사실이라고 믿기 때문에 그것을 지식으로 받아들이는 경우가 많다(이를 합의적 지식이라고 한다). 〈사회복지조사론〉은 사회복지와 관련된 많은 현상들에 대해 보다 과학적인 지식을 형성해가는 방법을 다룬다. 따라서, 과학적 지식의 탐구방법을 본격적으로 다루기에 앞서 본 절에서는 과학적 방법 이외에도 '지식'을 탐구하는 방법들은 어떤 것이 있는지, 그러한 방법들이 어떤 한계를 가지기에 과학적 방법을 권하는지 살펴본다. 지식을 탐구하는 방법은 크게 비과학적인 지식탐구방법과 과학적인 지식탐구방법으로 나눌 수 있다. 비과학적인 지식탐구는 오류가능성과 한계가 많기 때문에 〈사회복지조사론〉에서는 보다 과학적인 방법으로 지식을 탐구할 것을 권하고 있으며, 과학적 방법으로 조사하는 방법을 다루고 있다.

## 1. 지식탐구의 방법

### (1) 비과학적 방법

비과학적인 지식탐구의 방법으로는 관습(혹은 전통)에 의한 방법, 권위에 의한 방법, 직관에 의한 방법 등이 있다. 이 같은 방법들은 명제의 정확성이나 응용성이 부족하며 잘못하면 맹목적인 확신에 빠질 위험이 있다.

#### ① 관습(전통)에 의한 방법(method of tenacity)

- 사회적인 습관이나 관습에 따라 비판 없이 그대로 수용하여 지식을 형성하는 것이다.
- 관습은 시대에 따라 변하고 사회적 관심이 동일하지 않다는 점에서 한계가 있다.

#### ② 권위에 의한 방법(method of authority)

- 주장의 타당성과 설득력을 높이기 위해 전문기술을 가졌거나 사회적으로 지위가 높은 사람의 말(의견)을 인용하는 경우인데, 지식의 원천이 타인 또는 타 조직의 권위에 있다.
- 이 방법은 전문가 사이에도 의견합의가 이뤄지지 않는 경우가 많고, 권위의 원천이 다를 경우 견해의 일치를 볼 수 없다.

#### ③ 직관에 의한 방법(method of intuition)

- 추론 등을 개입하지 않고 대상을 직접 인식하여 스스로 분명한 명제에 호소하는 방법이다. 예를 들면, '원인 없는 결과는 없다'와 같은 명제는 많은 사람들에게 의심 없이 받아들여지는 것으로써 당시의 유행이나 어릴 때부터 교육에 의해 당연하게 조성되는 경우가 많다.
- 직관은 시험되고 탐구되어야 하는데, 예를 들면, 과거의 많은 사람들이 의심하지 않았던 "지구는 평평하다"라는 명제는 거짓임이 밝혀진 것처럼 직관에 의해 인정되었다 하더라도 언제나 자명성을 가지고 있는 것은 아니다.

### (2) 과학적 방법

관습, 권위, 직관에 의존해 지식을 탐구하는 것은 현상을 정확히 이해하는 데에 많은 한계가 있다. 따라서, 자연현상이나 사회현상에 대한 지식을 탐구할 때 보다 과학적인 방법에 의거하는 것이 좋다. 과학적 방법이란, 현상에 대해 제기한 문제를 연역법이나 귀납법 등의 논리에 기초하여 과학적으로, 즉 논리적이면서도 경험적으로 해결해나가는 것을 말한다. 논리적으로 유추된 현상에 대한 지식이 경험적으로 관찰된 사실과 일치할 때, 이것을 과학적 지식으로 간주한다.

## 2. 일상적인 지식탐구 과정에서 범할 수 있는 오류

루빈과 바비(Rubin, A. & Babbie, E., 1998)는 일상적 경험을 통해 개인이 지식을 얻게 되는 과정에서 흔히 범할 수 있는 오류들을 다음과 같이 제시하고 있다.[1)]

### (1) 부정확한 관찰

- 일상생활에서의 관찰은 무의식적으로 이루어지기 때문에 부정확한 관찰이 되기 쉽다.

• 일상적인 관찰과 달리 과학적인 관찰은 의식적인 활동이며, 계획적으로 관찰하기 때문에 관찰에서 범하는 오류를 줄일 수 있다.

### (2) 과도한 일반화

• 주변에서 경험하거나 관찰한 몇 가지 사례를 근거로 그러한 사례를 일반적인 것으로 간주하려는 경향을 말한다.

• 과학적인 연구에서는 충분한 표본을 사용함으로써 과도한 일반화를 예방한다.

예 사회복지사가 자신이 상담했던 일부 가정폭력 피해여성의 상황을 전체 가정폭력 피해여성의 상황인 것처럼 일반화하는 경우

### (3) 선별적인 관찰

• 사례들을 관찰할 때 자신의 선입관에 부합하는 사례가 다른 사례보다 더 두드러지게 관찰되고 그렇지 않은 것은 무시되는 것을 말하며, 이는 과도한 일반화에서 비롯되는 경우가 많다.

• 과학적 연구에서는 관찰이 이뤄지기 전 조사설계를 통해 관찰의 수와 종류를 미리 분명히 하여 선별적인 관찰이 이뤄지지 않도록 조치하며, 연구자들 간의 피드백과 조언을 통해 오류를 바로잡아 줄 수 있다.

예 유대인에게 속은 적이 있는 사람이 과도한 일반화 오류로 "유대인은 모두 정직하지 않아"라는 선입관을 갖게 된 경우, 유대인들의 다른 행동들은 무시한 채 부정직한 행동에만 특별히 주목하여 관찰을 하는 경우

### (4) 꾸며낸 정보를 가지고 연구결과를 조작하는 경우

편견을 가진 대상이 자신의 기대와 다르게 행동할 때, 이를 부정하기 위해 정보를 스스로 조작하거나 왜곡하는 경우를 말한다.

예 유대인 사례에서 "유대인은 모두 정직하지 않아"라는 자신의 선입관과는 다르게 어떤 유대인이 매우 정직한 모습을 보였다면, "저 사람은 스스로 유대인처럼 살기를 거부하는 것일 거야"하고 생각하면서 여전히 자신이 가진 유대인에 대한 선입관은 잘못되지 않았다고 여기는 경우

보충자료

사후발생적 가설

### (5) 사후발생적 가설(사후소급가설)

어떤 사실들 간의 관계를 설명하기 위해서 과학적인 방법은 사전가설설정 방법을 사용한다. 연구문제에 대해 임시적으로 가설을 만들고, 실제로 관찰을 통해 가설에 따른 연구문제를 증명한다. 간혹, 가설설정 – 관찰 순의 방식이 아니라 관찰을 먼저 한 후에 관찰 결과에 들어맞게 가설을 설정하거나 원래의 가설을 수정하는 경우가 있다. 이를 사후발생적 가설(사후소급가설)이라고 한다. 사후에 가설을 설정하는 방법이 반드시 비과학적인 것은 아니지만, 억지로 끼워 맞추는 방식으로 만들어진 가설을 통해 얻은 지식이 사실을 잘못 파악하는 오류를 범할 수 있다.

### (6) 비논리적 추론

- 일반적으로 추론이라 함은 논리적 근거가 있어야 하는데 논리적 근거가 명확하지 않은 추론을 의미한다.
- 과학적 방법에서는 연역법이나 귀납법과 같은 논리체계를 사용하여 비논리적 추론의 함정을 피해간다.

예 계속 돈을 잃은 도박사가 이제껏 잃어 왔기 때문에 이번에는 딸 확률이 높다고 추론하는 경우, 이는 이전에 잃은 경험들(A)과 새로운 도박판(B) 사이에는 논리적으로 아무런 관련이 없는데 'A이므로 B이다'는 식으로 마치 인과관계가 있는 것처럼 추론하고 있기 때문에 비논리적인 추론에 해당된다.

### (7) 현상을 이해할 때 자아가 개입됨

- 어떠한 현상을 이해하는 과정에서 자신의 명예, 체면, 권위 등이 손상된다고 생각될 때 자신의 감정이나 가치가 개입되기 쉽다.
- 과학적 방법에서는 가치중립적인 객관적 연구를 지향한다.

예 자신이 담당한 사회복지서비스의 효과성을 알기 위해 클라이언트들의 변화를 관찰하는 경우, 좋지 않은 결과가 나오면 담당자인 자신의 체면에 손상이 가므로 클라이언트를 객관적으로 관찰하기보다 좀 더 긍정적으로 변화한 것처럼 관찰하는 경향을 보일 수 있다.

### (8) 탐구의 성급한 종료

- 탐구의 결과가 주는 의미가 연구자 자신에게나, 지배 권력에게, 자신의 연구를 지원하는 조직에 부정적인 영향을 줄 수 있다고 예측되면 연구를 신중히 검토하지 않고 성급하게 결론을 내리는 경우를 말한다.
- 과학적 연구의 결론은 지속적으로 수정 가능한 개방적인 성격을 갖는다. 즉, 탐구는 종결되는 것이 아니며 '지금 내 연구에서의 결론'은 언제라도 뒤집힐 수 있음을 인정한다는 것이다.

예 유대인 사례에서 "나는 이미 유대인이 어떤 사람들인지 알고 있으니 그 점에 대해서는 더 탐구할 필요도 없다"라고 말하면서 해당 주제에 대해 더 이상의 탐구를 하지 않고 종료해버리는 경우

### (9) 신비화

- 이해할 수 없는 현상을 초자연적 현상이라고 간주하거나 신비한 원인 탓으로 돌리는 것이다.
- 현상이 실제로 알 수 있는 것인지 아닌지를 떠나 사람이 해당 현상을 이해하는 것은 궁극적으로 불가능한 것이라고 하면서 탐구를 중단하게 만든다.

예 "어차피 그건 신의 깊은 뜻으로 일어난 일인데, 사람이 어떻게 그 깊은 뜻을 이해할 수 있겠어"

## 일상적 지식[2)]

김영종은 우리가 무엇인가를 알고 있다는 것, 즉 지식이 반드시 '실재(reality)'를 나타내거나 진리를 의미하지는 않는다고 보면서 지식은 크게 두 가지 유형으로 구분될 수 있다고 했다.

**1. 합의적 지식**

- 다수의 사람들이 사실이라고 믿기 때문에 형성되는 지식
- 합의적 지식은 대개 전통과 권위라는 두 가지 경로를 통해 전달

**2. 경험적 지식**

- 개인이 직접적으로 경험한 경험적 사실에 근거한 지식

# 2 과학과 과학적 방법

| 기출회차 | | | | |
|---|---|---|---|---|
| 1 | 2 | 3 | 4 | 5 |
| 6 | 7 | 8 | 9 | 10 |
| 11 | 12 | 13 | 14 | 15 |
| 16 | 17 | 18 | 19 | 20 |
| 21 | 22 | | | |

강의로 복습하는 기출회독 시리즈

Keyword 027, 029, 030

과학이란, 어떠한 진리 혹은 법칙을 찾기 위해 논리적 · 체계적인 방법을 사용하는 지식탐구의 방법 또는 지성적인 활동과정을 말한다.

## 1. 과학의 목적

앞 절에서 살펴본 바 있듯 과학(혹은 과학적 방법)은 우리를 둘러싼 현상에 대해 보다 잘 '알기 위한', 즉 현상에 대한 지식을 탐구하기 위한 가장 좋은 방법이다. 따라서 과학이나 과학적 방법이 갖는 가장 기본적인 목적은 현상에 대한 지식을 체계적으로 형성하는 데 있다. 현상에 대한 보편적인 지식으로 받아들일 수 있는 체계적인 설명을 이론(theory)이라고 하며, 과학의 기본 목적은 현상을 설명할 수 있는 이론을 제시하는 데 있다고 바꿔 말할 수 있다. 과학은 이러한 이론을 제시함으로써 다음과 같은 하위 목적들을 달성하게 된다.

### (1) 규칙성의 일반화

자연현상이나 사회현상 속에 존재하는 논리적이고 지속적인 패턴, 즉 규칙을 일반화한다. 과학은 발견된 규칙성을 이론과 법칙으로 일반화한다. 이러한 과정에서 과학은 객관성(objectivity)을 가져야 한다. 여기서의 객관성이란, 동일한 과정을 밟을 경우 동일한 결과를 경험한다는 간주관성에 가까운 의미이다.

### (2) 변수들 사이의 관계를 설명

연구대상에는 다수의 변수가 있으며, 과학은 이러한 변수들 사이의 관계를 설명하기 위해 변수들 사이의 인과관계(causality)를 밝혀야 한다.

### (3) 이론을 바탕으로 현상을 예측

과학이란, 관심의 대상이 되는 경험적 사건이나 형태를 모두 포괄하여 설명할 수 있는 일반 법칙을 개발하고 개별적으로 알려진 사건들에 관한 지식을 결합하여 사건에 대해 예측하는 것이다.

과학은 어떠한 현상에 대해 '왜' 그런 현상이 발생했는가에 대해 끊임없이 질문을 던지고 의심하는 특징을 가진다. 따라서 원인에 대한 탐구는 과학에 있어서 중요한 요소이며, 이를 통해 현상에 내재하는 규칙과 변수 간의 관계를 규명한다. 과학의 특징에는 어떠한 것이 있는지를 살펴보고, 이러한 특성의 의미를 이해해야 한다. 22회 시험에서는 과학적 지식의 특성을 묻는 문제가 출제되었다.

확률적 결정론이란 무엇일까요? 어떤 현상 B가 발생하였을 때, A가 반드시 B라는 현상의 원인이라는 의미가 아니라, A가 원인일 가능성이 높다 (확률이 높다) 혹은 경향이 있다라고 보는 것입니다. 이것은 원인 A가 존재해도 결과 B가 발생하지 않을 가능성도 충분히 존재한다는 것을 의미하기도 하죠.

## 2. 과학의 특징 22회 기출

### (1) 논리적(logical)이다.

과학은 인간의 논리적 사고에 기반한 활동이다. 경험적 관찰을 통해서 곧바로 과학적 지식이 형성되는 것이 아니라 논리적 추론을 거쳐 타당성이 입증되어야 한다.

### (2) 결정론적(deterministic)이다. 꼭!

모든 현상은 반드시 어떤 원인에 의해서 발생하며 논리적으로 원인과 결과관계를 이해할 수 있어야 함을 가정한다. 그러나 과학이 결정론적이라는 것은 어떤 현상의 원인을 A라고 단정 짓는 단정적 결정론이 아니라 개연성을 가지고 A가 원인일 확률이 높다고 보는 확률적 결정론을 의미한다. 과학에서의 결정론은 확률적 결정론으로서 어떠한 결과에 대해 그 원인을 100% 확실하게 단정하기는 어렵다.

### (3) 일반적이며 보편적이다.

과학은 비교적 일반적이며 보편적으로 적용될 수 있는 지식을 추구한다. 즉, 과학은 보편적, 일반적 현상에 대한 일반적인 이해와 설명을 목표로 한다.

### (4) 경험적으로 검증이 가능하다. 꼭!

과학적 지식은 경험적으로 검증 가능해야 한다. 즉, 과학은 이론적 논리나 가정의 현실적 타당성을 경험적으로 입증할 수 있을 때 성립한다.

### (5) 객관성을 추구한다. 꼭!

이해관계, 선입견이나 편견의 영향을 최소화할 수 있도록 객관성을 추구하는 것을 강조한다.

### (6) 간주관성(상호주관성)을 갖는다.

연구자가 각기 다른 주관적인 동기가 있더라도 동일한 연구과정과 방법을 적용하였다면 동일한 연구결과에 도달해야 한다는 것을 의미한다. 서로 의견을 달리하는 과학자들이 동의하여 동일한 결론에 도달할 때 이것이 곧 과학적 사실이 된다.

### (7) 반복/재현(replication)이 가능하다.

동일한 근거를 바탕으로 동일한 결과가 산출되는지를 확인하기 위해 연구를 반복하는 것을 의미한다. 수정가능성과 맥락을 같이 한다.

### (8) 설명적이다.

과학은 어떤 현상이 발생하게 된 원인을 탐구하여 현상을 설명하기 위해 노력한다.

### (9) 수정이 가능하다.

절대불변의 진리는 없다. 과학적 지식은 잠정적이며, 새롭게 교체될 수 있고, 끊임없는 검증과 재평가를 통해 오류를 수정하면서 발전하는 과정을 거치게 된다. 과학에서 추구하는 것은 영구불변한 절대적 진리가 아니며, 과학적 이론은 반증되고 수정가능하며 상대적인 것이다.

## 3. 과학적 조사의 논리

중요도

연역법과 귀납법의 특징, 연역법과 귀납법의 순서와 절차 등을 묻는 유형이 출제되고 있다. 연역법과 귀납법의 논리에 관한 내용은 이후 양적 연구와 질적 연구의 개념을 이해하는 데 있어서도 중요한 내용이므로 반드시 명확하게 정리해둘 필요가 있다. 두 방법은 상호보완적으로 사용될 수 있다는 것을 기억해두자.

과학은 수많은 현상을 관찰해서 이론을 형성하거나(귀납법), 기존의 이론을 바탕으로 형성한 가설을 경험적으로 검증함으로써 기존의 이론을 발전시키면서(연역법) 전개된다. 연역법과 귀납법은 명확하게 구별되기보다는 서로 연결되어 있는 수레바퀴와 같아 이들을 반복하면서 과학을 발전시키게 된다. 이러한 논리를 구분하여 살펴보면 다음과 같다.

**합격자의 한마디**

연역법은 이론에서 출발한다면, 귀납법은 관찰에서 출발한다는 차이가 있어요. 세부적인 과정을 살펴보면 연역법은 이론에서 가설을 도출한 다음 조작화를 거쳐 관찰로 이동하는 반면에 귀납법은 관찰을 통해 유형을 발견하고 잠정적인 결론을 도출하죠. 연역법은 보편적인 이론을 특수한 사례에 적용하는 형식이라면, 귀납법은 특수한 사례에서 보편적인 원칙 혹은 이론을 도출하는 형식입니다.

### (1) 연역법(deduction)

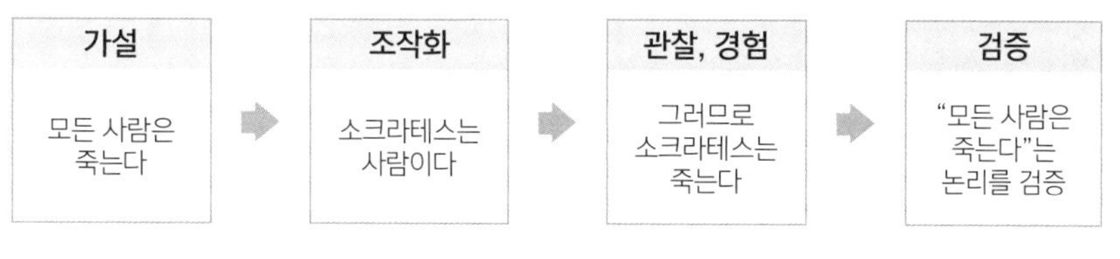
가설
모든 사람은 죽는다
조작화
소크라테스는 사람이다
관찰, 경험
그러므로 소크라테스는 죽는다
검증
"모든 사람은 죽는다"는 논리를 검증

- 전통적인 과학적 조사의 접근방법이다.
- 일반적(general) 사실이나 법칙으로부터 특수한(specific) 사실이나 법칙을 추론해내는 접근방법이다. 예를 들어, 위의 삼단논법의 경우 "모든 사람은 죽는다"라는 일반적 원리(혹은 기존의 지식체계)에서 "소크라테스는 죽는다"라는 특수한 원리(혹은 새로운 지식 체계)를 추론해내고 있다.
- 연구주제를 '가설'의 형태로 만들어 실증적으로 증명할 수 있다는 가정에서

출발한다.

- 연역법의 대표적인 예는 삼단논법이다.
- 논리적 전개: 이론 → 가설 → 조작화(가설의 구체화) → 관찰 → 검증(가설 채택 또는 기각)
- 연역법에서 범할 수 있는 오류: 구성의 오류(fallacy of composition). 구성의 오류는 어떤 원리가 부분적으로 성립해도 전체적으로 성립하지 않을 수 있음에도 불구하고 전체적으로 성립한다고 추론함에 따라 발생하는 오류를 가리킨다. A복지관에서 B서비스를 도입해 클라이언트 수가 늘었다고 하자. B서비스 도입이 클라이언트 증가에 영향을 미친다는 원리가 A복지관에서 성립했다고 해서, 전국의 모든 복지관이 B서비스를 도입했을 때 전체적으로 클라이언트가 증가한다고 볼 수는 없는 데도 그럴 것이라고 추론하는 오류는 구성의 오류의 예가 된다. 부분적인 관찰을 토대로 가설 명제를 검증했다고 결론 내리는 과정에서 이러한 구성의 오류를 범할 수 있다.

### (2) 귀납법(induction) 꼭!

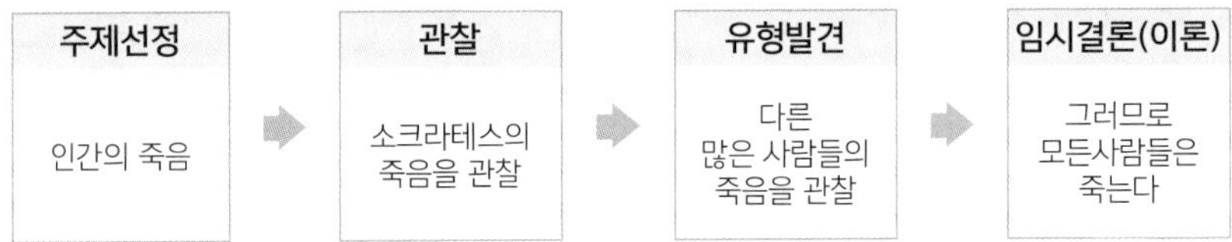


- 개별적인 사실들로부터 일반적인 원리나 이론으로 전개해 나가는 논리적 과정이다.
- 경험의 세계에서 관찰된 사실들이 공통적인 유형으로 전개되는 것을 객관적인 수준에서 증명하는 것이다.
- 귀납법의 논리 전개과정: 주제선정 → 관찰 → 유형발견(경험적 일반화) → 이론(임시결론)
  - 주제선정: 연구주제를 선정할 때는 가설을 가정하지 않고 관심분야나 문제를 인식하는 차원에서 출발한다.
  - 관찰: 연구대상이 된 경험세계를 객관적으로 관찰하고 그 결과를 기록한다.
  - 유형발견: 기록한 결과가 어떤 규칙에 따라 일정한 유형으로 전개되는 것을 발견한다.
  - 임시결론: 일정한 유형이나 규칙성을 객관적 수준에서 설명하고 임시적인 결론을 내린다.
- 귀납법에서 범할 수 있는 오류: 인과의 오류(post hoc fallacy). 인과의 오

류란, 상관관계를 인과관계로 해석하거나 원인과 결과를 거꾸로 해석하는 등의 오류를 말한다. 현상을 관찰하는 과정에서 A와 B가 관련이 있는 것으로 관찰됐을 때 이것을 근거로 A가 B의 원인이라고 결론짓는 것은 경험세계에 대한 관찰을 근거로 임시결론을 내리는 귀납법의 과정에서 범하기 쉬운 인과의 오류에 해당한다.

### (3) 연역법과 귀납법의 상호관계

- 연역법과 귀납법은 상호보완적이며 서로 순환적인 과정이다.
- 사회과학에서 지식을 탐구하기 위한 논리로 양자의 중요성이 인정되는데, 일반적으로 기존의 이론이 존재할 때 연역법을 사용하며, 기존의 이론이 존재하지 않을 때 귀납법을 사용한다.

연역법과 귀납법의 상호관계

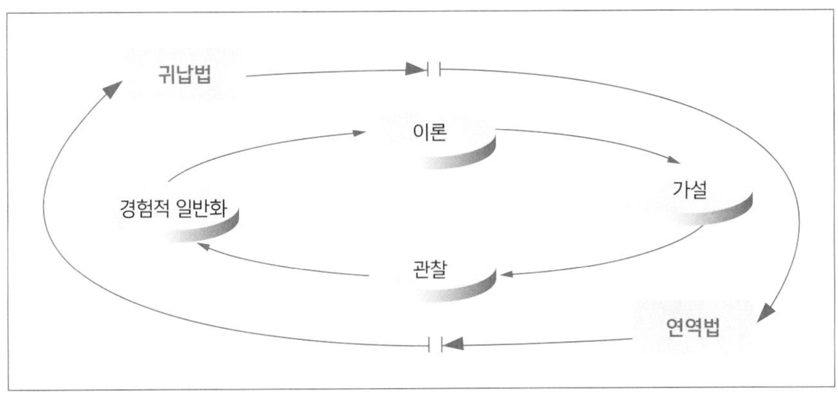


## 4. 과학철학 22회 기출

최근 시험에서 자주 출제되고 있다. 과학철학의 흐름과 각각의 철학을 비교하여 어떠한 차이점이 있는지를 파악해야 한다. 특히, 포퍼의 반증주의와 쿤의 과학적 혁명론의 내용은 헷갈리지 않도록 정리해야 한다. 22회 시험에서는 포퍼의 반증주의와 쿤의 과학적 혁명론을 비교하는 문제가 출제되었다.

과학철학은 과학 혹은 과학적 방법이란 무엇인가를 둘러싼 논쟁의 역사로 볼 수도 있다. 16~17세기 귀납주의와 연역주의의 논쟁으로부터 논리실증주의, 포퍼의 반증주의, 쿤의 과학적 혁명 등 주요한 과학철학의 흐름들을 살펴보고자 한다.

### (1) 귀납주의

16세기에 귀납주의의 선구자라고 볼 수 있는 베이컨은 경험, 즉 현상에 대한 반복적인 실험과 관찰을 통해 과학적인 지식을 얻을 수 있다고 주장했다.

### (2) 연역주의

17세기에 연역주의는 데카르트에 의해 발전했는데, 일반적인 전제로부터 특별한 사례들에 대한 결론을 도출하는 연역적 사고에 바탕을 두고 있다.

### (3) 논리실증주의

고전적인 실증주의와 경험주의, 그리고 논리학 등의 영향이 결합되어 발전한 과학철학이다. 경험적으로 검증될 수 있는 명제만이 유의미하다고 주장하며, 형이상학적인 명제를 배제한다.

### (4) 포퍼의 반증주의 꼭!

#### ① 반증주의의 기본 입장

과학의 발전은 기존 이론과 상충되는 현상을 관찰하는 데서 출발하며, 기존 이론의 모순에 대한 계속적인 반증과정을 통해 이뤄진다고 본다. 여기서 중요한 점은 이론이란, 명확히 검증될 수는 없고, 다만 기존 이론의 예측이 실패한다면(반증된다면) 새로운 이론이 필요한 것이며, 이론은 반증될 때까지 채택되는 과정을 반복하는 것이 과학이라는 것이다.

#### ② 이론의 반증가능성

반증이란 어떠한 법칙이나 이론이 참이 아닌 것을 증명하는 특수명제를 찾아 보여주는 작업을 말한다. 경험적으로 검증, 확증이 어려운 명제들의 경우에도 반증은 가능하다는 사실을 근거로 한다.

#### ③ 진리접근성

반증주의를 주장한 포퍼는 진리로 끝없이 접근하는 과정을 과학의 목적으로 설정하고, 추측과 반박을 통해 오류를 제거함으로써 가장 효과적으로 과학의 목적을 이룰 수 있다고 주장하였다. 포퍼는 과학이 특정한 법칙이나 이론이 제기되고 이것이 다시 관찰과 실험에 의해 반증되는 시행착오를 거쳐서 발전하는 것으로 보았다. 이러한 과정을 되풀이함으로써 과학이 진리에 더욱 근접하게 되는 것이다.

#### ④ 반증주의의 의의

논리실증주의까지의 과학철학이 하나의 이론만을 대상으로 삼아 그 타당성을 질문하는데 그친 반면 포퍼에 이르러서는 과학철학을 더욱 넓은 안목으로 바라보게 된다. 이론 자체에 대한 평가와 함께 과학 일반의 진보가 비로소 관심의 대상이 되기 시작한 것이다.

### (5) 쿤의 과학적 혁명론(패러다임론) 꼭!

#### ① 패러다임

- 어떤 현상을 보는 시각을 형성하는 기본적인 틀이나 구조이다.
- 패러다임은 특정 시기에 특정 공동체(여기서는 과학자들의 공동체라고 할 수 있다)의 구성원들이 공유하고 있는 신념, 가치, 기술 등의 총체를 지칭하는 개념이다.
- 서로 다른 패러다임을 가진 연구자들은 같은 문제를 바라보더라도 해당 문제를 다른 방식으로 인식할 수 있으며, 따라서 해당 문제에 대한 서로 다른 결론을 내릴 수 있다. 서로 경쟁하는 패러다임 사이에서는, 한 패러다임에서 매우 중요하게 생각되는 문제가 다른 패러다임에서는 문제로 취급되지 않기도 한다.
- 쿤은 패러다임의 우열을 비교할 수 있는 객관적 기준은 존재하지 않는다고 보았다. 새로운 패러다임이 옛 패러다임보다 더 좋다고 말할 수도 없으며, 두 패러다임을 서로 비교할 수도 없다. 새로운 패러다임에서 사용되는 언어로 기존의 패러다임이 담고 있는 생각을 나타낼 수도 없으며, 두 패러다임을 비교할 수 있는 객관적인 언어도 존재하지 않는다.

#### ② 패러다임의 이동(전환) 과정

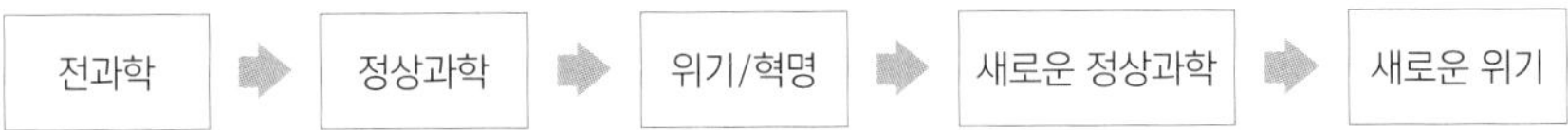


- 전과학: 패러다임이 형성되기 전이며, 다양한 연구들과 시도들이 경쟁하는 시기이다.
- 정상과학: 특정 시기에 하나의 패러다임이 타당성을 인정받는 시기의 연구를 의미한다. 기존의 지배적인 패러다임을 계속 유지시키려는 경향이 있기 때문에 변화와 혁신을 제한하고 새로운 패러다임의 형성을 방해한다.
- 과학혁명: 정상과학이 위기에 처하고, 기존 패러다임이 새로운 패러다임으로 교체되고 새로운 정상과학이 탄생하는 과정을 반복하는 것을 '패러다임의 이동(전환)'이라 하며, 이러한 패러다임의 이동을 과학혁명이라고 한다. 새로운 패러다임으로의 전환은 이전의 패러다임을 수정하거나 확장하는 수준에서 이루어지는 것이 아니다. 쿤에 의하면 과학의 변화와 발전은 지식이 축적되는 누적적인 과정이 아니라 혁명적인 과정을 통해 성취된다. 즉, 과학적 진보에서 불연속성을 강조한다.

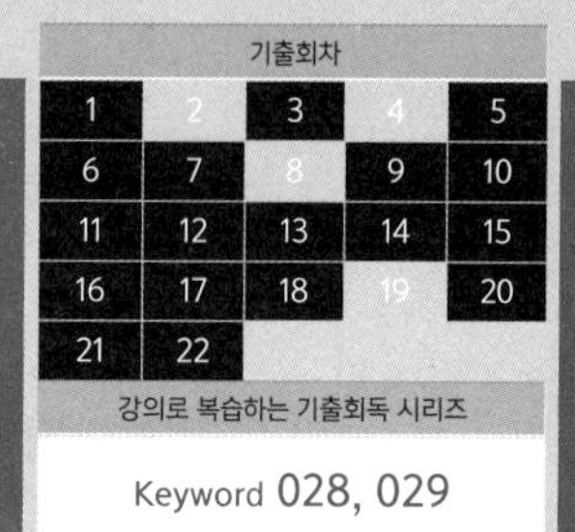

기출회차
1
2
3
4
5
6
7
8
9
10
11
12
13
14
15
16
17
18
19
20
21
22
강의로 복습하는 기출회독 시리즈
Keyword 028, 029


사회과학이란, 인간의 모든 행위, 즉 개인의 독자적인 행동과 타인과 상호 관련되어 나타나는 사회적 행동을 연구대상으로 하여 사회현상이나 인간의 행위를 분석하고 종합하여 일반적 법칙을 찾아내려는 인간의 지적 활동에 기반을 둔 지식체계이다.

## 1. 연구방법론

연구방법론(research methodology)이란, 인간의 존재와 사회현상을 과학적으로 탐구하기 위해 다양한 연구방법을 기술, 수집, 분석하는 기준이나 연구과정 전체를 지배하고 있는 이념, 철학 및 지식체계이다. 연구방법론에 따라 연구자가 택하는 연구방법(research method)에는 차이가 있을 수 있는데, 연구방법은 조사문제나 가설에 관계되는 자료를 수집하고 분석하는 데 사용되는 기술과 절차를 말한다. 방법론이 방법보다 상위의 개념이지만 구분 없이 상호교환적으로 사용되는 경우가 많다.

### (1) 연구방법론의 목적

#### ① 보고(announcement)

추론이나 결론을 내리지 않고 간단한 자료나 통계수치를 요약 정리하여 연구결과를 발표하는 것이다.

#### ② 기술(description)

인간행동이나 사회현상을 누가, 언제, 어디서, 무엇을, 어떻게 했는가에 따라 묘사하는 것을 말하며, 그것들에 대해 정의하기도 한다. 이때 '왜(why)'에 대한 질문에 대해서는 답하지 않는다.

③ **설명**(explanation)

기술된 현상의 발생 원인 즉, '왜'를 밝힘으로써 사회현상의 인과관계를 규명하고자 한다.

④ **예측**(forecasting)

이론의 기초적인 명제로부터 보다 복잡한 명제를 추론하는 것이다. 즉, 수집된 자료를 분석하여 미지의 상황을 추정하는 것이다.

### (2) 연구방법론의 역할

- 연구목적 달성을 위해 필요한 자료수집이나 분석을 위한 기준이나 방향을 제시한다.
- 인간행동과 사회현상을 지배하고 있는 법칙을 발견하게 해준다.
- 연구결과의 객관화와 이론화에 기여한다.
- 연구결과를 체계적으로 보고, 기술, 설명, 예측할 수 있도록 한다.

## 2. 사회과학 연구방법론

사회과학도 자연과학처럼 연구할 수 있고 그래야 한다는 입장이 실증주의이고, 사회과학은 연구의 대상 자체가 자연과학과 다르므로 달라야 한다는 입장이 해석주의이다. 실증주의와 해석주의는 이후 양적 연구와 질적 연구의 개념을 이해하는 데 있어서도 중요한 내용이므로 반드시 명확하게 정리해둘 필요가 있다.

### (1) 사회현상을 자연현상처럼 연구할 수 있을까?

사회현상도 자연현상과 동일한 방법을 사용할 수 있고, 동일한 법칙성을 찾을 수 있는가에 대해 극단적인 두 가지 견해가 발견된다. 하나는, 사회과학을 엄격한 의미의 과학으로 간주하는 경우(뒤르켐)이고, 다른 반대의 극단은 주관적인 접근법을 가지고 인문학의 일종으로 단지 사회를 설명하고자 하는 경우(딜씨)이다. 베버는 이러한 관점의 중간적인 입장에 서 있다.

① **딜씨**(W. Dilthey)

인간은 자유의지를 가지고 있으므로 누구도 그들의 행동을 예측하거나 일반화할 수 없다고 주장하며, 독특한 사건의 연구만을 허용하고 설명이나 예측은 허용하지 않는다.

② **뒤르켐**(E. Durkheim)

사회현상은 질서정연하며 일반화될 수 있다는 실증주의의 견해로서 물리적 현상이 물리법칙을 따르듯 사회현상도 사회적 법칙을 따른다는 가정으로 자연과학과 사회과학은 대상의 차이를 제외하고는 차이점이 없다고 주장한다. 따라서, 사회과학자의 과업은 실험과 같은 자연과학의 방법들을 사용해서 사회적 법칙을 발견하는 것이라고 주장한다.

③ **베버**(M. Weber)

딜씨와 뒤르켐의 중간적인 접근방법을 취하는데, 사회현상은 사회적 법칙에 의해 결정될 뿐만 아니라 인간의 의지적 행동의 산물이라고 주장한다. 인간의 자유의지는 합리적인 형태로 행사되며, 인간의 합리적 행동을 이해함으로써 예측할 수 있다는 주장이다. 또 베버는 자연과학적 연구방법이 모든 사회현상을 연구하는 데 부적합하다고 보면서 '직접적 이해(direct understanding)'를 주장했다. 직접적 이해란, 자연과학에서는 불가능하지만 사회과학에서는 가능하다는 의미이다. 예를 들어, 사회과학자는 연구대상이 바로 연구자 자신이 소속된 집단일 수 있으므로 자신이 경험한 적 있는 그 집단의 특별한 상황이나 곤경을 관찰하고, 감정이입할 수 있고, 그들의 느낌을 직접 이해할 수 있을 때 경험하는 종류의 이해를 말한다.

### (2) 사회과학의 3대 주류 패러다임[3) 꼭!

① **실증주의**

- 사회를 자연과 동일시하며, 따라서 자연현상을 대상으로 하는 자연과학과 같은 방법으로 사회현상을 대상으로 하는 사회과학 역시 연구할 수 있다고 본다.
- 사회현상은 우연히 일어나는 것이 아니라 일정한 질서와 규칙에 의해 일어난다고 보며, 사회 내의 법칙, 규칙 등을 찾아내고자 한다.
- 실증주의 연구자들은 대규모의 표본에 대한 양적 연구방법을 사용하는 경향이 강하다. 양적 연구에서는 모든 (혹은 대부분의) 연구절차를 미리 정하고 정해놓은 절차를 엄격하게 준수하며, 자료를 수집할 때 최대한의 객관성을 유지하고자 노력한다. 통제된 실험, 표준화된 척도를 사용한 엄격한 측정, 양적 자료의 수집과 통계분석 등을 선호한다.
- 연구의 가치중립성을 중시한다.
- 객관성, 정확성, 일반화(혹은 법칙화) 등을 강조한다.
- 보편적으로 적용가능한 분석도구가 존재한다고 본다.
- 경험적 관찰을 통해 이론을 재검증한다.
- 관찰자의 존재나 인식과는 무관하게 객관적 실재가 독립적으로 존재한다고 본다.
- 표준화된 과학적 절차가 활용되어야 한다고 주장한다.

후기실증주의

후기실증주의는 객관적인 기술, 설명, 예언 및 통제를 목적으로 하면서 과학적 방법론을 중시하는 실증주의로서는 사회과학을 연구하는 데 한계가 있다고 본다. 즉, 실증주의의 대안적 인식론인 후기실증주의는 사회현상을 실질적으로 이해하고 그 문제를 해결하기 위해서 과학적 증명이나 검증보다는 상황에 처한 이해를 위한 해석적 담론의 과정을 함께 거쳐야 한다는 인식론이다. 과학을 절대적인 것이 아닌 확률적인 관점에서 보며, 연구방법에 있어서 양적 연구방법과 함께 역사적, 비교학적, 철학적, 현상학적 담론을 통한 해석을 강조한다.

**② 해석주의**

- 외형적으로 유형화된 어떤 행동을 관찰하는 것이 아니라, 행동 깊숙이 자리잡고 있는 행위자 입장에서의 '의미'를 찾는 데 초점을 둔다.
- 인간의 주관적 의식(주관성)을 중요시한다. 사회적 행위의 주관적 의미에 대한 이해를 강조한다.
- 현장연구, 참여관찰 등과 같은 질적 연구방법을 주로 활용한다.
- 해석주의 연구자들은 사람들을 만나고 어울리며 사람들의 내면적 감정을 공감적으로 이해할 수 있고, 사람들의 일상적인 경험, 심층적 의미와 감정 그리고 그들의 행동 뒤에 있는 독특한 이유들을 해석할 수 있는 자연스러운 환경에서 사람들을 관찰한다.
- 모든 사람에게 동일하게 사용되는 객관적인 측정도구에만 의존해서는 사람들을 올바르게 이해할 수 없다고 믿는다. 사람들을 알 수 있는 최선의 방법은 유연하고 주관적인 접근 방법을 택하여 연구대상의 세계를 연구대상의 관점에서 바라보는 것이라고 주장한다. 연구자의 가치나 태도 활용을 강조한다.

**③ 비판적 사회과학**(갈등 패러다임, 임파워먼트 혹은 옹호 패러다임)

- 사회 변화의 본질적이고 구조적인 측면을 파악하는 것이 중요하다고 생각한다.
- 억압에 초점을 맞추며, 억압받는 집단의 임파워먼트를 위해 연구 절차를 활용한다. 이러한 목적을 달성하기 위해 연구자는 양적 또는 질적 연구 절차를 사용하기도 하고 다른 패러다임의 요소를 사용하기도 한다.
- 실천적 입장에서 이론을 바라볼 것을 강조한다. 따라서 제시된 대안의 현실적합성이 어느 정도인가로 이론을 평가한다.
- 실증주의 연구자들이 연구결과를 해석하는 데 정치적 가치나 이데올로기적 가치의 영향을 최소화하기 위해 애쓰는 것과 대조적으로, 비판적 사회과학

연구자는 임파워먼트와 옹호를 목표로 연구결과를 해석한다. 또한 이들은 임파워먼트와 옹호라는 목표에 가장 잘 부합하는 연구과정을 선택한다.

**3대 주류 패러다임의 특성**

| 구분 | 실증주의 | 해석주의 | 비판적 사회과학 |
|---|---|---|---|
| 사회조사의 목적 | 사회현상의 예측과 통제 | 일상생활에 대한 사람들의 경험과 의미 부여에 대한 연구 | 사회변화 |
| 사회적 현실 | 객관적으로 존재함 | 사람들이 그것을 경험하고 의미를 부여함으로써 의식 속에 존재함 | 역사적 산물로서의 사회현실, 현실 속에 내재해 있으면서 현실을 변화시키는 원인에 주목 |
| 인간의 본성 | 이기적이고 합리적인 존재 | 인간은 사회적 상호작용을 통해서 의미체계를 구성하고 사회를 해석 | 잠재력과 창의력을 가진 변화하는 존재 |
| 이론의 진위구별 기준 | 논리적 타당성과 경험적 타당성 | 의미에 대한 해석 | 사회적 현실에 대한 이해와 사회적 관계의 변화에 어떤 자원을 제공하는가 |

## 3. 사회과학의 한계

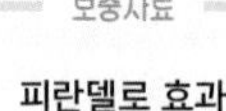
보충자료

피란델로 효과

- 사회과학은 인간과 관련된 사회현상을 연구대상으로 하며, 이러한 사회현상은 다양하고 복잡한 원인들에 의해 발생하기 때문에 이를 체계적으로 분석하는 데 어려움이 있다.
- 다양한 인간들의 상호작용 속에서 발생하는 사회현상을 연구하는 데 있어서 결과에 영향을 미칠 수 있는 여러 가지 요인들을 통제하는 데 어려움이 있다.
- 인간을 연구대상으로 하기 때문에 여러 가지 윤리적인 문제가 발생할 수 있다.
- 연구자 자신의 가치관과 그 연구가 준거하고 있는 학문세계의 지배적인 가치가 연구과정에 개입될 수 있다.

## 4. 사회과학에서의 윤리[4) ] 22회 기출

중요도 ★★★

사회조사연구의 윤리적 원칙을 고르는 형태나 실제 사례들을 제시하고 윤리적으로 문제가 되는 경우와 되지 않는 경우를 구별하는 형태로도 출제되고 있다. 고지된 동의, 익명성, 비밀보장 등의 원칙과 함께 예외가 되는 경우를 함께 기억해둘 필요가 있다. 22회 시험에서는 과학적 탐구에서 제기되는 윤리적 문제를 묻는 문제가 출제되었다.

사회과학 연구를 위해서는 인간을 대상으로 조사를 수행해야 하는 경우가 많은데, 이 과정에서 윤리적인 문제가 발생하기 쉽다. 특히 엄밀한 연구를 수행하기 위한 실험조사와 같은 과학적 방법을 사용하고자 할 때 윤리적 문제가 발생할 가능성이 더 높다. 따라서 사회조사 수행 시 다음 사항에 유의해야 한다.

### (1) 연구주제와 내용

사회적 윤리를 고려하여 연구주제와 내용을 선정해야 한다.

예 '인종에 따른 지능 차이', '마약효과 실험연구', '안락사의 가족에 대한 영향', '사회복지기관 수익사업평가조사' 등 → 조사결과를 수용하는 데 논란의 여지가 많을 수 있다.

### (2) 연구대상의 선택

연구주제에 따라서는 특정한 사람들만 연구대상이 될 수도 있겠지만, 보편적 사람들을 대상으로 하는 연구에서 특정한 사람들만 집중적으로 표본에 포함시키는 것은 연구결과의 일반화도 저해하고 윤리적으로도 문제가 된다.

### (3) 연구대상자에게 미치는 피해

- 사회과학은 연구대상이 인간이기 때문에 연구과정이나 결과가 대상자에게 피해를 끼칠 가능성이 있는지를 따지는 것이 더욱 중요하다.
- 우리나라와 미국의 사회복지사 윤리강령에서도 클라이언트에 대해서 지켜야 할 일반적 윤리기준과는 별도로 사회복지관련 연구조사에서 연구대상자는 신체적 · 정신적 불편이나 위험, 위해로부터 보호되어야 한다고 규정하고 있다.

### (4) 자발적 참여와 고지된 동의 ★꼭!

자발적 참여와 고지된 동의라는 원칙이 충돌하는 경우가 있어요. 연구목적을 대상자가 자세히 알게 될 경우에 목적에 맞춰서 반응하는 반응성의 문제가 생겨날 수도 있고, 자발적으로 참여하는 사람만 연구에 포함시킬 경우에는 연구결과를 일반화하기 어려운 한계가 있습니다.

- 고지된 동의(informed consent)란 연구의 목적과 내용, 소요시간, 참여자에게 주어지는 혜택 및 연구에 수반될 가능성이 있는 위험과 피해, 연구 참여가 가져올 수 있는 결과를 이해하도록 도와주거나 의사결정에 영향을 미칠 수 있는 사실을 미리 잠정적 조사대상자에게 알려준 후에 잠정적 조사대상자로 하여금 조사에 참여할 것인가 아닌가를 결정하게 하는 절차를 말한다. 관련된 충분한 정보를 제공하고 참여자의 동의를 구해야 한다.
- 연구와 관련된 정보를 충분히 고지하지 않았다면 연구 참여에 동의하였더라도 진정한 의미에서 '자발적' 참여라고 보기 어려우므로, 자발적 참여는 고지된 동의에 기초하여 이루어져야 한다. 의사표현이 어려운 대상의 경우 자발적 선택이 가능한지 충분히 검토해야 하며, 참여를 강요당해서는 안 된다.
- 자발적 참여는 일단 참여자가 연구에 참여하기로 동의한 이후에도 상황이나 의사의 변화에 따라 언제라도 아무런 불이익 없이 참여를 철회할 권리도 포함한다. 예를 들어 부모가 아동이 조사연구에 참여하는 데 동의한 경우라도 아동은 참여를 거부할 수 있다.
- 사회조사에서는 반드시 조사대상자에게 사전에 조사에 대해서 알리고 조사

대상자로부터 조사참여 동의를 얻어내는 것을 기본적 원칙으로 해야 한다. 그러나 자발적으로 참여하는 사람만 연구에 포함시킬 경우 연구결과를 일반화하는 데 문제가 있을 수 있다. 즉, 외적 타당도에 문제가 있을 수 있다. 예를 들어 양성평등이나 환경문제에 관한 국민들의 관심사에 대해 조사한다고 할 때, 이러한 문제에 많은 관심을 갖고 있는 사람들이 주로 연구에 참여할 가능성이 높다. 이러한 경우 조사결과는 일반적인 국민들의 관심사와는 다르게 나타날 가능성이 높을 수도 있다.

• 고지된 동의에 입각한 자발적 참여의 윤리원칙을 꼭 고수해야 하는가? 그렇지는 않다. 그것을 지키지 않음으로 인해 연구대상자들에게 미치는 피해보다 연구로 인해 얻는 장기적인 이익이 더 가치가 있다면 윤리적으로 문제가 되지 않을 수 있다. 예를 들어, 차량통행량을 측정하고자 하는 연구에서 각 운전자들에게 고지된 동의를 구하지 않고 연구했다고 해서 연구윤리상 문제라고 볼 수는 없다.

### (5) 익명성 및 비밀보장 꼭!

• 익명성이란 조사대상자들이 자신의 신원을 밝히지 않고 응답할 수 있도록 하는 것을 의미한다. 익명성 확보를 위해서 조사대상자가 개인적으로 누구인가 확인되지 않도록 조사대상자가 제공한 정보와 조사대상자를 분리할 수 있다.

• 비밀보장이란 조사연구자가 응답자의 신원을 알고 있어도 이를 공개하지 않는 것을 의미한다. 수집된 정보가 개인적으로 공개되지 않고 또한 다른 목적으로 사용되지 않으며, 다만 통계적으로 처리하여 집합적으로 공개되도록 해야 한다. 연구대상자에 대한 비밀보장이라는 원칙은 다른 사회적 가치 또는 법률과 상충되기도 하며, 경우에 따라서는 비밀보장을 준수하지 못할 수도 있다. 예를 들어 조사과정에서 대상자가 학대를 받고 있는 아동임을 발견하게 된 경우 적절한 기관에 알리는 등의 조치가 필요하다.

### (6) 연구대상자를 속이는 것

• 연구대상자를 속이는 행위가 도덕적으로 바람직하지 않다는 것은 반론의 여지가 없지만, 연구목적상 연구의 자세한 내용을 모두 밝히지 않고 숨길 필요가 있는 경우도 있다. 특히 실험의 경우 연구대상자가 연구목적, 내용 등을 자세히 알게 되면 반응성 문제가 나타날 수 있어 어느 정도 대상자를 속이는 것이 불가피할 때가 많다. 관찰의 경우도 누군가가 자신을 관찰하고 있다는 사실을 알면 평소와 다른 행동을 보일 가능성이 있다.

• 대상자의 반응성 문제가 심각하게 나타날 수 있는 연구주제에서 대상자를

일시적으로 어느 정도 속이는 것이 불가피할 때는 연구를 통해 얻을 수 있는 이익과 대상자를 속이는 데 대한 윤리적 책임을 잘 비교하고 다른 대안은 없는지를 충실히 고려한 다음 연구의 여부와 방법을 선택해야 한다.

### (7) 연구대상자에게 필요한 서비스를 제공하지 않는 것

- 실험에서는 종속변수의 변화에 영향을 미칠 수 있는 외적인 변수들의 영향을 통제하기 위해 통제집단을 설정하는 경우가 많은데, 이 경우 연구를 위해 통제집단으로 할당된 대상자들은 필요한 서비스를 받지 못하는 문제가 발생한다. 이는 연구 목적상 어쩔 수 없다고는 하나 클라이언트의 권익을 침해하는 일이 된다.
- 만약 실험연구가 불가피할 때는 우선 통제집단에 속한 사람들이 받을 수 있는 피해를 최소화하려는 노력이 필요하다.

### (8) 연구결과의 분석과 보고

- 연구결과는 객관적으로 해석되어야 한다.
- 연구자가 미리 생각하고 있었던 결론에 맞추어 자료를 가감, 조작한다거나 연구자의 의도와 다른 결과가 나왔다고 해서 이 부분을 고의적으로 제외하고 결과를 발표해서는 안 된다. 긍정적인 결과뿐만 아니라 부정적인 결과도 보고해야 한다.
- 다른 연구를 표절해서는 안 되며, 인용한 부분에 대해서는 내용과 출처를 명시해야 한다.

### (9) 기타

- 지나친 대가 지불은 연구의 윤리성을 저해할 소지가 있다.
- 자발적으로 참여한 사람이라고 해도 피해를 주어서는 안 된다.

# 4 사회복지조사

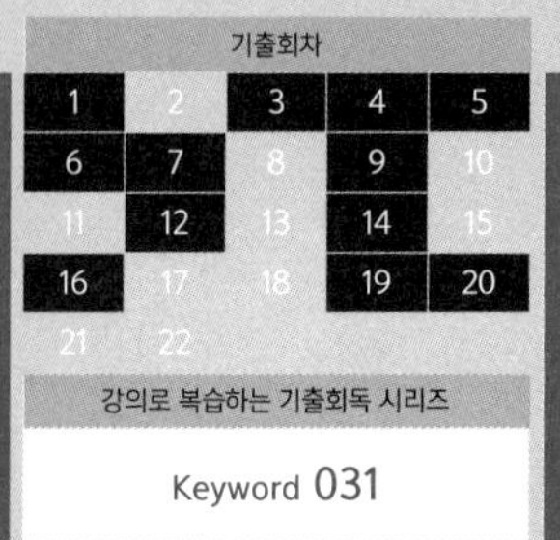

기출회차
1 2 3 4 5
6 7 8 9 10
11 12 13 14 15
16 17 18 19 20
21 22
강의로 복습하는 기출회독 시리즈
Keyword 031


## 1. 사회과학으로서의 사회복지학

### (1) 응용과학으로서의 사회복지학 꼭!

인간의 욕구를 충족시키기 위해 과학적인 지식을 사용하며 복잡한 인간체계를 연구하기 위해 개발된 지식과 기술을 사용하는 응용과학이다. 즉, 종합 과학적(multi disciplinary)이고 학제적인(inter disciplinary) 특징이 있다.

### (2) 실천과학으로서의 사회복지학

사회복지학은 실제 현장에서 직접 실천되는 실천과학이다.

### (3) 사회과학으로서의 사회복지학

사회현상과 인간관계를 연구대상으로 하고 있으며, 사회문제를 해결하기 위한 사회적 노력이므로 사회과학의 형태를 따른다.

중요도 ★★

사회복지실천에서의 사회복지조사 또는 과학적 조사의 필요성에 대한 문제가 주로 출제되고 있다. 다른 사회조사와 비교할 때 두드러지는 사회복지조사의 응용조사적 특성, 사회개량적 특성 등을 잘 이해하고, 전문적인 사회복지실천의 측면에서 사회복지조사를 할 경우의 유용성과 사회복지조사과정에서 고려해야 하는 한계점들을 이해해야 한다.

## 2. 사회복지조사

### (1) 사회복지조사의 개념

#### ① 사회복지조사의 정의

- 사회복지의 목적을 수행하기 위한 하나의 도구로서 개인의 복지욕구를 충족시키고 사회적 문제를 해결하기 위한 방안을 강구하기 위해 자료를 수집하는 지식탐구 절차이다.
- 사회복지조사는 과학적 방법으로 수행해야 하며, 과학적 조사가 되기 위해서는 논리성, 검증가능성, 반복가능성, 일반성 등의 일반적인 과학의 특징을 가져야 한다.

② 사회복지조사의 과학적 활용

- 개념적 정의를 경험적으로 측정이 가능하도록 구체화하는 조작적 정의(operational definition)가 필요하다.
- 개입과정에서 기존의 경험이나 연구에 입각하여 논리적인 가설을 설정하고 검증과정을 거침으로써 개입 결과의 효과성을 평가할 수 있고 인과성을 증명하게 된다.
- 기술과 이론을 토대로 사회복지 프로그램 개발과 서비스를 제공한다.

### (2) 사회복지조사의 특성 꼭!

① 응용조사적 특성

사회복지조사는 주로 인간의 욕구 충족과 현실 문제해결을 위한 프로그램 수행 등에 필요한 지식 산출이라는 측면에서 응용조사의 성격이 강하다.

② 사회개량적 특성

사회복지조사는 주로 사회적 약자(장애인, 노동자, 노인 등)의 문제를 다루기 때문에 사회개량적 성격이 있다.

③ 계획적 특성

사회복지조사의 하나인 욕구조사는 대상자 선정과 욕구의 종류 및 수준을 파악함으로써 사회복지서비스를 계획적으로 제공할 수 있도록 도와준다.

④ 평가적 특성

사회복지조사는 사회복지 서비스의 효과성과 효율성을 평가하기 위한 도구로서 활용된다. 이와 같이 사회복지 프로그램이나 정책대안의 개입적 효과를 평가하는 조사를 평가조사(evaluation research)라 한다.

⑤ 시험적 특성

프로그램이나 대안이 복지욕구에 적합한 것인지를 시험해야 하는데, 조사를 통해 프로그램의 상호작용과 상관관계를 분석함으로써 간접적으로 시험할 수 있다.

⑥ 과학적 특성

사회복지조사는 문제를 계량화하고 객관적 · 통계적으로 검증할 수 있는 과학적 연구를 지향한다.

### (3) 사회복지조사의 유용성 꼭!

**① 사회복지의 과학적 기초 형성**

사회복지학은 실천을 강조하는 경험과학이며, 실제 생활에 적용하기 위한 지식 도출이라는 측면에서 응용과학이다. 그러나 인간의 복잡한 내면이 연구대상이므로 다양한 학문적 접근이 필요한 학제적(inter disciplinary)인 성격을 갖고 있어 과학적인 기초를 마련하는 데 한계가 있다. 따라서, 보다 적절한 지식과 이론, 효과적인 실천방법을 발전시키기 위해 사회복지의 과학화를 도모해야 하며 이를 위한 수단으로써 체계적인 조사방법을 활용해야 한다.

**② 과학적 실천의 실현**

사회복지 전문가들은 사회복지의 과학적 실천활동에 대한 체계적 지식을 수집하기 위한 수단으로 조사방법을 활용한다. 인간의 문제에 대한 객관적인 자료를 수집하고 개입 계획을 세우며, 개입 후 효과성을 평가하여 가설의 연관성과 문제의 인과관계를 검증할 수 있다.

**③ 사회복지이론과 기술체계 구축**

사회복지조사는 사회복지이론(사회복지 관련 현상을 설명하고 예측할 목적으로 변수들 간 관계를 구체화시키고 현상에 대해 체계적인 지식을 제시한다)을 형성하고 이를 바탕으로 실천기술을 구축하는 데 유용하다.

**④ 사회복지의 책임성 제고**

사회복지 개입의 효과를 입증하고 이를 통해 전문직으로서의 책임과 역할을 다하기 위해 사회복지조사가 활용될 수 있다.

**사회복지실무자에게 사회복지조사방법론 지식이 필요한 이유**

- 실천현장에서의 문제 해결을 위한 지식 탐색
- 사회복지서비스 질의 향상을 위한 지식과 기술의 개발
- 새롭고 효과적인 사회복지실천 개입방법의 개발
- 지역주민의 복지욕구 분석 및 클라이언트에 관한 임상적 자료의 체계적 수집
- 조사대상에 대한 비윤리적 행위의 예방
- 서비스 프로그램의 효과성 평가

### (4) 사회복지조사의 한계

#### ① 경험적 인식의 제한성

사회복지조사는 경험적으로 인식된 내용만을 포함하는데, 인간의 경험적 인식의 범위는 한계가 있다. 조사자에 따라서 동일한 사건이나 현상을 다르게 인식하는 경우도 있다.

#### ② 시간적 제한성

사회복지조사는 제한된 기간 내에 조사할 수 있는 내용이 양적으로 제한되어 있기 때문에 조사상 필요한 내용이 조사종료 후 발생할 수도 있다.

#### ③ 지리적 제한성

사회복지조사는 일정한 지역 내에서 수행되므로 표본의 대표성 문제가 발생할 수 있다.

#### ④ 비용적 제한성

투입되는 조사요원과 조사대상의 확대, 조사기간의 연장 등에 대해 상당한 비용을 지불해야 한다.

#### ⑤ 개인의 가치와 선호

사회복지학은 가치개입적 학문이므로 조사자의 개인적 가치가 조사과정에 개입될 가능성이 있다. 즉, 조사문제의 선정이나 조사방법, 조사결과의 분석과 해석과정에 영향을 미칠 수 있다.

#### ⑥ 정치적 · 문화적 · 사회적 요인에 따른 제한성

조사결과는 논리의 타당성보다는 조사 당시의 사회적 사상과 이념이나 정치적인 통제 및 문화적인 요인에 따라 수용과 거부가 결정되기도 한다.

# 2장 조사의 유형과 절차

한눈에 쏙! | 중요도

| 한눈에 쏙! | | 중요도 |
|---|---|---|
| ❶ 조사의 유형 | 1. 조사목적에 따른 유형 | ★★★ |
| | 2. 시간적 차원에 따른 유형 | ★★★ (22회 기출) |
| | 3. 기타 조사유형 구분 | |
| ❷ 조사의 절차 | 1. 사회복지조사의 과학적 수행과정 | ★★ |
| ❸ 분석단위 | 1. 분석단위의 개념과 유형 | ★ (22회 기출) |
| | 2. 분석단위와 관련된 오류 | (22회 기출) |

# 기출경향 살펴보기

## 이 장의 기출 포인트

조사의 유형별 특성을 묻는 문제가 주로 출제되고 있으며, 사례를 제시하고 이에 적용된 조사방법의 유형을 찾는 문제도 출제되고 있다. 횡단조사와 종단조사를 비교하는 문제, 조사목적에 따른 유형을 구분하는 문제, 종단조사의 유형(패널조사, 경향조사, 동년배조사)별 특징을 구분하는 문제가 주로 출제된다. 이 외에도 조사과정을 순서대로 나열하는 문제, 분석단위 관련 오류를 찾는 문제가 출제된 바 있다.

## 최근 5개년 출제 분포도

연도별 그래프

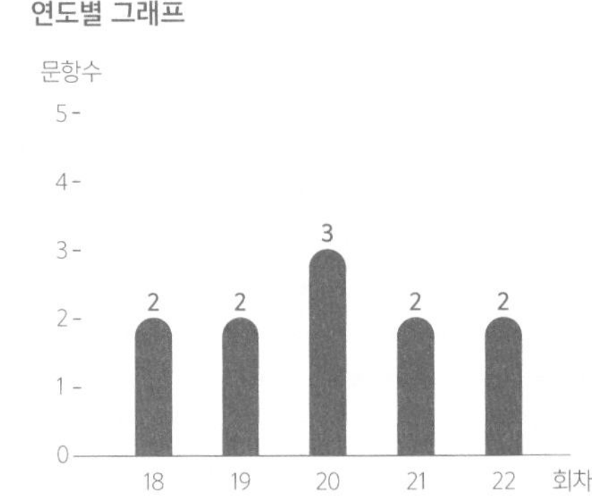


평균출제문항수

**2.2** 문항

## 2단계 학습전략

데이터의 힘을 믿으세요!
강의로 복습하는 **기출회독 시리즈**

3회독 복습과정을 통해
최신 기출경향 파악

## 최근 10개년 핵심 키워드

| | | |
|---|---|---|
| 기출회독 **032** | 조사의 유형 | 17문항 |
| 기출회독 **033** | 조사의 절차 | 3문항 |
| 기출회독 **034** | 분석단위 | 3문항 |

**기본개념 완성을 위한 학습자료 제공**

기본개념 강의, 기본쌓기 문제, O X 퀴즈, 기출문제, 정오표, 묻고답하기, 지식창고, 보충자료 등을 **아임패스**를 통해 만나실 수 있습니다.

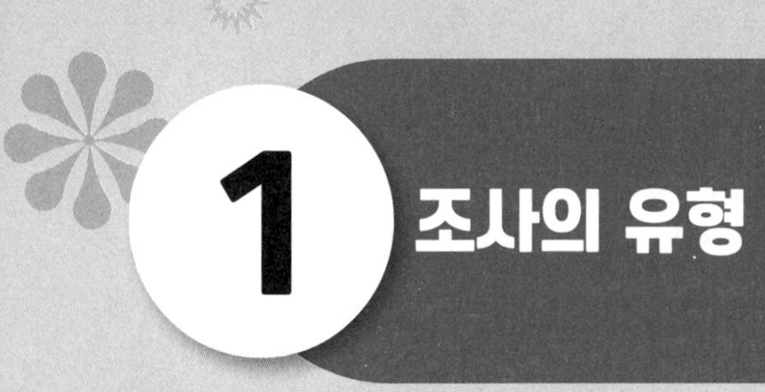

| 기출회차 | | | | |
|---|---|---|---|---|
| 1 | 2 | 3 | 4 | 5 |
| 6 | 7 | 8 | 9 | 10 |
| 11 | 12 | 13 | 14 | 15 |
| 16 | 17 | 18 | 19 | 20 |
| 21 | 22 | | | |

강의로 복습하는 기출회독 시리즈

Keyword 032

# 1 조사의 유형

중요도 ★★★

조사유형에 관한 문제는 매회 빠지지 않고 출제되고 있다. 시간적 차원에 따른 유형에 관한 문제보다는 출제비중이 낮지만 최근 조사유형과 관련된 문제는 종합적인 내용을 묻는 형태로 출제되므로 반드시 정리해둘 필요가 있다.

**예비조사와 사전조사(사전검사)**

예비조사는 탐색적 조사에 해당하며, 보통 설문지 작성의 사전단계에서 이루어진다. 반면에 본 조사를 수행하기 전에 일정한 수의 사람들을 대상으로 본 조사와 동일한 방법으로 실시하는 사전조사(사전검사)는 예비조사보다 형식적으로 완성된 형태를 가진다.

## 1. 조사목적에 따른 유형

### (1) 탐색적 조사(exploratory study) 꼭!

- 예비조사(pilot study)라고도 하며 조사설계를 확정하기 전에 즉, 명확한 연구가설이 수립되기 전에 예비적으로 실시되는 경우가 많다. 예비조사이므로 융통성 있게 운영될 수 있고 수정이 가능하다.
- 기존에 연구되지 않았던 새로운 주제에 대해 연구하는 경우, 연구문제에 대한 사전 지식이 부족한 경우, 연구문제를 형성하거나 연구가설을 수립하기 위한 경우 등에 실시한다.
- 문헌조사, 경험자 조사(전문가 의견조사), 특례조사 등이 있다.

#### ① 문헌조사

- 조사대상이나 조사분야에 대한 지식이 부족한 경우에 행하는 최초의 조사로서 관련 분야의 문헌을 조사한다.
- 문헌조사는 문제를 규명하고 가설을 정립하기 위한 가장 경제적이고 빠른 방법이다.

#### ② 경험자 조사(전문가 의견조사)

- 조사분야에 대한 경험이나 전문지식을 가지고 있는 사람으로부터 정보를 획득하는 방법이다.
- 문헌조사의 보완적인 방법으로서 연구 초보자에게 도움이 된다. 전문가의 의견으로 해결책을 찾는 것이 아니라 전문가의 의견을 참조하기 위해 실시되는 조사이다.

#### ③ 특례분석(특례조사)

- 연구문제의 설정이 빈약하거나 기존의 연구자료가 부족할 경우 사용되는 사례조사의 하나로, 본 조사의 상황과 유사한 상황을 찾아내어 분석함으로써 현 상황에 대해 논리적으로 유추하는 분석방법이다.

• 특례분석은 문제의 규명과 관련된 변수들의 관계를 명확히 하는데 효과적이지만, 사후적인 조사방법이므로 그 결과가 결정적인 것이 아니라 시사적인 의미만 가진다.

### (2) 기술적 조사(descriptive study) 꼭!

• 조사대상의 현황을 전체적으로 나타내고, 영향요인 간에 어떠한 관계가 있을지를 파악하기 위해 실시하는 조사이다.
• 현상의 모양이나 분포, 크기, 비율 등 단순 통계적인 것에 대한 조사이다.
• 발생빈도와 비율을 파악할 때 사용한다.
• 관련 변수 간의 상관관계(correlation: 정적/부적 관계)를 기술하지만 인과관계(causal relationship: 특정 변수가 다른 변수에게 영향을 끼치는 영향의 방향)를 기술하는 것은 아니다.
• 탐색적 조사와 달리 연구문제와 가설을 설정한 이후 실시되기도 한다.

잠깐!

**기술적 조사의 사례**

인구주택총조사, 실태조사, 여론조사 등이 대표적인 기술적 조사에 해당한다.

### (3) 설명적 조사(explanatory study) 꼭!

• 사실의 인과관계를 규명하거나 미래의 사실에 대해 미리 예측(prediction)하는 조사로서 전자를 진단적 조사(diagnostic study), 후자를 예측적 조사(predictive study)라 한다.
• 특정 변수에 영향을 미치는 변수의 조사 등이 해당된다.
• '왜(why)'에 대한 해답을 제공하는 것으로 사회복지실천에 있어서 문제의 원인을 파악하고 개입활동이 효과가 있는지 파악하기 위해 설명적 조사를 실시한다.
• 사회과학조사에서 설명이란, 반드시 '왜'라는 질문에 대해 설명하는 것이므로 기술적 조사와 혼동하지 않도록 주의해야 한다.

**조사목적에 따른 유형 분류**

조사목적에 따른 유형 중 가장 분명하게 구별할 수 있는 것은 설명적 조사이다. 설명적 조사는 인과관계를 밝히는 것이 목적인 조사이므로 「A가 B에 미치는 영향에 대한 연구」 또는 「A에 영향을 미치는 요인에 대한 연구」는 설명적 조사에 해당된다. 예를 들어, '청소년 가출에 영향을 미치는 요인 연구'라든가 '직업재활 프로그램이 실직 탈피에 미치는 영향 연구' 등이 여기에 해당된다.

설명적 조사가 변수들 사이의 인과관계를 밝히는 데 목적을 둔 조사인 것과는 달리 기술적 조사는 현상 자체를 이해하거나 변수들 사이의 상관관계 정도를 이해하는 데 목적을 둔다. 대표적인 형태는 실태조사이다. 예를 들어, '청소년 가출 실태 연구', '가정환경과 청소년 가출의 관계 연구', '클라이언트 특성 조사', '중년기 위기 극복과정에 대한 연구' 등은 기술적 조사에 해당된다. 상관관계는 두 변수 사이에 단지 관련성이 있음을 보여줄 뿐이지 원인과 결과를 따지는 인과관계를 의미하지는 않으니 구분하기 바란다.

탐색적 조사는 관련 연구나 이론이 부족하여 기술적 조사나 설명적 조사를 바로 시작하기 어려운 경우, 즉 기술적 조사나 설명적 조사를 수행하기에 앞서 예비적인 차원에서 수행되는 경우가 많다. 예를 들어, '노숙인들의 노숙탈피 과정에 대한 연구'는 기술적 조사이지만 노숙 및 노숙인과 관련해 이론이나 관련 연구가 부족하여 노숙인 대상으로 서비스를 제공하고 있는 숙련된 실무자들을 만나보거나 노숙탈피 경험이 있는 노숙인들을 한두 명 소개받아 면담을 해보면서 조사의 방향과 계획을 보다 명확하게 수립해가는 경우 탐색적 조사에 해당한다.

중요도 ★★★

조사유형을 제대로 구분하는지에 대한 문제는 매회 빠짐없이 출제되고 있다. 설명이나 사례가 제시되었을 때 어떤 조사유형에 해당하는지 정확히 분별할 수 있어야 한다. 특히, 종단조사의 하위 유형인 경향조사, 동년배조사, 패널조사를 혼동하는 경우가 많은데 각각의 조사가 어떻게 구분되는지 사례와 접목하여 비교 정리하자. 22회 시험에서는 종단연구의 유형별 주요 특징을 비교하는 문제가 출제되었다.

## 2. 시간적 차원에 따른 유형 22회 기출

### (1) 횡단조사(橫斷調査, cross sectional study) 꼭!

- 횡단이란, 서로 다른 연령, 인종, 종교, 성별, 소득수준, 교육수준 등 광범위한 사람들의 표집이다. 횡단조사란, 인구의 횡단을 조사하는 것이다. 즉, 일정 시점에서 특정 표본이 가지고 있는 특성을 파악하거나, 특성에 따라 집단을 분류하는 것으로 사회복지분야에서 널리 사용된다.
- 일정 시점에서 측정하므로 정태적인 성격을 갖는다.
- 주로 표본조사를 행하며 측정이 반복해서 이루어지지 않는다.
- 조사대상의 특성에 따라 여러 집단으로 분류하므로 표본의 크기가 커야 한다.

합격자의 한마디

횡단조사와 종단조사를 구분하기 가장 쉬운 방법은 측정의 횟수입니다. 횡당조사는 측정이 단 한 번 이루어지고, 종단조사는 반복적으로 측정이 이루어져요. 또한 횡단조사는 비교적 표본의 크기가 크고, 정태적(일정 시점의 특정 표본이 가지고 있는 특성을 파악)인 성격을 갖지만, 종단조사는 비교적 표본의 크기가 작고, 동태적(일정 기간 변화하는 상황을 파악)인 성격을 가져요.

### (2) 종단조사(縱斷調査, longitudinal study) 꼭!

- 시간의 흐름에 따라 조사대상이나 상황의 변화를 측정하는 것으로 일정한 시간 간격을 두고 반복적으로 측정하여 자료를 수집하는 조사방법이다.
- 일정한 시간적 간격을 두고 측정하므로 동태적이다.
- 장기간 동안 측정이 반복해서 이루어진다.
- 장기간 반복적으로 측정이 이루어지므로 비용이 많이 든다.
- 장기간에 걸쳐 조사대상자와 상황의 변화를 조사할 수 있다.
- 패널조사, 경향조사, 동년배조사로 나뉜다.

#### ① 패널조사(panel study)

장기간 반복적으로 조사를 실시하는데, 매 조사시점마다 동일인을 대상으로 조사하는 것이 특징이다.

예 장애인의 노동시장 참여에 대한 기초자료를 얻기 위해 장애인고용패널 5,000명을 대상으로 매년 1회 추적조사하는 것. ㅇㅇ년도 대학 신입생 중 100명에 대해 학과만족도를 조사하고 4년 동안 1년마다 한 번씩 똑

같은 100명에게 학과만족도를 조사하여 학과만족도가 학년이 올라가면서 어떻게 변화하는지를 알아보는 조사

- 장점
  - 종단조사 중 패널조사만이 동일인을 반복적으로 조사하기 때문에 일정 기간에 걸쳐 나타나는 변화에 대해 가장 포괄적인 자료를 제공할 수 있으며, 따라서 세 가지 종단조사 중 가장 정확하고 신뢰할 만한 조사라고 할 수 있다.
- 단점
  - 비용이 많이 든다.
  - 상당 기간에 걸쳐 표본의 거처를 지속적으로 파악해야 하므로 종단조사들 중 가장 수행이 어렵다.
  - 시간이 지나면서 조사대상(패널)이 중도에 탈락하는 문제가 있다.
  - 동일인을 반복적으로 조사하는 과정에서 초기 조사가 후기 조사의 반응에 영향을 미칠 수 있다.

**유사종단조사**
**(quasi-longitudinal research)**

반복적으로 조사하기 어려운 경우 횡단적 조사를 통해 종단적인 결과를 얻기 위한 조사방법이다. 예를 들어 각 연령대별(20대, 30대, 40대, 50대 등)로 결혼에 대한 의식을 조사하여 과거로부터 장기간에 걸쳐 결혼에 대한 의식이 어떻게 변화하였는지를 알아 볼 수 있다.

### ② 경향조사/추세연구(trend study)

시간의 흐름에 따라 나타나는 일반적인 대상집단의 변화를 조사하는 것이다.

예 대학 신입생들의 학과만족도가 어떻게 변화하는지 알아보기 위해 2022년에는 2022년도 신입생을 조사하고, 2023년에는 2023년도 신입생을 조사하고, 2024년에는 2024년 신입생을 조사하는 방식으로 매년 당해 신입생들을 대상으로 학과만족도를 조사하는 경우

**경향조사의 사례**

1990년대 10대와 2000년대 10대의 직업선호도 비교조사 등

### ③ 동년배조사/동시집단연구/동년배집단연구(cohort study)

- 시간의 변화에 따른 특정 동류집단(동년배집단)의 변화를 조사하는 것이다.
- 동류집단(cohort)이란 동시대에 태어난 동년배일 경우와 같이 유사한 경험을 공유한 집단을 말한다. 예를 들면, 'X세대의 결혼관'을 조사한다면 X세대(1970~1980년 사이 출생한 세대)가 동류집단이 된다. 베이비붐 세대, 386세대, N세대에 관한 조사도 동년배조사에 속한다.
- 패널조사는 매번 동일한 사람을 조사하지만, 동년배조사는 조사대상이 동일한 사람이 아니라는 것이 차이점이다.
- 예를 들어, 패널조사와 동년배집단조사 모두 2024년 사회복지사 1급 자격증 취득자를 대상으로 조사를 시작할 수 있다. 이 경우 첫 번째 조사에서 2024년 사회복지사 1급 자격증 취득자 중 100명을 대상으로 조사를 했다면 패널조사는 이후 조사에서도 이 100명만을 계속 조사한다. 그러나 동년배집단조사에서는 조사시점마다 2024년 사회복지사 1급 자격증 취득자들 중에서 새로운 100명을 뽑아 조사할 수 있다. 이때, '2024년 사회복지사 1급 자격증 취득자들'이 바로 동류집단이 된다.

**동년배조사의 사례**

386세대 조사, 베이비붐 세대 조사, X세대 조사 등

보충자료

종단조사의 유형

한걸음 더 경향조사, 동년배조사, 패널조사 비교
(2000년부터 10년 간격으로 20세 청년을 대상으로 시작)

| 종단조사 유형 | 대상자 연령 (2000년) | 대상자 연령 (2010년) | 대상자 연령 (2020년) | 동일인 여부 |
|---|---|---|---|---|
| 경향조사 | 20세 | 20세 | 20세 | × |
| 동년배조사 | 20세 | 30세 | 40세 | × |
| 패널조사 | 20세 | 30세 | 40세 | ○ |

## 3. 기타 조사유형 구분

### (1) 용도에 따른 분류

**① 순수조사**(pure research), **기초조사**(basic research)

순수하게 사회적 현상에 대한 지적인 이해와 지식 습득 그 자체에만 목적을 둔 조사를 의미 한다.

**② 응용조사**(applied research)

조사결과를 직 · 간접적으로 사회적 현상에 응용함으로써 문제해결이나 개선을 위해서 수행하는 조사를 의미한다. 대표적인 예로 욕구조사와 평가조사를 들 수 있다.

| 구분 | 순수조사(기초조사) | 응용조사 |
|---|---|---|
| 정의 | 사회현상에 대한 지식 자체만을 순수하게 획득하려는 조사 | 조사결과를 문제해결과 개선을 위해 응용해서 사용하는 조사 |
| 동기 | 조사자의 지적 호기심의 충족 | 조사결과의 활용 |
| 특성 | 현장 응용도가 낮은 조사 | 현장 응용도가 높은 조사 |

### (2) 조사대상의 범위에 따른 조사연구 분류

**① 전수조사**(complete enumeration)

전수조사란 조사대상이라고 생각되는 모든 부분, 즉 모집단 전체를 대상으로 조사하는 조사연구다. 대표적인 것이 인구조사(census)이다.

#### ② 표본조사(sampling study)

- 표본조사는 전수조사가 어려운 경우 모집단의 일부만을 추출하여 모집단 전체를 추정하는 조사이다. 표본조사의 경우에도 알고자 하는 것은 표본의 특성이 아니라 모집단 전체의 특성이다. 다만, 모집단을 모두 조사하기가 어렵기 때문에 표본을 통해 추정하려 하는 것이다.
- 전수조사에 대비되는 개념으로 표본조사 대신 서베이조사(survey research)를 언급하는 교재도 있는데, 엄밀히 말해 서베이조사는 표본에 대해 설문조사하는 것이다. 즉, 표본조사 중에서도 설문지를 도구로 자료 수집이 이뤄지는 조사를 말하며, 서베이조사를 잘 하기 위해서는 모집단을 대표할 수 있는 표본을 잘 추출하는 것과 정확한 자료 수집을 위해 설문지를 잘 구성하는 것이 중요하다.

#### ③ 단일대상조사(single subject study)

한 개인, 한 가족, 또는 한 소집단을 대상으로 하는 조사로서, 임상사회복지 서비스에 관계되는 조사연구 및 평가에 사용된다.

### (3) 자료수집의 성격에 따른 조사연구 분류

#### ① 양적 조사(quantitative study)

대상의 속성을 계량적으로 표현하고 그들의 관계를 통계분석을 통해 밝혀내는 조사이다.

#### ② 질적 조사(qualitative study)

행위자의 언어, 행동 등 상황과 환경적 요인들을 심층면접, 참여관찰 등을 통해 조사하는 것이다.

### (4) 기타 조사연구의 유형

#### ① 사례조사(case study)와 서베이조사(survey research)

- 사례조사는 특정 사례를 조사하여 현상이나 문제를 전체적으로 파악하고 실증적으로 분석하는 조사이다. 조사대상의 독특한 성질을 자세하게 설명하며 행동이나 특성의 변화와 영향, 요인들과의 인과관계를 파악하는 데 유용하다.
- 서베이조사는 모집단을 대상으로 추출된 표본에 대하여 설문지 같은 표준화된 조사도구를 사용하여 직접 질문함으로써 필요한 자료를 수집하는 방

법이다. 서베이조사는 표본조사이며, 설문지와 같은 도구를 사용하지만 실험을 행하지 않는다. 지역사회 욕구조사나 갤럽 여론조사가 대표적이다.

② **현지조사**(field study)**와 실험조사**(experimental study)

- 현지조사는 연구문제를 설정하거나 가설을 형성하기 위해 현장에 나가서 직접 면접을 통해 자료를 수집하는 조사로, 현지의 영향요인에 대해 실험 조작을 하지 않고 있는 그대로 조사한다.
- 실험조사는 외생적 요인들을 의도적으로 통제하고 인위적으로 관찰 조건을 조성함으로써 독립변수의 효과를 측정하거나 독립변수(원인변수)가 종속변수(결과변수)에 영향을 미치는 인과관계에 대한 가설을 검증하는 조사방법이다. 통제와 조작 없이 있는 그대로 진행되는 현지조사와 달리 독립변수의 영향을 검증하기 위해 독립변수 이외의 외생변수들을 의도적으로 통제하고 독립변수에 대한 조작이 이뤄진다.

③ **미시조사**(micro research)**와 거시조사**(macro research)

- 미시조사와 거시조사는 조사의 분석단위에 따른 분류이다.
- 미시조사는 분석단위가 개인이나 소집단인 개별적인 조사이다.
- 거시조사는 분석단위가 사람들의 거대집합이나 큰 지역 등인 집합적인 조사이다.
- 미시조사와 거시조사 간의 명백한 경계선은 없다.

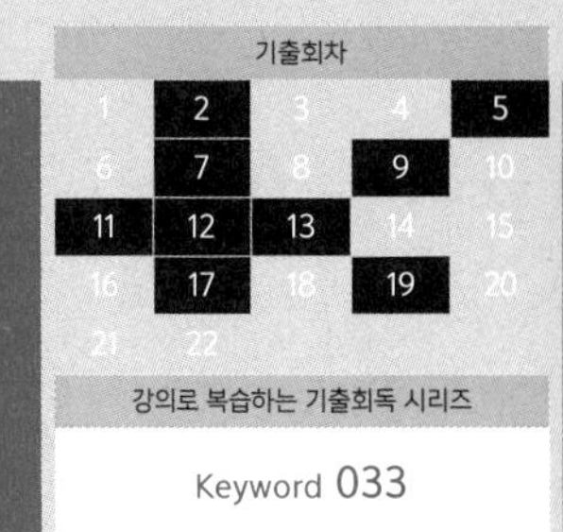

기출회차
1 2 3 4 5
6 7 8 9 10
11 12 13 14 15
16 17 18 19 20
21 22
강의로 복습하는 기출회독 시리즈
Keyword 033


## 1. 사회복지조사의 과학적 수행과정

중요도 ★★

조사연구의 절차와 관련해서는 조사연구의 과정을 순서대로 나열하는 문제, 사례를 제시하고 해당되는 조사연구과정의 단계를 고르는 문제가 출제되고 있다. 조사연구는 보통 조사보고서 작성으로 마무리되며, 연구문제의 형성은 가설설정 전에 이루어진다는 점에 유의하자.

문제형성 ➡ 가설형성 ➡ 조사설계 ➡ 자료수집 ➡ 자료분석 및 해석 ➡ 보고서 작성

### (1) **문제형성**(formulation of problem)

- 조사의 주제, 목적, 이론적 배경, 중요성 등을 파악하고, 이를 체계적으로 정립하는 과정이다. 기존의 관련 자료나 문헌조사, 전문가의 의견, 예비조사 등을 참고로 할 수 있다.
- 조사문제의 형성은 주제선정과 문제설정으로 구분된다.
  - 주제선정: 문제를 인식하고 특정 현상이 존재하는지를 확인하는 과정이다.
  - 문제설정: 선정된 주제와 관련하여 연구대상의 문제를 보다 구체적이고 체계적으로 표현하여 가설로 발전할 수 있도록 체계화하는 과정이다.
- 문제를 형성한 이후에 이와 관련된 기존의 선행연구에 대한 검토를 진행한다.

### (2) **가설형성**(hypothesis formation)

**가설형성**

가설형성단계는 양적 조사에만 포함되고, 질적 조사에서는 가설형성단계가 생략된다.

- 선정된 조사문제를 실증적으로 검증 가능하도록 구체화하는 과정이다. 가설은 조사대상과 자료수집, 검증방법 선정에 있어 구체적인 방향을 제시한다.
- 가설은 연구목적과 조사문제와 일관성을 유지하면서 세부적이고 경험적이며, 현실적으로 연구가 가능해야 하며, 측정 가능해야 하고, 문제에 대한 구체적인 해답을 제공할 수 있어야 한다.
- 일반적으로 영가설과 대립가설 두 가지 가설을 설정하게 된다.

### (3) **조사설계**(research design)

- 조사연구를 효과적 · 효율적 · 객관적으로 수행하기 위한 논리적인 전략이

다. 또한, 가설을 검증하기 위해 자료를 수집하고 분석하는 전반적인 과정을 계획하고 통제하기 위한 전략이다.

• 조사설계는 이론에 기반을 둔 구체적인 관찰에 의해 가설을 검증하는 연역적 논리와 관찰된 자료를 가지고 단계적으로 추상하여 이론을 형성하는 귀납적 논리가 있다.

### (4) 자료수집(data collection)

자료는 관찰, 면접, 설문지 등 여러 가지 방법을 통해 수집되는데, 과학적 조사자료는 조사자가 직접 수집하는 1차 자료와 이미 다른 주체가 수집한 2차 자료로 구분된다.

### (5) 자료분석 및 해석(data analysis)

수집된 자료의 편집과 코딩과정이 끝나면 통계기법을 이용해 분석이 이루어진다. 통계분석 방법은 조사설계 때부터 수집할 자료의 성격을 일관성 있게 결정해야 한다. 자료분석이 끝나면 결과에 대해 의미 있는 해석이 이뤄져야 한다.

### (6) 보고서 작성(report write)

연구결과를 객관적으로 증명하고 경험적으로 일반화시키기 위해 일정한 형식으로 기술하여 타인에게 전달하기 위한 보고서를 작성한다.

| 기출회차 | | | | |
|---|---|---|---|---|
| 1 | 2 | 3 | 4 | 5 |
| 6 | 7 | 8 | 9 | 10 |
| 11 | 12 | 13 | 14 | 15 |
| 16 | 17 | 18 | 19 | 20 |
| 21 | 22 | | | |

강의로 복습하는 기출회독 시리즈

Keyword 034

# 3 분석단위

## 1. 분석단위의 개념과 유형 22회 기출

중요도 ★

분석단위와 관련된 문제는 최근 시험에서 자주 출제되지는 않았지만 분석단위의 개념, 종류, 예시에 관하여 명확하게 정리해둘 필요가 있다. 22회 시험에서는 분석단위의 유형과 분석단위 관련 오류를 묻는 문제가 출제되었다.

- 분석단위란, 보다 큰 집단의 특성을 기술하거나 또는 어떤 추상적인 현상을 설명하기 위해 맨 먼저 기술되어야 하는 단위를 말한다.
- 예를 들어, 사회복지관을 이용하는 클라이언트 특성을 분석하여 성별에 따른 선호 프로그램에 차이가 있는지를 확인한다고 하자. 여러분이 연구자라면 사회복지관을 이용하는 클라이언트 개개인들에게 설문조사나 면접조사 등을 통해 자료를 수집하여 분석하게 될 것이다. 이처럼 사회조사에서는 개인이 분석단위가 되는 경우가 많지만, 그 외에도 집단, 사회적 가공물 등의 분석단위가 있을 수 있다.
- 연구자가 조사를 수행하는 경우 자신의 조사 주제나 문제가 무엇을 분석단위로 하고 있는지를 명확히 알아야 자료분석 결과를 기초로 해석하는 과정에서 잘못된 해석을 내리는 오류를 범하지 않을 수 있다.
- 예를 들어, 개인을 단위로 분석해놓고 집단단위의 추론을 한다거나(개인주의 오류) 반대로, 집단을 단위로 분석해놓고 개인단위의 추론을 하는 오류(생태학적 오류)는 연구자가 자기 연구의 분석단위에 대한 명확한 분별을 하지 못해 발생하는 경우가 대부분이다.

**분석단위**

분석단위는 '무엇을 연구할 것인가, 무엇을 조사하고 결론을 내릴 것인가'하는 조사문제 설정과 밀접하게 관련된다.

**내용분석의 분석단위**

일반적으로 조사연구에서 얘기하는 분석단위와 내용분석의 분석단위는 일정한 차이가 있다. 내용분석은 인간의 의사소통이 담겨 있는 기록물(출판물, 문서, 신문, 영화 등)을 분석대상으로 하며, 단어, 주제, 문단, 문장 등이 분석단위가 된다.

**분석단위의 유형**

| 분석단위 | 내용 |
|---|---|
| 개인 | 가장 전형적인 연구대상으로 클라이언트의 개인적 속성이나 지역사회 주민의 욕구조사를 하는 경우 분석단위는 개인이다.<br>예 여자들은 남자보다 TV를 더 많이 본다. 아이들은 어른보다 하루 평균 1시간 정도 더 많이 잔다. |
| 집단 | • 부부, 또래, 동아리, 읍 · 면 · 동, 시 · 도, 국가 등<br>• 여기서 집단구성원을 분석단위로 하면 미시조사가 되고 집단 자체를 분석단위로 하면 거시조사가 된다.<br>예 20대 부부와 40대 부부 사이에는 결혼만족도에 차이가 있다. |
| 공식적 사회조직 | 지역사회복지관, 시설, 학교, 교회, 시민단체 등<br>예 '가형'복지관과 '나형'복지관의 서비스 종류의 비교 등<br>예 사회복지관별로 서비스 수준에 차이가 있다. 대학별로 취업률에 차이가 있다. |
| 사회적 가공물 | 신문의 사설, 도서, 그림, 대중음악, 인터넷 등 사회적 존재에 의해 가공된 행위나 결과를 분석하는 것<br>예 배아줄기세포에 관한 신문사설을 조사 비교했다. |

## 2. 분석단위와 관련된 오류 22회 기출

### (1) 생태학적 오류(ecological fallacy)

집단을 분석단위로 한 조사결과에 기초해 개인(들)에 대한 결론을 내리는 오류이다. 즉, 집단을 대상으로 한 조사결과에 근거해서 개인에 대해서도 똑같을 것이라고 가정할 때 발생하는 오류이다.

예 국가별 국교(國敎)에 따른 자살률을 비교했더니 가톨릭 국가보다 개신교 국가의 자살률이 높다는 조사결과를 얻은 후 가톨릭교도보다 개신교도들이 자살을 더 많이 한다고 추론(해석)하는 것. 혹은 흑인 거주비율이 높은 지역의 범죄율이 높다는 조사결과에 기초하여 흑인들이 범죄를 많이 저지른다고 결론짓는 것

### (2) 개인주의적 오류(individualistic fallacy)

개별주의적 오류, 개체주의적 오류라고도 한다. 개인을 분석단위로 한 조사결과에 기초해 집단을 단위로 하는 해석(결론)을 내리는 오류를 말한다. 즉, 개인을 분석단위로 한 조사결과에 기초해 집단에 대해서도 똑같을 것이라고 가정할 때 발생하는 오류이다.

예 A기관 직원들의 경제수준이 B기관 직원들의 경제수준보다 높다는 조사결과에 기초해 A기관이 B기관보다 돈이 많다고 추론하는 오류. 철수가 영수보다 양성평등적이라는 조사결과에 기초해 철수네 집이 영수네 집보다 양성평등적이라고 결론내리는 오류

### (3) 축소주의/환원주의(reductionism)

사회현상의 원인은 다양한 것이 있을 수 있는데도 불구하고 인간과 사회에 대한 현상들의 원인으로 생각되는 개념이나 변수를 지나치게 제한하거나 한 가지로 환원시킴으로써 지나친 단순화로 잘못을 범하는 오류, 즉 복합적 현상

을 단 하나 혹은 몇 개의 개념으로 협소하게 설명해 버리는 오류를 말한다.

예 청소년문제에 대한 포럼에 참석한 학자들 중에 가족학자는 청소년문제를 '가족문제'로만 설명하려는 경향을 보이고, 심리학자는 청소년의 '심리적인 문제'로만 설명하는 경향을 보이는 경우가 많은데, 이렇듯 어떤 현상을 어느 한두 가지의 차원으로만 제한하여 설명하는 경향을 대표적인 환원주의 오류라고 하겠다.

# 3장 조사문제와 가설

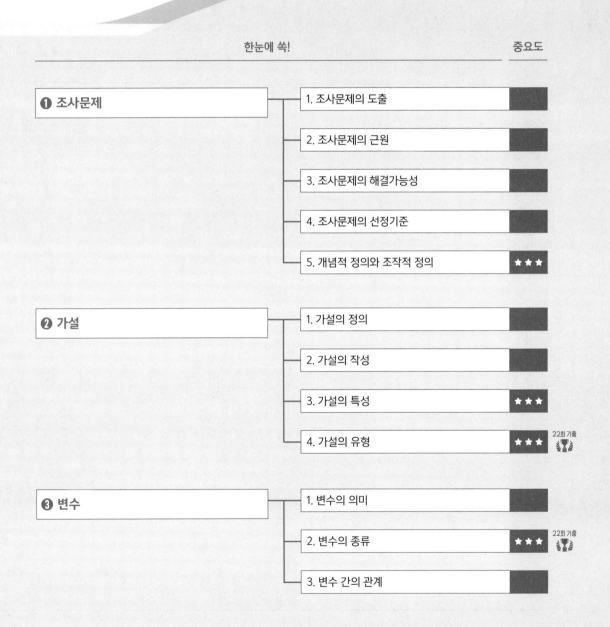

| 한눈에 쏙! | | 중요도 |
|---|---|---|
| ❶ 조사문제 | 1. 조사문제의 도출 | |
| | 2. 조사문제의 근원 | |
| | 3. 조사문제의 해결가능성 | |
| | 4. 조사문제의 선정기준 | |
| | 5. 개념적 정의와 조작적 정의 | ★★★ |
| ❷ 가설 | 1. 가설의 정의 | |
| | 2. 가설의 작성 | |
| | 3. 가설의 특성 | ★★★ |
| | 4. 가설의 유형 | ★★★ 22회 기출 |
| ❸ 변수 | 1. 변수의 의미 | |
| | 2. 변수의 종류 | ★★★ 22회 기출 |
| | 3. 변수 간의 관계 | |

# 기출경향 살펴보기

## 이 장의 기출 포인트

가설의 특징, 변수의 유형에 관한 문제는 매회 1문제 이상 출제되므로 반드시 꼼꼼하게 살펴봐야 한다. 가설 관련 문제는 영가설의 특징, 통계적 가설검증 등 난이도가 높은 문제가 지속적으로 출제되고 있으며, 변수의 유형에 관한 문제는 대부분 사례제시형 문제로 출제되기 때문에 사례와 접목시켜서 유형별 특징을 정리해야 한다. 최근 시험에서는 개념적 · 조작적 정의에 관한 문제가 오랜만에 단독 문제로 출제된 바 있다.

## 최근 5개년 출제 분포도

연도별 그래프

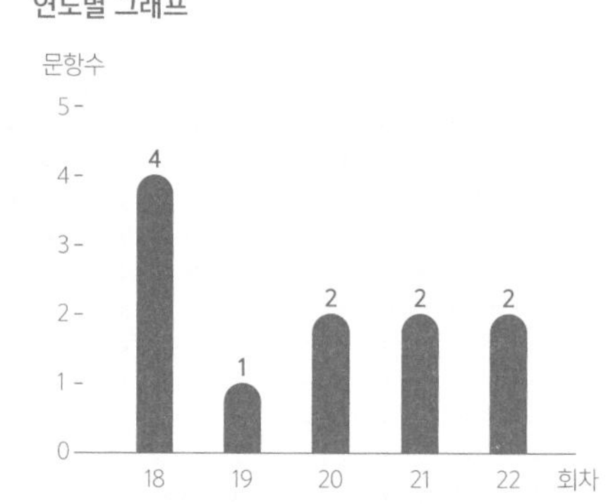


평균출제문항수

**2.2** 문항

## 2단계 학습전략

데이터의 힘을 믿으세요!
강의로 복습하는 **기출회독 시리즈**

3회독 복습과정을 통해
최신 기출경향 파악

## 최근 10개년 핵심 키워드

| | 키워드 | 문항수 |
|---|---|---|
| 기출회독 **035** | 조사문제 | 4문항 |
| 기출회독 **036** | 가설 | 11문항 |
| 기출회독 **037** | 변수 | 12문항 |

**기본개념 완성을 위한 학습자료 제공**

기본개념 강의, 기본쌓기 문제, O X 퀴즈, 기출문제, 정오표, 묻고답하기, 지식창고, 보충자료 등을 **아임패스**를 통해 만나실 수 있습니다.

# 1 조사문제

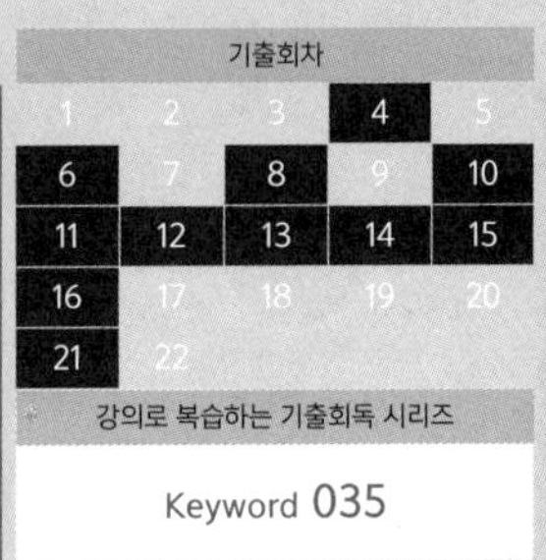

기출회차
1 2 3 4 5
6 7 8 9 10
11 12 13 14 15
16 17 18 19 20
21 22
강의로 복습하는 기출회독 시리즈
Keyword 035


조사연구란, 연구자가 풀고자 하는 문제를 스스로 도출하고, 이 문제의 답을 찾기 위해 자료를 수집하고 분석하여 결과를 얻어가는 과정이라고 할 수 있다. 따라서 조사연구의 출발은 어떤 주제를 연구대상으로 하여 어떠한 문제를 연구할 것인가를 결정하는 것이다.

## 1. 조사문제의 도출

### (1) 일반적으로 조사문제가 도출되는 경우

- 사회적 관심이 집중되는 경우
- 기존의 지식이 미비한 경우
- 연구결과가 서로 일치하지 않는 경우
- 새로운 사실이나 현상들이 발생했으나 기존 이론과의 연관성을 규명하기 어려운 경우
- 연구결과가 학문적 공헌도와 실질적 효용성을 가지고 있는 경우

### (2) 사회복지 분야에서 조사문제가 도출되는 경우

- 조사문제의 해결이 사회복지의 학문적 발전에 기여하는 경우
- 조사문제에 대한 해답이 실천현장에서 활용될 수 있는 경우
- 사회복지학이나 관련 분야의 연구결과와 연관성이 있는 경우
- 검증되지 못한 주장이나 이론을 평가하는 경우
- 사회구성원 다수의 관심을 끌 수 있는 문제의 경우

## 2. 조사문제의 근원

### (1) 기존의 복지이론과 지식

- 사회현상이나 형태가 기존의 이론이나 지식과 전혀 관련없이 발생할 때

- 기존의 이론이나 지식이 일치하지 않은 상태에서 반증 없이 계속 존재하는 경우

### (2) 사회적 욕구와 사회문제

- 클라이언트의 사회적 욕구충족을 위해
- 사회현상이나 문제의 해결이라는 현실적 요청을 위해

### (3) 사회복지의 가치

인간의 존엄성, 기회 균등, 사회연대 등의 사회복지의 가치실현을 위해

### (4) 사회적 규범

관습, 도덕, 종교, 법과 같은 사회적 규범들이 조사문제를 생성하는 근원이 됨

### (5) 연구자의 개인적 경험

연구자의 경험과 축적된 지식은 조사문제를 생성하는 근원이 됨

### (6) 강한 탐구욕이나 호기심

인간의 강한 탐구욕이나 호기심은 조사문제를 발전시키는 근원임

## 3. 조사문제의 해결가능성

### (1) 조사문제의 명확한 구조화

의도가 모호하고 문제 범위가 명확하지 못한 조사문제를 제기할수록 조사문제의 해결가능성은 낮아진다.

### (2) 조사문제에 진술된 용어의 명확한 표현

문제의 진술에 표현된 용어가 명확하게 정의되어 있지 않으면, 문제가 정확히 이해되지 않으므로 조사문제의 해결가능성은 낮아진다. 따라서 조사문제에 사용된 용어는 경험적이고 관찰 가능하고 측정 가능해야 한다. 즉 개념의 조작적 정의(operational definition)를 통해 문제의 해결가능성을 높일 수 있다.

### (3) 연구의 경험적 검증가능성(empirical testability)과 실현가능성

만일 조사문제가 경험적 검증과정을 거쳐 수행될 수 없다면 조사문제에 대한 정확한 해답을 구하기 어렵다. 예를 들어, 인간의 신체 해부실험과 같은 도덕

적 차원에서 불가능한 연구는 경험적 검증과정을 거쳐 수행하기 어렵다.

## 4. 조사문제의 선정기준

### (1) 독창성(originality)

독창성이란, 기존의 것을 답습하지 않고 비교 분석 또는 재구성하거나 새로운 관점 혹은 견해를 제시하는 것이다.

### (2) 경험적 검증가능성(empirical testability)

사회복지조사는 과학적 조사이기 때문에 경험적 검증가능성이 중요하다. 조사문제로 선정되기 위해서는 그 문제에 대한 해답을 찾는 것이 가능하고, 구체적인 가설이 도출될 수 있고, 가설에서 사용된 조작적 정의를 통해 경험적으로 측정될 수 있어야 한다.

### (3) 윤리적 배려(ethical consideration)

사회복지조사는 사회복지윤리에 지배된다. 조사문제의 해답이 사회구성원의 행복을 증진시키는 데 기여해야 하고 정신적 · 신체적으로 피해를 주지 않아야 한다.

### (4) 현실적 제한

조사문제의 해답을 찾는 데 드는 시간적 · 비용적 노력, 조사인력, 장비 등과 같은 현실적인 상황을 고려해서 해답을 찾아야 한다.

중요도 ★★★

조사문제에 포함되는 개념 및 변수들의 개념적 정의와 조작적 정의의 차이에 대한 문제는 출제될 가능성이 매우 높다. 변수를 측정이 가능한 수준으로 조작화하는 과정을 조작적 정의라 하며, 이는 양적 연구에서 경험적으로 문제를 해결하기 위해 꼭 필요한 절차임을 기억하자.

## 5. 개념적 정의와 조작적 정의

조사문제를 명확히 서술하기 위해서 그 문제에 포함된 개념과 변수들에 대한 구체적이고 명확한 정의가 이뤄져야 한다. 개념은 특정 대상의 속성을 추상화하여 의미를 부여한 것이므로 개념 자체를 경험적으로 측정할 수 없다. 따라서 측정 가능한 의미로 명료하게 정의할 필요가 있다.

개념 ➡ 개념적 정의 ➡ 조작적 정의 ➡ 측정

### (1) 개념적 정의(conceptual definition) 꼭!

- 명목적 정의라고도 한다.
- 연구대상인 사람, 사물의 속성, 사회적 현상 등의 변수를 개념적으로 정의하는 것이다.
- 사전적 정의와 마찬가지로 특정 용어가 의미하는 바가 무엇인지를 말로 서술해 놓은 것이다.
- 어떤 변수에 대해 개념적 정의를 내리는 과정을 개념화(conceptualization)라 한다.
- 개념적 정의는 사전적, 추상적, 일반적, 주관적일 수 있기 때문에 그 자체로는 측정이 어렵다. 따라서 경험적으로 측정 가능한 실증적 지표로 이를 변환할 필요가 있는데, 이렇게 변환된 정의를 일컬어 '조작적 정의'라고 부른다.

### (2) 조작적 정의(operational definition) 꼭!

- 추상적인 개념을 실증적 · 경험적으로 측정 가능하도록 구체화한 정의이다.
- 어떤 변수를 측정할 수 있는 방법이 무엇인지를 제시해주는 것이다.
- 조작적 정의는 추상적 세계와 경험적 세계를 연결하는 중간다리 역할을 한다.
- 어떤 변수에 대해 조작적 정의를 내리는 과정을 조작화(operationalization)라 한다.
- 하나의 개념을 조작화하는 방법은 다양하게 존재한다.
- 조작화 과정에서 해당 변수가 가진 본래의 의미를 모두 반영하지 못할 수 있으므로, 조작적 정의는 개념적 정의를 벗어나지 않는 범위에서 측정 가능하도록 재정의하는 것이어야 한다.

개념적 정의와 조작적 정의의 예

- 개념적 정의의 예: 빈곤(정신적, 물질적인 박탈상태), 학업스트레스(학업으로 인해 유발되는 긴장상태로 개개인이 느끼는 불안과 갈등)
- 조작적 정의의 예: 사회경제적 지위[직업(종사상 지위), 학력(교육기간), 소득(월 가구소득)], 실업급여제도의 관대성(실업급여의 순소득 대체율), 과부담 의료비(가구 총 소비지출에서 식료품비를 제외한 소비지출 중 의료비 지출이 40%를 넘는 경우)

# 2 가설

| 기출회차 | | | | |
|---|---|---|---|---|
| 1 | 2 | 3 | 4 | 5 |
| 6 | 7 | 8 | 9 | 10 |
| 11 | 12 | 13 | 14 | 15 |
| 16 | 17 | 18 | 19 | 20 |
| 21 | 22 | | | |

강의로 복습하는 기출회독 시리즈

Keyword 036

## 1. 가설의 정의

- 조사문제가 형성되었으면 이것을 바탕으로 경험적으로 검증 가능한 명제 형태의 가설을 구성한다.
- 가설(hypothesis)은 두 개 이상의 변수나 현상 간의 특별한 관계를 검증 가능한 형태로 서술하여 변수들 간의 관계를 가정/예측하는 진술이나 문장이다.
- 가설은 이론에서 도출되며, 가설에 대한 검증을 통해 이론을 발전시켜 나간다.
- 가설은 검증될 수 있으며, 연구주제의 객관적인 검증을 위한 수단이 되므로 가설의 검증은 과학적 조사연구에서 핵심적인 요소가 된다.
- 가설은 실증적인 확인을 위해 구체적이어야 하고, 현상과 관련성을 가져야 하며, 아직 진실 여부가 확인되지 않은 사실이다.
- 조사과정에서 어떤 관계가 존재한다고 생각하면 먼저 그 관계를 가설로 진술하고 그 가설을 실증적으로 검증하게 된다. 즉, 과학적 조사방법의 첫 번째 단계가 조사문제의 선정이며, 두 번째 단계로서 가설을 설정하여 조사문제를 구체화하고, 세 번째 단계로 가설의 실증적인 검증(참인지, 거짓인지)이 이뤄진다.

## 2. 가설의 작성

가설 형식은 두 가지의 문장을 하나의 조건문 형태의 복문으로 결합한 형태를 취하며, 선정된 변수들과 이들 사이의 관계를 나타낸다.

| | |
|---|---|
| 만약 A이면, B이다 | · A: 가설의 선행조건, B: 가설의 결과조건<br>· 만일 A가 진실이면 B도 진실이다. |
| ~할수록 ~하다 | · A할수록 B하다.<br>예 청소년이 클래식을 듣는 횟수가 증가할수록 감성지수가 증가할 것이다. |

### (1) 가설의 표현방식

가설은 두 개 이상의 변수들의 관계를 기술하되, 참인지 거짓인지가 정해진 것이 아니라 참인지 거짓인지를 검증할 수 있는 형태로 기술해야 한다. 즉, 가설은 가능한 결과를 둘 이상 포함해야 한다. 항상 참인 문장과 항상 거짓인 문장은 가설이 될 수 없으며, 참일 수도 거짓일 수도 있는 문장이 가설로 사용될 수 있다.

**방향성/비방향성 가설**

- 방향성(directional) 가설: 검증하고자 하는 관계의 방향을 제시하는 가설
- 비방향성(nondirectional) 가설: 검증하고자 하는 관계의 방향이 제시되지 않는 가설

#### ① 항상 참인 문장

가설이 참일 가능성이 100%인 문장 예 모든 사람은 죽는다.

#### ② 항상 거짓인 문장

논리적으로 거짓인 문장, 참일 가능성이 0%인 문장 예 사람은 먹지 않고도 살 수 있다.

#### ③ 참일 수도 거짓일 수도 있는 문장

0% 〈 가설이 참이 될 확률 〈 100%의 문장 예 소득수준이 높을수록 건강하다.

### (2) 가설의 작성방법

#### ① 가설평가의 기준

- 경험적 입증가능성: 실제 자료를 통해 진위가 입증될 수 있어야 한다.
- 명료성: 간단 명료하게 표현되어야 한다.
- 간결성: 논리적으로 간결해야 한다.
- 계량화 및 수량화: 가설에 포함된 변수의 계량화가 가능해야 한다.
- 일반화: 검증결과를 광범위하게 이용할 수 있어야 한다.
- 한정성: 동어반복적이지 않아야 한다.
- 3개 이상의 변수들을 포함하는 가설의 검증은 복잡해질 가능성이 있기 때문에 가능하면 단순한 가설을 만들어 검증하는 것이 적절하다.
- 가설은 이론과 밀접한 관련성을 갖는다. 이론 그 자체를 직접 검증하기는 어렵기 때문에 이론에서 도출한 가설을 검증하게 된다.

#### ② 나쁜 가설의 예

- 정치적 행위는 근본적으로 인간이 결정한다. → 너무 명백함
- 시험점수가 좋으면 학점이 좋을 것이다. → 동어 반복
- 얼굴이 잘생기면 미남이다. → 동어 반복
- 사람은 남자거나 여자다. → 너무 명백함

• 공부시간과 성적은 관계가 있다. → 특정화가 안 됨. 즉, 성적이 어떻다는 말이 들어 있지 않음

중요도 ★★★

가설의 특성은 매우 중요하다. 이론에 기초해 설정되고 경험적으로 검증될 수 있어야 하며, 이를 위해 가설을 구성하는 변수 또는 변수 간 관계를 구체적으로 기술해야 한다. 주로 가설의 특성에 관한 내용으로 옳은 것 또는 옳지 않은 것을 묻는 유형이 출제된다.

## 3. 가설의 특성

### (1) 가설의 특성 꼭!

**① 문제해결성**

가설검증을 통해 연구문제해결에 도움을 준다.

**② 상호연관성**

변수는 2개 이상으로 구성되며 그것들 간의 관계를 나타내고 있어야 한다.

**③ 검증가능성**

경험적으로 검증하기 위해 변수의 조작적 정의가 필요하다.

**④ 명확성**

가설은 명확해야 한다.

**⑤ 추계성**

가설은 아직 진실 여부가 확인되지 않은 사실이므로 확률적으로 표현된다.

**⑥ 구체성**

가설은 측정가능한 변수 간의 관계를 나타내므로 구체적이어야 한다.

### (2) 가설의 기능

• 새로운 조사문제의 도출, 자료수집의 길잡이로서 기능
• 경험적 검증의 절차를 제시, 연구의 초점과 방향 제시
• 문제해결에 필요한 관찰 및 실험의 적정성 판단
• 관련 지식이나 이론을 체계화하므로 관련 지식들을 서로 연결하는 기능
• 변수의 성격과 종류를 밝혀 자료의 내용과 범위를 규정하는 기능
• 사회문제를 해결할 수 있는 단서를 제공하여 사회 개선에 기여

# 4. 가설의 유형 22회 기출

중요도 ★★★

가설의 유형에서는 연구가설과 영가설의 관계를 명확하게 이해해야 한다. 특히, 연구가설을 검증하는 과정에서 등장하는 영가설과 대립가설이 무엇인지 반드시 정리해둘 필요가 있다. 22회 시험에서는 영가설과 연구가설을 비교하는 문제가 출제되었다.

## (1) 검증과정에 따른 구분 꼭!

### ① 연구가설

- 과학적 가설, 작업가설, 실험가설이라고 불린다. 영가설을 통해 간접적으로 검증된다. 즉, 직접적으로 검증되지 않는다.
- 이론으로부터 도출된 가설로서 검증될 때까지는 조사문제에 대한 잠정적 해답으로 간주되는 가설이다.

예 남자의 생활만족도가 여자의 생활만족도보다 높다.

### ② 영가설(귀무가설, $H_0$)

- 연구가설을 부정하거나 기각하기 위해(= 연구가설을 반증하기 위해) 설정하는 가설이다.
- 변수 간의 차이가 없다거나 관계가 없다는 내용으로 서술된다.
- 영가설의 형식: 'A와 B는 관계가 없을 것이다.', 'A에 따라 B는 차이가 없을 것이다.'

예 일하는 노인은 일하지 않는 노인과 생활만족도에 차이가 없을 것이다.
학력과 소득은 관계가 없을 것이다.
자녀 수에 따른 양육스트레스에는 차이가 없을 것이다.

**제1종 오류와 제2종 오류**

영가설이 참인데도 이를 부정(기각)하는 결정을 하는 오류를 제1종 오류(type Ⅰ error: α오류)라고 하고, 영가설이 거짓인데도, 이를 긍정(채택)하는 결정을 하는 오류를 제2종 오류(type Ⅱ error: β오류)라고 한다. 이 두 가지 오류는 하나를 줄이면 다른 하나가 높아지기 때문에 둘 다 낮게 할 수는 없다.

연구논문들을 보면 $p < .05$ 또는 $p < .01$ 등으로 유의수준을 정해놓은 것을 볼 수 있다. 이 유의수준은 조사가설이 참이 아닌데 우연히 조사가설과 같은 연구결과가 나올 확률로, 다시 말하면 연구결과를 가지고 조사가설을 받아들임으로써 범할 수 있는 오류의 수준이다. 이것은 제1종 오류의 확률과 같은 것으로 $p < .05$의 유의수준은 제1종 오류가 있을 확률을 5% 미만이라고 할 수 있다. 제1종 오류를 줄이면 제2종 오류의 확률이 높아지지만, 대부분 제1종 오류를 범하지 않는 것을 더 중요하게 생각하기 때문에 5%나 1%와 같이 유의수준을 상당히 낮은 수준으로 정한다.

### ③ 대립가설(대안가설, $H_1$)

- 영가설에 대립되는 가설, 즉 영가설이 거짓일 때 채택하기 위해 설정되는 가설이다.

• 대립가설의 형식: 'A와 B는 관계가 있을 것이다.', 'A에 따라 B는 차이가 있을 것이다.'

예 일하는 노인은 일하지 않는 노인과 생활만족도에 차이가 있을 것이다.
학력과 소득은 관계가 있을 것이다.
자녀 수에 따른 양육스트레스에는 차이가 있을 것이다.

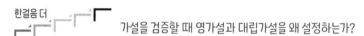

한걸음 더

**가설을 검증할 때 영가설과 대립가설을 왜 설정하는가?**

영가설을 설정하는 근거는 가설은 검증되는 것이 아니라 반증되는 것이라는 포퍼의 반증주의에 있다. 반증주의에 입각해 연구가설을 직접 검증하려 하지 않고 연구가설이 틀렸다는 반증의 노력을 하기 위해 연구가설이 틀렸다는 것에 해당하는 가설, 즉 두 변수가 아무런 관련이 없는데 가설을 잘못 세웠다는 반박에 해당하는 가설을 세우고 이것을 뒷받침할만한 증거를 조사자료에서 찾아내려고 노력하게 되는데, 이때, 세우는 가설이 바로 영가설인 것이다.

만일 영가설이 사실임을 뒷받침하는 증거를 찾을 수 있다면 영가설을 채택하게 되고, 그렇게 되면 두 변수 간의 관계를 가정했던 연구가설이 맞다고 말할 수 없게 된다. 그렇다면 만일 영가설이 사실임을 뒷받침하는 증거를 찾을 수 없다면 어떻게 될까? 이때는 영가설을 채택하지 못하고 기각하게 된다. 즉, 두 변수 사이에 관계가 없다고 말할 근거를 찾지 못했다는 것이다. 그러면 어쩔 수 없이 '두 변수 사이에 관계가 있다'라고 말할 수밖에 없는데 이렇게 영가설에 대립하는 의미의 가설, 즉 두 변수 간에 관계가 있다거나 차이가 있다는 형식으로 설정된 가설을 대립가설이라 한다. 영가설이 기각될 때 바로 대립가설을 채택한다고 표현한다. 대립가설은 영가설이 기각될 때 채택하기 위해 설정된다. 만일 영가설을 지지할 만한 증거가 없어서 대립가설을 채택하게 된다면 연구가설은 결론적으로 옳은 것으로 받아들여지게 된다. 결국, 연구가설은 그것 자체로 옳다 그르다를 입증하는 것이 아니라, 수집된 자료를 통해 영가설을 지지하는 증거를 찾을 수 있느냐 없느냐에 따라 두 변수 간에 '관계가 없다'고 볼 수 있는지 아니면 '관계가 있다'고 볼 수 있는지를 결정한 후 그 결정에 따라 최종적으로 연구가설의 옳고 그름을 따지게 되는 과정을 거친다.

보충자료

가설의 검증

## (2) 기타 가설유형 구분

### ① 적용범위에 따른 구분

| 일반 가설 | 지엽적 가설 |
|---|---|
| 시간과 장소에 관계없이 내포된 변수들 간의 관계가 항상 적용되는 가설로 적용범위가 광범위하다. | 내포된 변수들 간의 관계가 특정한 시간과 장소에만 한정적으로 적용되는 가설로 적용범위가 제한적이다. |

### ② 추리의 정도에 따른 구분

| 식별 가설 | 설명적 가설 |
|---|---|
| 사실을 밝히는 가설로서 'what'에 대한 해답을 구한다. "…은 …이다" 형식의 문장이다. | 인과관계를 밝히는 가설로서 'why'에 대한 해답을 구한다. "만일…하면…하다", "…할수록…하다" 형식의 문장이다. |

### ③ 사용되는 변수에 따른 구분

| 단순 가설 | 복합 가설 |
|---|---|
| 사용되는 변수의 수가 1개 또는 2개인 가설 | 사용되는 변수의 수가 3개 이상인 가설 |

### ④ 세분화에 따른 구분

| 기본 가설 | 종속 가설 |
|---|---|
| 하나의 줄거리가 되는 가설로서 조사문제에 보다 가깝다. | 기본 가설을 여러 측면에서 검증하기 위해 작성되는 세분화된 가설이다. |

# 3 변수

기출회차

| 1 | 2 | 3 | 4 | 5 |
|---|---|---|---|---|
| 6 | 7 | 8 | 9 | 10 |
| 11 | 12 | 13 | 14 | 15 |
| 16 | 17 | 18 | 19 | 20 |
| 21 | 22 | | | |

강의로 복습하는 기출회독 시리즈

Keyword 037

조사문제와 가설은 변수들 간의 관계로 기술되는 것이 일반적이다. 따라서 변수의 뜻을 이해하고 변수들 간 관계에는 어떤 것들이 있는지를 살펴보도록 하자.

## 1. 변수의 의미

사회현상을 설명하기 위해 설정하게 되는 가설의 핵심 구성요소는 독립변수와 종속변수라 할 수 있다. 가설을 설정하고 나면 가설에서 설정한 독립변수와 종속변수 간의 인과관계가 실제로도 그렇게 나타나는지를 경험적으로 확인함으로써 가설을 검증하는 절차를 밟게 된다. 가설을 좀 더 정확히 이해하기 위해 가설을 구성하는 핵심 요소인 독립변수와 종속변수 등을 이해하기에 앞서 '변수'가 무엇인지 살펴보도록 하자. 관련 개념인 개념 및 상수와 비교하여 변수를 이해하는 것이 좋다.

### (1) 개념(concept)

- 단순히 정신적 이미지 또는 인식이다.
- 어떤 현상이나 사물의 의미를 추상적인 용어를 사용하여 관념적으로 구성한 것이다.
- 개념은 기존의 이론이나 지식에 연관시키므로 연구를 체계적으로 수행할 수 있도록 한다.

### (2) 변수(variable)

- 한 연속선상에서 둘 이상의 값을 가지는 개념이다.
- 연구대상의 속성에 계량적인 수치를 부여하여 경험적으로 측정 가능하게 하는 개념이다.

### (3) 상수(constant)

- 결코 변하지 않는 단 하나의 값을 갖는 것이다.
- 일부 변수들은 숫자에 의해서라기보다 낱말부호로 지정된 범주를 가지고 있다.

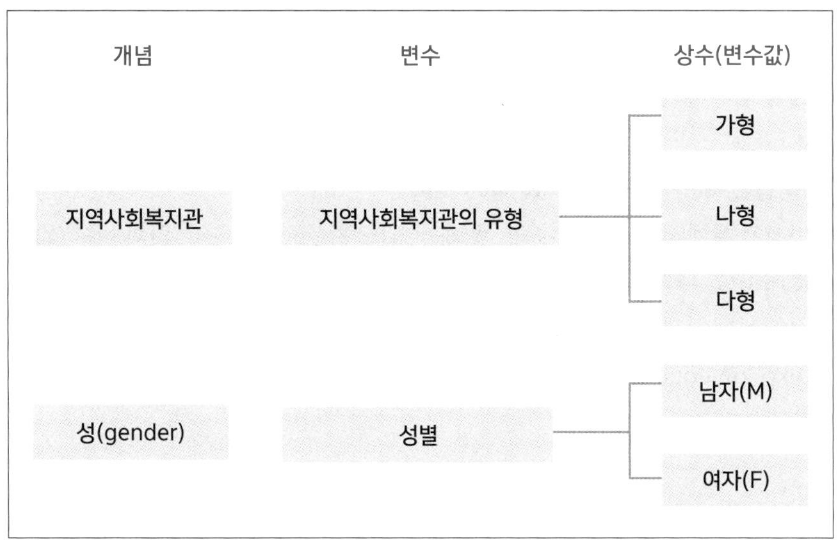


## 2. 변수의 종류 22회 기출

변수의 종류를 구분하는 문제는 출제될 가능성이 매우 높다. 특히, 사례형태로 제시되는 경우가 대부분이기 때문에 조사사례를 보고 무엇이 독립변수이고, 종속변수인지 그리고 그 둘 사이에 영향을 미치는 성격에 따라 제3의 변수가 무엇인지를 구분할 수 있어야 한다. 22회 시험에서는 변수별 주요 특징을 비교하는 문제가 출제되었다.

### 1) 변수 기능에 따른 분류

- 변수의 종류에는 가설의 기본 구조를 이루는 독립변수와 종속변수 이외에도 매개변수, 조절변수, 외생변수, 억압변수, 왜곡변수 등이 있다.
- 독립변수와 종속변수 이외의 변수를 총칭하여 제3의 변수라 한다.
- 독립변수와 종속변수 이외에 왜 다른 변수들을 고려해야 할까? 만일 어떤 사건의 용의자가 A인지 의심스러워서 'A가 B사건을 저질렀을 것이다'라고 가설을 세웠다고 하자. B사건의 용의자가 진짜 A인지를 알기 위해 우리는 B사건을 설명할 수 있는 다른 용의자는 없는지를 확인해볼 필요가 있다. 만일 A 이외에는 B사건과 관련된 다른 용의자가 없다는 것이 확인될수록 A가 B사건의 범인일 것이라는 가설은 사실일 확률이 커지는 것이다. 따라서, 가설에서 독립변수로 가정한 것이 진짜 종속변수의 원인인지를 알고자 한다면 우리는 종속변수에 영향을 미칠 법한 다른 변수들을 고려해야 한다. 다른 변수들을 고려해 봤더니 그것들은 종속변수와 관계가 없다는 것이 확인이 될수록 우리가 애초에 가설로 세운 독립변수가 종속변수의 진짜

원인일 확률은 커질 테니 말이다.

• 1장의 과학적 방법의 특징에서 과학은 '확률적 결정론'을 취한다고 했다. 즉, A를 B의 원인이라고 100% 단정 지어 말할 수 없지만, 다른 요인들을 고려하여 A가 B를 설명할 수 있는 확률(가능성)이 커질수록 A가 B의 원인일 가능성이 높으므로 A와 B 사이의 인과관계가 맞다고 받아들이게 된다는 것이다. 이러한 맥락에서 가설에서 세운 독립변수와 종속변수 간의 인과관계를 검증하기 위해서는 필수적으로 다른 변수들을 고려해야 하는 것이다.

### (1) 독립변수(independent variable) 꼭!

• 인과관계에서 다른 변수의 변화를 일으키는 변수로서 인과에서 원인(cause)을 나타낸다.

• 실험설계에서는 실험처치(experimental treatment), 또는 실험자극(experimental stimulus)이 독립변수에 해당된다. 원인변수, 설명변수, 예측변수라고도 부른다.

### (2) 종속변수(dependent variable) 꼭!

• 다른 변수에 영향을 받지만, 다른 변수에 영향을 미칠 수 없는 변수로서 인과관계에서 결과(effect)를 나타낸다.

• 독립변수의 영향을 받아 일정한 결과를 나타내는 변수로서 실험설계에서는 관찰대상의 속성이 종속변수에 해당된다. 결과변수, 피설명변수, 피예측변수, 반응 변수, 가설적 변수라고도 부른다.

**독립변수와 종속변수(인과관계)**

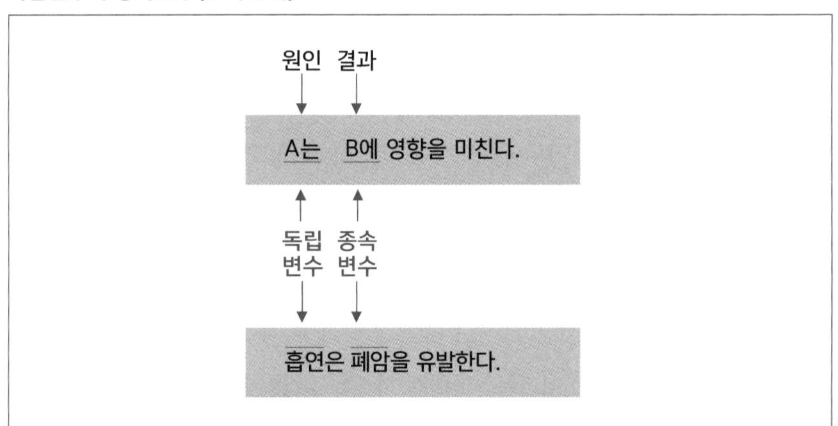

### (3) **매개변수**(intervening variable) 꼭!

- 두 변수는 서로 직접적인 관계가 없는데 제3의 변수가 두 변수를 중간에서 연결시켜 두 변수가 간접적으로 관계를 가지는 경우, 둘 사이에 놓인 변수를 매개변수라고 한다.
- 매개변수는 독립변수의 결과인 동시에 종속변수의 원인이 되는 변수이다. 즉, 매개변수는 독립변수가 매개변수를 통해 종속변수에 간접적인 영향을 미치게 한다.
- 매개변수는 종속변수에 이르는 시간적 전후 관계와 논리적 과정에 대한 이해를 가능케 함으로써 인과관계에 대해 정확히 규명할 수 있도록 한다.

**매개변수(매개관계)**

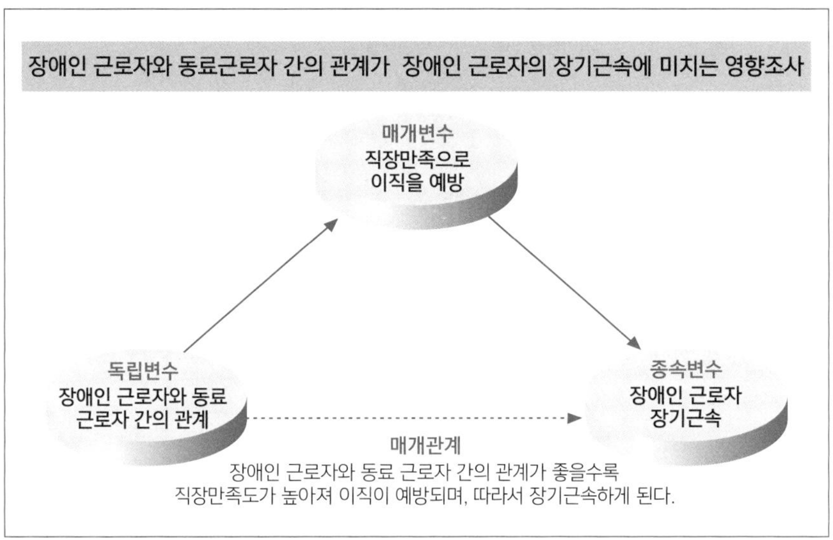
장애인 근로자와 동료근로자 간의 관계가 장애인 근로자의 장기근속에 미치는 영향조사
매개변수
직장만족으로
이직을 예방
독립변수
장애인 근로자와 동료
근로자 간의 관계
종속변수
장애인 근로자
장기근속
매개관계
장애인 근로자와 동료 근로자 간의 관계가 좋을수록
직장만족도가 높아져 이직이 예방되며, 따라서 장기근속하게 된다.

### (4) **조절변수**(moderating variable) 꼭!

- 독립변수가 종속변수에 미치는 영향력을 조절하는 변수를 말한다.
- 독립변수와 종속변수 간의 관계를 강화시키거나 약화시키는 등 강도를 조절하거나 방향에 영향을 미치는 변수이다.
- 어떤 프로그램이 우울의 완화에 미치는 영향이 성별에 따라 다르게 나타났다고 하자. 즉, 여성들은 프로그램에 참여하고 우울이 매우 많이 경감된 것과 달리, 남성들은 프로그램 참여가 우울의 완화에 별 영향을 미치지 않았다면 해당 프로그램(독립변수)이 우울(종속변수)의 변화에 미치는 영향을 '성별'이 조절하고 있다고 말할 수 있다.

조절변수(조절효과)

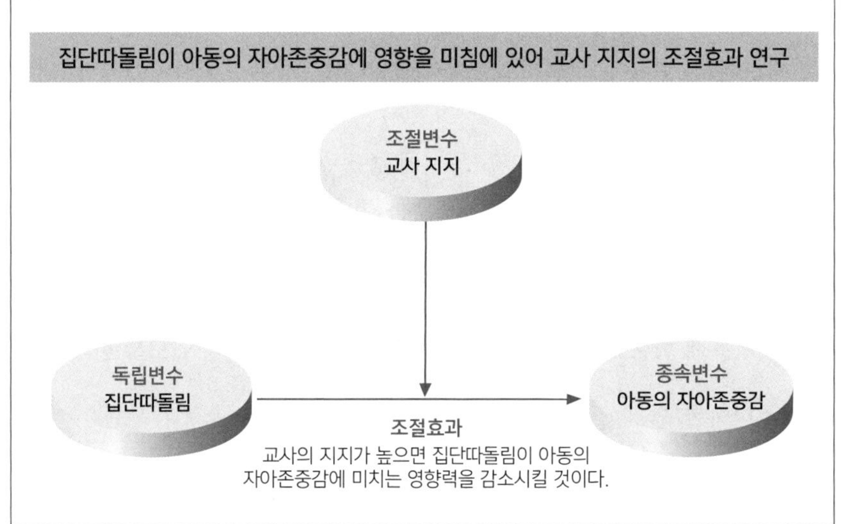

조절변수와 매개변수

조절변수는 독립변수와 종속변수 간의 관계의 강도나 방향에 영향을 미치는 변수로서 독립변수가 없어도 존재할 수 있다. 조절변수는 일종의 독립변수라고 볼 수도 있다. 매개변수는 독립변수에 영향을 받지만, (독립변수에) 영향을 미치지는 않는다. 독립변수가 사라지면, 종속변수에 영향을 미칠 수 없다.

### (5) 외생변수(extraneous variable) 꼭!

- 독립변수가 종속변수에 표면상으로는 영향을 미쳐 관계가 있는 것처럼 보이지만, 제3의 변수로 인해 그렇게 보이는 것일 뿐 실제로는 관계가 없는 경우, 두 변수는 가식적 관계에 있다고 하며, 이때의 제3의 변수를 외생변수라 한다.
- 가식적 관계는 허위관계 혹은 의사관계(spurious relation ship)라고도 하며, 이러한 가식적 관계를 만드는 변수가 바로 외생변수이다. 따라서 외생변수의 영향력을 통제해야만 변수들 사이의 진짜 인과관계를 확인할 수 있다. 즉, 두 변수 사이의 관계가 가식적 관계인지 아닌지를 밝히기 위해서는 외생변수를 통제해야 한다.
- 예를 들어, A가 B에 영향을 미치는 것처럼 보였으나 C를 통제했더니 두 변수간의 인과관계가 사라졌다면 A와 B 사이의 관계는 가식적 관계라고 할 수 있고, 이 때 C는 외생변수이다.

**외생변수(가식적 관계)**

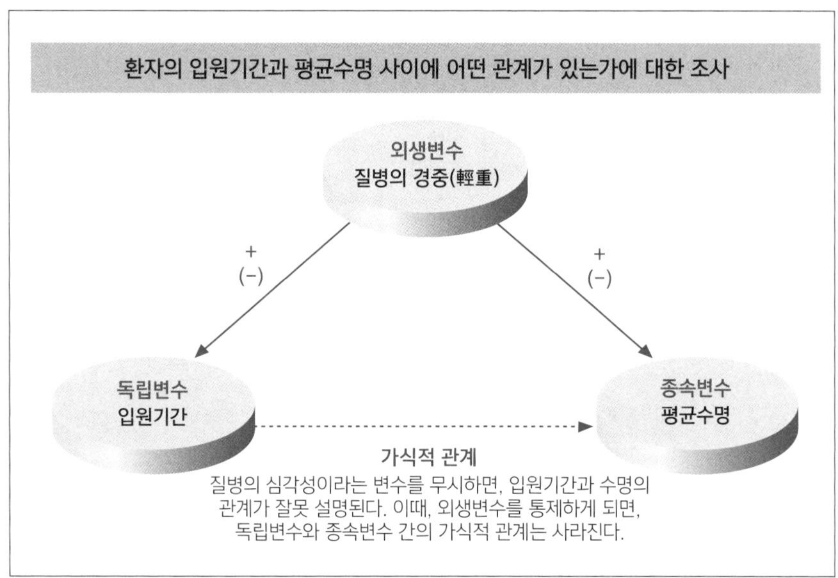
환자의 입원기간과 평균수명 사이에 어떤 관계가 있는가에 대한 조사
외생변수
질병의 경중(輕重)
+
(-)
+
(-)
독립변수
입원기간
종속변수
평균수명
가식적 관계
질병의 심각성이라는 변수를 무시하면, 입원기간과 수명의
관계가 잘못 설명된다. 이때, 외생변수를 통제하게 되면,
독립변수와 종속변수 간의 가식적 관계는 사라진다.

### (6) 억압변수(suppressor variable)

- 독립변수와 종속변수 중 하나의 변수와는 정적으로 상관되어 있고(정적 상관관계) 다른 하나의 변수와는 부적으로 상관되어 있어(부적 상관관계) 독립변수와 종속변수 간에 마치 아무런 관계가 없는 것처럼 보이게 만드는 변수를 억압변수라 한다. 두 변수 간에 실제 존재하는 관계를 드러나지 못하게 억누른다는 의미에서 '억압'변수라고 부르는 것이다. 억제변수라고도 불린다.
- 원래 상관관계가 있는 두 변수가 각각 제3의 변수와 맺는 관계로 인해 두 변수 사이의 상관관계가 없는 것처럼 보이는 것을 가식적 영관계(spurious zero relationship)라고 한다. 억압변수는 가식적 영관계를 초래하는 변수라고 할 수 있다. 따라서 두 변수 간의 참된 관계를 알기 위해서는 외생변수와 마찬가지로 억압변수 또한 통제할 필요가 있다.
- 예를 들어, A가 B와 아무런 관련이 없는 것처럼 보였으나 C를 통제했더니 두 변수 간에 관계가 있는 것으로 나타났다면 A와 B 사이의 관계는 가식적 영관계라고 할 수 있고, 이 때 C는 억압변수이다.

억압변수(가식적 영관계)

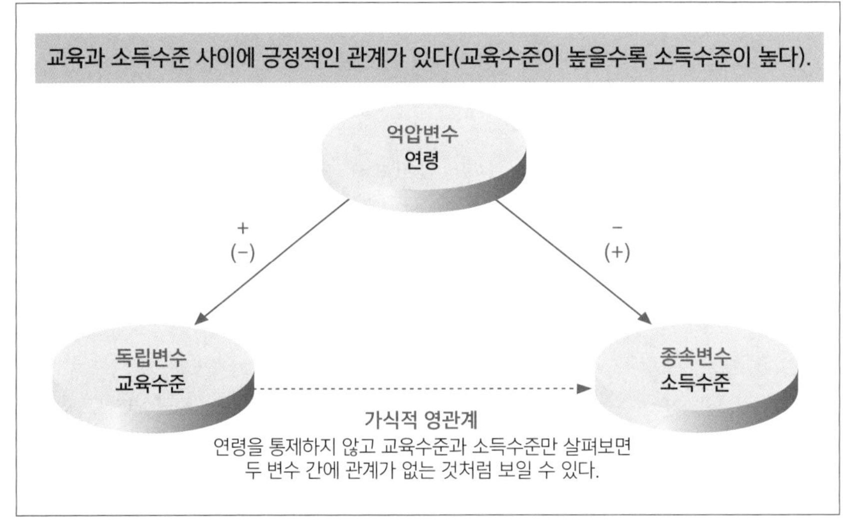
교육과 소득수준 사이에 긍정적인 관계가 있다(교육수준이 높을수록 소득수준이 높다).
억압변수
연령
+
(-)
-
(+)
독립변수
교육수준
종속변수
소득수준
가식적 영관계
연령을 통제하지 않고 교육수준과 소득수준만 살펴보면
두 변수 간에 관계가 없는 것처럼 보일 수 있다.

### (7) 통제변수(control variable) 꼭!

> 잠깐!
> **통제**
> 외생변수, 매개변수, 조절변수를 실제로 통제하는 경우 이러한 변수들을 통제변수라고 한다. 여기서 통제한다는 것은 조사연구에서 가설을 통해 인과관계에 영향을 미치는지를 검토한다는 의미로 이해할 수 있다.

① **통제**(control)

- 독립변수와 종속변수 사이의 인과관계를 보다 정확하게 밝히기 위해서는 매개변수나 외생변수 등 제3의 변수들을 통제해야 한다.
- 예를 들어, '키가 클수록 취업이 잘 된다'는 가설이 있다고 하자. 여기서 독립변수는 '키'이고, 종속변수는 '취업'이다. 이 가설을 검증할 때 고려해볼 수 있는 유력한 제3의 변수로는 '성별'이 있을 수 있다. 이때, 성별은 키, 취업에 영향을 미칠 수 있다. 남자가 대체로 여자보다 크고 취업도 잘 되는 경향이 있어 외생변수로 작용할 가능성이 있기 때문이다.
- '성별'이라는 제3의 변수를 통제한다는 말은 무슨 뜻일까? 남녀를 섞어놓고 조사를 해보니 키 큰 사람이 취업도 잘 되더라는 결과가 나왔다고 하자. 그러면 "키 큰 사람이 대부분 남자일 테니 취업이 잘 된 건 키가 커서가 아니라 남자라서 그런 것 아니냐?"라는 강한 의혹을 지울 수 없다. 그러나 남자는 남자대로, 여자는 여자대로 따로 조사를 해보니 키가 큰 사람이 취업이 잘 되더라는 결과가 나왔다면 그 결과에 대해서는 "그건 남자라서 그런 거 아니야?"라고 반론을 제기할 수가 없을 것이다.
- 제3의 변수 때문에 독립변수와 종속변수가 마치 인과관계가 있는 것처럼 보이는 건 아닌지 하는 의혹을 낳지 않도록 제3의 변수 자체가 조사과정에 영향을 미치지 않도록 조치하는 것을 통제한다고 표현한다. 즉, 결과에 영향을 미칠 수 있는 여러 가지 요인들 가운데서 연구의 관심대상이 되는 요

인들을 제외한 다른 조건들을 동일하게 만들어주는 것을 의미한다.

② **통제변수**

- 앞서 설명한 바와 같이 독립변수와 종속변수에 영향을 미칠 법한 외생변수, 매개변수, 조절변수, 억제변수 등 제3의 변수를 통제해야 하는데, 연구자가 신이 아닌 이상 독립변수와 종속변수 사이에 영향을 미칠 만한 모든 제3의 변수를 다 통제할 수는 없다. 따라서, 연구자가 독립변수 A와 종속변수 B 사이의 인과관계를 검증하기 위한 조사설계에 여러 변수들 중에서도 C를 통제해야겠다고 포함시키는 경우, C는 제3의 변수 혹은 외생변수들 중에서도 조사에서 실제 '통제'되는 변수이므로 이때부터는 '통제변수'라고 부르게 된다.
- 즉, 통제변수란 독립변수와 종속변수의 인과관계에 영향을 주는 제3의 변수 중 조사설계에서 조사자가 통제하려는 변수를 말한다.

## 2) 변수 속성에 따른 분류

### (1) 이산변수(discrete variable)

이산변수는 명목척도(nominal scale), 서열척도(ordinal scale)로 측정되는 변수이다. 여기서 이산이란 각 값의 사이가 떨어져 있어서 그 사이의 값은 아무런 의미가 없다는 뜻이다. 예를 들어, 남성을 1, 여성을 2라고 값을 부여했을 때 1과 2 사이의 값은 존재할 수 없다. 이산변수는 사물의 속성을 분류할 목적으로 기호나 숫자를 부여하는 명목척도로 측정된 변수, 사물의 속성을 크기나 정도에 따라 순서를 비교하는 서열척도로 측정된 변수 등이다. 이산변수는 다양한 범주를 갖는 범주적 변수(categorical variable)로 되어 있다.

예 0과 1 두 가지 값만 가지는 더미변수(dummy variable)도 이산변수의 한 예이다.

### (2) 연속변수(continuous variable)

연속변수는 등간척도(interval scale)와 비율척도(ratio scale)로 측정된 변수이다. 연속변수는 변수가 수평선상의 연속적인 모든 값의 의미를 가질 수 있다. 척도 간의 간격이 같아 수치 간에 가감(+, −)이 가능한 등간척도에 의해 측정된 변수, 수치 간에 가감승제(+, −, ×, ÷)가 가능하고 절대영점이 존재하는 비율척도에 의해 측정된 변수이다.

**측정수준에 따른 척도의 특성 비교**

| 구분 | | 범주화 | 순위 | 등간격 | 절대 영(○) | 특징 |
|---|---|---|---|---|---|---|
| 이산변수 | 명목변수 | ○ | × | × | × | 확인, 분류 |
| | 서열변수 | ○ | ○ | × | × | 순위비교 |
| 연속변수 | 등간변수 | ○ | ○ | ○ | × | 간격비교 |
| | 비율변수 | ○ | ○ | ○ | ○ | 절대력크기비교 |

# 3. 변수 간의 관계

## (1) 이변량 관계(bivariate relationship)

- 두 변수 사이의 관계를 뜻한다.
- 한 변수가 증가할 때 다른 한 변수가 어떻게 변화하는지를 나타내는 것으로, 두 변수 A와 B가 있다고 할 때 A가 증가하면 B가 따라서 증가하는 경우, A와 B 사이에는 정적인 관계가 있다고 하고, A가 증가하면 B가 감소하는 경향이 있는 경우, A와 B 사이에는 부적인 관계가 있다고 한다.
- 두 변수 사이의 이변량 관계는 정적이거나 부적인 관계 이외에도 아무런 관계가 없거나 곡선 관계가 있을 수도 있다. 곡선 관계는 A가 증가하면 B가 어느 지점까지는 따라서 증가하다가 어느 지점 이후에는 감소하거나 반대로 A가 증가하면 B가 어느 정도까지는 감소하다가 해당 지점 이후로 서서히 증가하는 경향을 보이는 경우를 예로 들 수 있다.

## (2) 상관계수(correlation coefficient)

- 두 변수 간 관계의 방향과 강도를 나타내는 계수를 상관계수라 한다.
- 그리스어 소문자 Ð(gamma, 감마)로 표현된다.
- −1과 1 사이의 값을 갖는다.
- 상관계수의 +와 −는 변수 간 관계의 방향을 나타내는 것으로서, +는 두 변수 간 정적(긍정적) 관계를 나타내고, −는 부적(부정적) 관계를 나타낸다.
- 정적(positive) 관계는 한 변수가 증가하면 다른 변수도 증가하는 경향을 나타내고, 부적(negative) 관계는 한 변수가 증가하면 다른 변수가 감소하는 경향을 나타낸다.
- 상관계수의 절대값은 변수 간 관계의 강도를 나타내는데, 이때, 관계의 강도란 예측이 정확한 정도를 말한다. 상관계수의 절대값이 1에 가까울수록 두 변수 간 강도가 강한 것을 의미한다.

- 상관계수 1은 두 변수 간의 정적 관계를 100%의 정확도를 갖고 예측할 수 있음을 의미하고, -1은 두 변수 간의 부적 관계를 100%의 정확도를 갖고 예측할 수 있음을 의미한다. 상관계수 0은 두 변수 간에 아무런 관계가 없음을 의미한다.
- 상관계수는 독립변수와 종속변수 간의 상관관계를 나타낼 뿐 인과관계를 나타내는 건 아니다.

### (3) 대칭적 관계와 비대칭적 관계

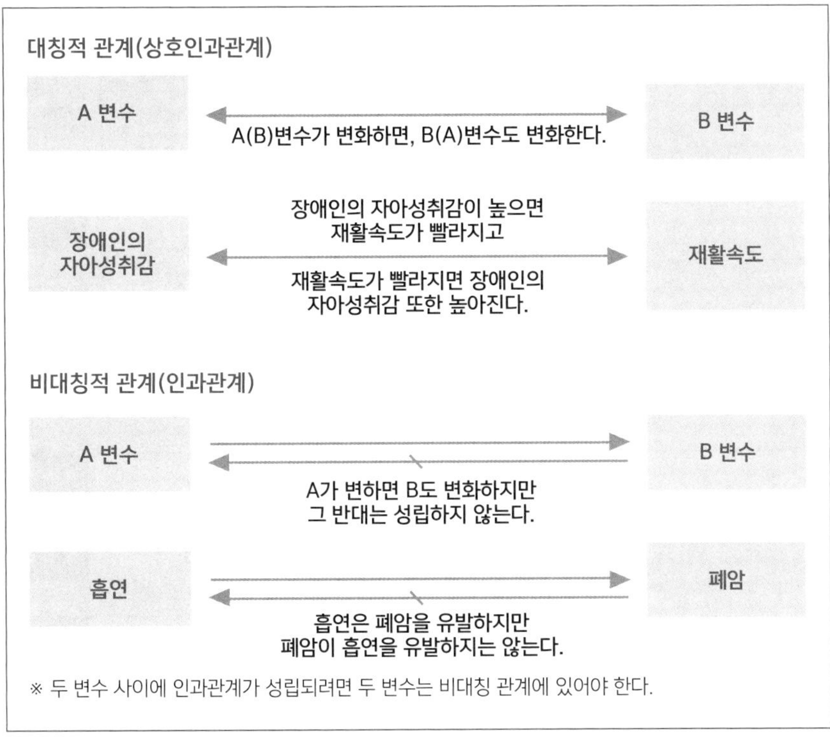

# 조사설계와 인과관계

| 한눈에 쏙! | | 중요도 |
|---|---|---|
| ❶ 조사설계 | 1. 조사설계의 의미 | |
| | 2. 조사설계의 목적과 중요성 | |
| ❷ 조사설계의 타당도 | 1. 내적 타당도와 외적 타당도 | ★★★ |
| | 2. 내적 타당도 저해요인과 통제방법 | ★★★ 22회 기출 |
| | 3. 외적 타당도 저해요인과 통제방법 | ★★★ |
| ❸ 인과관계의 논리 | 1. 실험조사연구와 인과관계 | |
| | 2. 인과관계의 성립 | ★ 22회 기출 |
| | 3. 인과관계를 추리하는 근거 | |
| | 4. 인과관계 관련 개념 | |

# 기출경향 살펴보기

## 이 장의 기출 포인트

조사설계의 타당도에 관한 문제는 매회 1문제 이상 반드시 출제된다. 사례를 제시한 뒤, 해당 사례에서 내적 타당도 또는 외적 타당도를 저해하는 요인이 무엇인지를 묻는 유형이 주로 출제되므로 저해요인에 대한 개념을 명확히 구분할 수 있어야 하며, 내적 타당도와 외적 타당도를 높이는 방법도 함께 정리해야 한다. 인과관계 논리에 관한 문제는 한동안 출제되지 않다가 최근 시험에 다시 등장하였다.

## 최근 5개년 출제 분포도

연도별 그래프

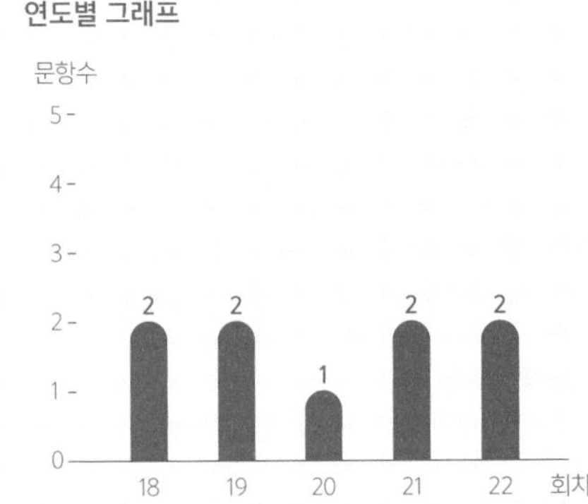


평균출제문항수

**1.8** 문항

## 2단계 학습전략

데이터의 힘을 믿으세요!
강의로 복습하는 **기출회독 시리즈**

3회독 복습과정을 통해
최신 기출경향 파악

## 최근 10개년 핵심 키워드

| | | |
|---|---|---|
| 기출회독 **038** | 조사설계의 타당도 | 15문항 |
| 기출회독 **039** | 인과관계의 논리 | 2문항 |

**기본개념 완성을 위한 학습자료 제공**

기본개념 강의, 기본쌓기 문제, O X 퀴즈, 기출문제, 정오표, 묻고답하기, 지식창고, 보충자료 등을 **아임패스**를 통해 만나실 수 있습니다.

| 기출회차 | | | | |
|---|---|---|---|---|
| 1 | 2 | 3 | 4 | 5 |
| 6 | 7 | 8 | 9 | 10 |
| 11 | 12 | 13 | 14 | 15 |
| 16 | 17 | 18 | 19 | 20 |
| 21 | 22 | | | |

강의로 복습하는 기출회독 시리즈

Keyword 038

# 1 조사설계

**조사설계**

가설을 검증하기 위한 조사의 전반적인 계획

## 1. 조사설계의 의미

- 조사설계(research design)는 연구설계, 연구디자인, 조사계획 등으로 다양하게 번역되는데 일반적으로 다음과 같은 의미를 갖는다.
  - 조사목적을 달성하기 위한 논리적 전략
  - 조사를 수행하고 통제하기 위한 계획
  - 조사문제에 대한 해답을 얻거나 가설검증을 위해 자료를 수집하고 분석하는 계획
  - 조사문제에 대한 타당한 해답을 얻기 위한 기획의 전 과정
- 조사설계는 조사문제의 답을 얻기 위한 조사연구의 계획, 구조, 전략 등을 포괄하는 것으로써 조사의 전반적인 과정을 의미한다.
- 베일리(Bailey)의 경우에는 보다 좁은 의미로서 문제와 가설이 설정된 이후 가설을 검증하기 위해 변수를 측정하는 방법과 대상의 선정, 자료수집과 분석의 방법, 외생변수의 통제 등을 정하는 하나의 단계로 조사설계를 설명하고 있다.

**조사설계단계**

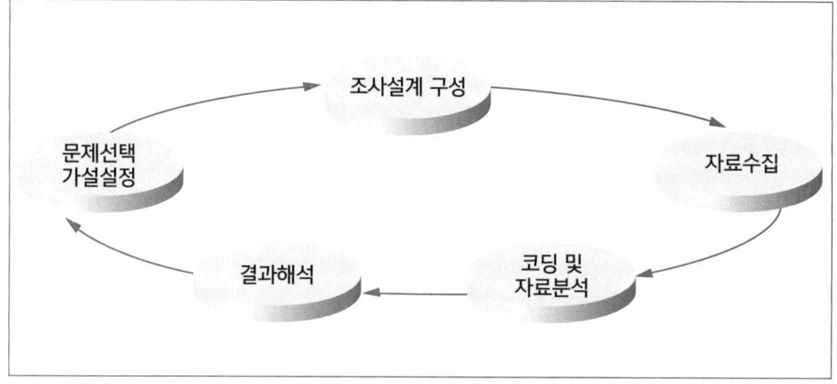

## 2. 조사설계의 목적과 중요성

### (1) 조사설계의 목적[5)]

- 연구자에게 타당성이 있고 객관적이며 정확하고 경제적으로 조사문제의 해답을 제공한다.
- 가설상의 조사질문을 신뢰할 수 있고 타당한 해답을 구할 수 있도록 만든다.
- 변수 간의 관계가 검증될 수 있도록 만든다.
- 관찰이나 분석의 방향을 제시한다.
- 통계분석의 방법을 제시한다.
- 가능한 결론의 윤곽을 제시한다.

### (2) 조사설계의 중요성

조사설계는 건축에 있어서 설계도면에 비유할 수 있다. 즉, 좋은 설계도면이 있어야 좋은 건축을 할 수 있는 것과 마찬가지로 조사에서 조사설계는 매우 중요한 역할을 한다.

- 조사가 계획적이고 체계적으로 수행될 수 있도록 한다.
- 효과적 · 효율적인 프로그램이나 정책대안을 형성하는 기초가 된다.
- 조사문제와 관련된 가설을 논리적 · 경험적으로 검증할 수 있는 방법을 제시한다.
- 조사문제와 관련된 이론 형성에 영향을 준다.

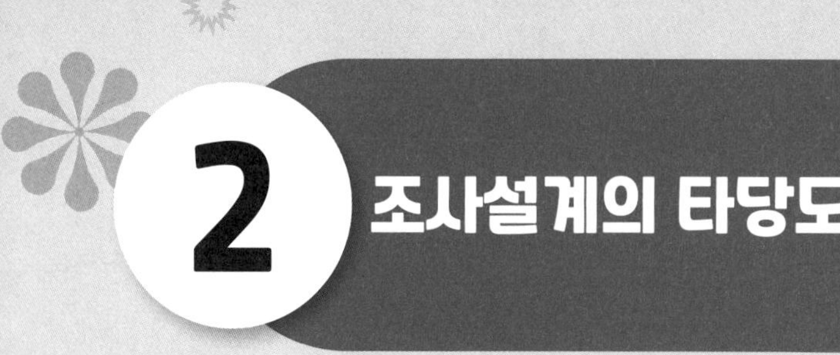

# 2 조사설계의 타당도

| 기출회차 | | | | |
|---|---|---|---|---|
| 1 | 2 | 3 | 4 | 5 |
| 6 | 7 | 8 | 9 | 10 |
| 11 | 12 | 13 | 14 | 15 |
| 16 | 17 | 18 | 19 | 20 |
| 21 | 22 | | | |

강의로 복습하는 기출회독 시리즈

Keyword 038

중요도 ★★★

기본적으로 내적 타당도와 외적 타당도의 개념을 명확하게 구분할 줄 알아야 한다. 내적 타당도와 외적 타당도의 개념은 이후에 나오는 조사론 내용에서 지속적으로 사용되기 때문에 반드시 꼼꼼하게 정리하고 넘어가야 한다.

## 1. 내적 타당도와 외적 타당도

- "조사설계를 잘 했다"는 말은 조사론 용어로 '조사설계가 타당하다' 혹은 '조사설계의 타당도가 높다'의 의미로 표현된다. 조사설계를 타당하게 하려면 두 가지 차원을 고려해야 한다.
- 조사설계를 통해 1) 가설에서 세운 독립변수와 종속변수 간 인과관계를 확실히 증명할 수 있어야 하며(종속변수의 변화가 독립변수의 변화 때문에 발생된 것인지 확인할 수 있어야 하며), 2) 그렇게 확인된 결과는 조사대상이나 범위를 넘어서도 일반화시킬 수 있어야 한다.
- 이 두 가지 차원을 각각 조사설계의 내적 타당도와 외적 타당도라고 표현한다. 다시 말해 조사설계가 타당하려면 조사대상이나 범위 '내'에서도 인과관계를 잘 보여주어야 하며, 나아가 조사대상이나 범위 '외'까지도 그 결과를 일반화시킬 수 있어야 한다.

**내적 타당도와 외적 타당도**

- 내적 타당도: 종속변수의 변화가 독립변수에 의한 것이라고 확신할 수 있는 정도(인과관계)
- 외적 타당도: 연구결과를 보다 많은 상황과 사람들에게 일반화할 수 있는 정도

### (1) 조사설계의 내적 타당도(internal validity) 꼭!

- 내적 타당도란, 어떤 연구결과 각 변수 사이의 인과관계를 추론해 보았을 때, 어느 한 쪽의 변수가 다른 쪽 변수의 원인이 되는지를 확신할 수 있는 정도를 말한다.
- 조사설계에서는 내적 타당도와 외적 타당도 가운데 우선적으로 내적 타당도를 높이는 것이 중요하며, 연구의 내적 타당도는 그 연구가 내적 타당도의 다양한 저해요인을 얼마나 잘 통제했는지 여부가 중요하다.

보충자료

조사설계의 타당도와 측정의 타당도

### (2) 조사설계의 외적 타당도(external validity) 꼭!

- 어떤 연구결과에 기술된 인과관계가 그 연구의 조건을 넘어서서 일반화될 수 있는 정도를 의미한다.
- 내적 타당도의 핵심이 '인과관계'라면, 외적 타당도의 핵심은 '일반화'이다.

## 2. 내적 타당도 저해요인과 통제방법 22회 기출

중요도 ★★★

내적 타당도 저해요인은 매회 빠짐없이 출제되는 중요한 부분이며, 최근에는 사례 위주의 문제가 출제되고 있다. 따라서 내적 타당도의 저해요인과 관련한 다양한 사례를 접하여 내용에 해당되는 적합한 저해요인을 찾는 능력을 반드시 길러야 한다. 22회 시험에서는 내적 타당도 저해요인인 통계적 회귀에 관한 특징을 묻는 문제가 출제되었다.

### 1) 내적 타당도 저해요인

조사설계의 내적 타당도를 저해하는 요인들은 크게 내적 요인과 외적 요인으로 구분된다. 대부분은 내적 요인으로 분류되고 선택의 편의(편향적 선별)만 외적 요인으로 구분된다. 간혹 내적 타당도를 저해하는 외적 요인을 외적 타당도 저해요인과 혼동하는 경우가 많은데, 이를 혼동하여 시험에서 실수하는 일이 없도록 명확히 구분하자.

#### (1) 내적 요인(실험 실행과정에 직접 관련되는 요인) 꼭!

**① 우연한 사건/역사**(history)

사전-사후 검사 사이에 발생하는 통제 불가능한 사건을 의미한다. 조사기간이 길수록 우연한 사건의 영향을 받을 가능성은 커진다. 조사기간을 짧게 유지하도록 한다.

예 집단프로그램을 실시하면 청소년들의 학업스트레스가 줄어들 것이다. 실험집단에만 이 프로그램을 실시한 결과 청소년들의 학업스트레스가 현저히 줄었다. 그러나 이 효과는 집단활동의 영향일 수도 있지만 이 기간 동안 실시한 교내 예술제의 영향일 수도 있다.

**② 시간적 경과 또는 성숙**(passage of time or maturation)

단순히 시간의 경과나 연구대상자들의 성장이나 노화와 같은 자연적인 발달상의 변화가 종속변수에 영향을 미치는 것을 의미한다.

예 초등학교 학생들에 대한 농구교실이 아동의 신장에 미치는 효과를 연구했다면 농구교실이 아동의 성장에 미치는 효과도 있지만 연구기간 동안 아동의 자연 성장의 결과일 수도 있다.

**③ 테스트효과/주시험효과/측정효과/검사**(testing)

사전검사가 사후검사에 영향을 미치게 되어 변수 간의 변화를 초래한다. 동일한 측정도구를 사용하여 두 번 이상 테스트를 실시하는 경우 나타나는 현상을 의미한다. 동일한 검사를 두 번 실시하면 검사 자체를 기억하고 반응할 수 있다.

예 실직자 재훈련 과정이 실직자들의 자격증취득 시험점수를 향상시키는 데 도움이 되는지 알아보기 위해 실시 전후에 유사한 시험을 실시하였다. 그 결과, 훈련 후 시험성적이 향상된 것으로 나왔다면 훈련의 결과일 수도 있지만, 시험 문제에 익숙해진 결과일 수도 있기 때문에 훈련 없이 시험만 두 번 치른 사람이 훈련에 참가하지 않고도 높은 점수를 얻을 수도 있다.

**④ 도구**(instrumentation)

위의 검사효과를 제거하기 위해 사전-사후검사 시 서로 다른 척도를 사용할 경우 전후의 차이가 진정한 변화인지 알 수 없다.

예 실직자 재훈련 과정이 실직자들의 자격증취득 시험점수를 향상시키는 데 도움이 되는지 알아보기 위해 실시 전후에 유사한 시험을 실시하였다. 사전검사에서는 난이도가 높은 문제를 출제하고 사후검사에서는 난이도가 낮은 문제를 출제하면 시험점수의 향상은 검사도구 때문인지 훈련 참여 때문인지 판단하기 어렵다.

### ⑤ 통계적 회귀(statistical regression)

사전검사에서 매우 높거나 낮은 극단적인 점수를 나타냈다면 사후검사에서는 독립변수의 효과와 무관하게 평균값으로 수렴하는 경향을 의미한다. 따라서 극단적인 측정값을 보이는 대상자를 선정하지 않도록 해야 한다.

예 초등학교 방과후 교실에서 학업성적이 지극히 낮은 부진아들만 대상으로 했다면 사후검사에서 나타난 학업성적의 향상은 프로그램의 영향일 수도 있지만, 더 이상 학업성적이 낮아질 수 없는 극단의 아동들을 실험집단으로 했기 때문일 가능성이 있다.

### ⑥ 실험대상자 상실(experimental mortality)

실험과정에서 일부 실험대상자가 이사, 사망, 질병, 싫증 등의 사유로 탈락하는 경우 조사대상의 표본의 수가 줄어들면서 잘못된 실험결과가 될 수 있다.

예 프로그램의 효과성을 입증하기 위해 실험집단과 통제집단으로 나눠 연구를 진행했을 때, 만일 실험집단에서 자신의 문제가 전혀 개선되지 않는다고 느껴 프로그램 중도에 참여를 중단한 사람들이 발생한다면 실험집단에는 프로그램이 효과가 있다고 느끼는 사람들만 남을 것이다. 이때, 사전-사후검사에서 두 집단의 차이가 정말 독립변수에 의한 것인지는 정확하지 않다.

### ⑦ 선택과의 상호작용

내적 타당도 저해요인들 간에 상호작용이 일어날 때 발생한다. 선택의 편의라는 요인과 역사 요인 혹은 성숙 요인이 상호작용을 일으키는 경우 내적 타당도를 저해할 수 있다.

예 아동들 가운데 남아를 통제집단으로 여아를 실험집단으로 구분하여 조기영어 프로그램을 실시한 후, 사후검사를 하였을 때 여아들이 효과가 높은 것으로 나타났다면 이는 상대적으로 선천적으로 언어습득 능력이 높은 여아들을 선택한 결과일 수도 있다.

### ⑧ 인과관계 방향의 모호성(ambiguity about the direction of causal influence)

인과적 시간-순서(causal time-order)라고도 한다. 독립변수와 종속변수의 관계에서 종종 시간-순서가 모호한 경우가 있다. 두 변수 간에 어느 것이 원인인지 불확실해서 인과관계의 방향을 결정하기가 곤란한 경우가 있다.

예 약물남용 치료프로그램을 마친 클라이언트가 중도에 포기한 클라이언트보다 약물남용을 할 가능성이 낮다는 것을 발견했다. 이때, 치료프로그램을 이수해서 약물을 남용하지 않게 된 것인지, 아니면 약물을 남용하지 않아서 치료프로그램을 이수한 것인지 인과관계의 방향이 모호할 수 있다.

### ⑨ 개입(치료)의 확산 또는 모방(diffusion or imitation of treatment)

집단들 간에 통제되지 않은 교류와 상호작용, 모방으로 인해 집단 간 차이에 대한 설명이 불분명해지는 경우를 의미한다. 실험집단에서 실시한 프로그램이나 특정한 자극들에 의해서 실험집단의 사람들이 효과를 얻게 되고, 그 효과들이 다른 집단의 사람들(통제집단)에게 전파되어 두 집단 간의 차이가 약해져서 비교가 어려워질 수 있다.

예 한 복지관에서 전혀 색다른 노인 여가선용 프로그램을 개발하여 이를 몇 년 동안 실시하였다. 최근에 이 프로그램이 생활만족도에 미치는 효과성을 알아보기 위해 다른 복지관의 노인집단과 비교해 보니 조사결과, 다른 복지관의 노인들과 별 차이가 없게 나타났다. 이때, 다른 복지관들도 새로운 프로그램을 뒤따라 도입해서 확산 또는 모방의 효과로 두 집단의 차이가 줄어들었을 가능성이 높다.

### (2) 외적 요인 꼭!

앞서 살펴본 내적 요인들이 실험을 진행하는 도중에 발생하여 내적 타당도 즉, 독립변수와 종속변수 간 인과관계 판단을 어렵게 만드는 요인인 것과 달리, 외적 요인은 실험연구 설계의 실행과정과 관계없이 발생하는 요인으로 실험을 시작하기 전 실험대상자를 실험집단과 통제집단으로 나눌 때 발생하는 내적 타당도 저해요인이다. 즉, 실험 실행 이전에 실험집단과 통제집단을 나눌 때 문제되는 요인을 말한다. 내적 타당도를 저해하는 외적 요인에는 편향된 선별(선택의 편의/선정상의 편견)이 있다.

#### ① 편향된 선별/선택의 편의/선정상의 편견(selection biases)

편향된 선별이란 조사대상을 실험집단이나 통제집단으로 나눌 때 종속변수에 영향을 미칠 수 있는 요인이 어느 한 집단으로 편향되는 경우를 말한다. 자기 선택에 의해 실험집단에 속하게 되는 경우도 특정 속성이 실험집단에서 두드러지게 되는 편향된 선별의 문제를 낳을 수 있다. 예를 들어, 실험집단에는 프로그램 신청자를 배치하고 통제집단에는 프로그램 비신청자를 배치하는 경우, 이미 실험집단에는 변화에 대한 의지나 적극성이 더 높은 사람들이 편향되는 것이므로 이렇듯 자기 선택에 의해 실험집단에 배치되는 것 역시 편향된 선별로 인한 내적 타당도의 문제를 낳는 것이다.

예 아동학대 방지프로그램의 효과성을 알아보기 위해서 자발적으로 프로그램에 참여한 사람들 집단과 참여하지 않은 사람들의 집단을 비교해 보았다고 하자. 프로그램 참여자들의 점수가 더 높다고 해도 이것은 프로그램의 효과라고 할 수 없다. 이것은 원래 프로그램에 참여한 사람들이 학대에 대한 의식이 높아서 개선의 정도가 다르게 나타났다고 볼 수 있다.

## 2) 내적 타당도를 높이는 방법

내적 타당도를 높이기 위해서는 내적 타당도 저해요인들이 실험 과정에 개입되지 않도록 적절히 통제해야 한다.

### (1) 내적 요인 통제방법 꼭!

내적 타당도를 저해하는 내적 요인들은 대부분 실험집단과 병행해서 통제집단을 설정함으로써 제거할 수 있다. 통제집단을 실험집단과 유사한 속성으로 무작위화(무작위 할당)하면 내적 요인의 영향을 두 집단이 비슷하게 받음으로써 역사, 성장, 검사, 도구, 통계적 회귀 등의 영향을 같은 정도로 받게 된다.

### (2) 외적 요인 통제방법 ★꼭!

내적 타당도를 저해하는 외적 요인들은 무작위 할당, 배합, 혹은 사후에 통계적으로 통제하는 방법 등을 통해 제거(통제)할 수 있다.

#### ① 무작위 할당(random assignment)/무작위화(randomization)/난선화

- 연구대상자들을 실험집단 및 통제집단에 무작위로 배치하는 방법이다.
- 실험집단과 통제집단이 동질적인 집단이 될 가능성을 높이는 가장 효과적인 방법이다. 즉, 내적 타당도 저해요인들(독립변수와 종속변수 간 관계에 영향을 미쳐 둘 간의 인과관계를 헷갈리게 만드는 제3의 변수, 즉 외생변수라고 보아도 무방)을 통제하는 가장 효과적인 방법이다.

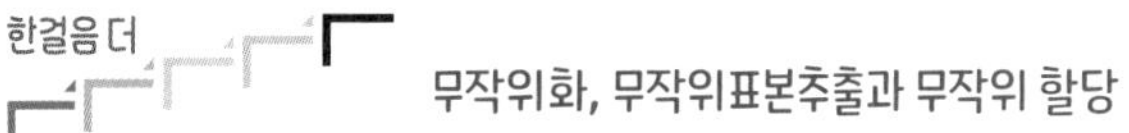
한걸음 더 무작위화, 무작위표본추출과 무작위 할당

**1. 무작위화**

무작위화(randomization)는 무작위 할당, 무작위 배치, 난선화, 무선화(random assignment)의 개념으로 많이 쓰인다(남세진 · 최성재, 1988; Rabbie, E., 성숙진 외 역, 1998; 채서일, 1997 등). 다만 김기원 교수는 엄밀히 구분할 때 무작위화는 무작위표집과 무작위 할당 모두를 포함하는 개념이라고 주장한다(김기원, 2001: 432). 즉, 엄밀한 의미의 무작위화를 위해서는 모집단으로부터 연구대상자(실험 참가자)를 무작위로 추출하여, 이들을 다시 실험집단과 통제집단으로 나눠야 한다는 것이다. 그러나 실험연구의 경우 연구대상자들을 모집단에서 무작위로 선정하는 경우는 거의 없고, 대부분 연구대상은 자발적으로 실험에 참여하기로 한 사람들이며, 따라서 실험설계는 외적 타당도(연구결과의 일반화)가 제한된다. 무작위표본추출이 일반화 가능성과 관련되어 있는 것과 달리 무작위 할당, 난선화는 내적 타당도를 증가시키기 위한 도구이다.

**2. 무작위표본추출과 무작위 할당의 개념 비교**

- 무작위표본추출: 확률표집방법으로 모집단에서 실험대상을 추출하는 것이다.
- 무작위 할당: 연구대상자로 정해진 표본을 실험집단과 통제집단에 무작위적으로 배치하는 것이다.

#### ② 배합/짝짓기(matching)

- 연구주제에 영향을 미칠 것이라고 여겨지는 속성을 실험집단과 통제집단에 동일하도록 만드는 방법이다.
- 배합은 무작위 할당과 병행해서 사용될 경우 실험 내적 타당도를 더욱 높일 수 있다.

• 배합에는 정밀배합과 빈도분포배합의 두 가지 방법이 있다.

| | |
|---|---|
| **정밀배합**<br>(precision matching) | 한 가지 이상의 변수(특성)에 있어서 같은 값을 가지는 연구대상을 둘씩 골라서 하나는 실험집단에 다른 하나는 통제집단에 배치함으로써 특정 변수의 영향을 같게 하는 것 |
| **빈도분포배합**<br>(frequency distribution matching) | • 통제하려는 변수값의 평균치를 실험집단과 통제집단에 있어 동일하게 만드는 방법. 예를 들면, 평균연령, 평균학력, 평균소득, 남녀비율 등에 있어서 실험집단과 통제집단이 같도록 하는 것<br>• 정밀배합보다 상대적으로 이용하기 쉬운 방법이지만, 이 방법도 통제해야 할 변수나 특성이 많아지게 되면 모든 변수나 특성을 갖고 있는 대상자들을 선택하여 평균이 같도록 배치하는 것이 쉽지 않음 |

• 예를 들어, 연구대상이 중학생 10명, 고등학생 10명 중에서 중학생은 남학생 4명, 여학생 6명, 고등학생은 남학생 6명, 여학생이 4명이라고 하자. 20명 전체를 무작위 확률표본 추출의 방법(제비뽑기, 난수표)으로 실험집단과 통제집단으로 나눌 수도 있지만, '중 · 고생', '남녀'라는 속성이 보다 고르게 분포하기 위해서는 그림과 같이 연구와 관련 있는 특성들로 구성한 할당행렬(quota matrix)을 만들고 각 특성이 동일한 사람들을 무작위로 두 집단에 배정할 수도 있다.

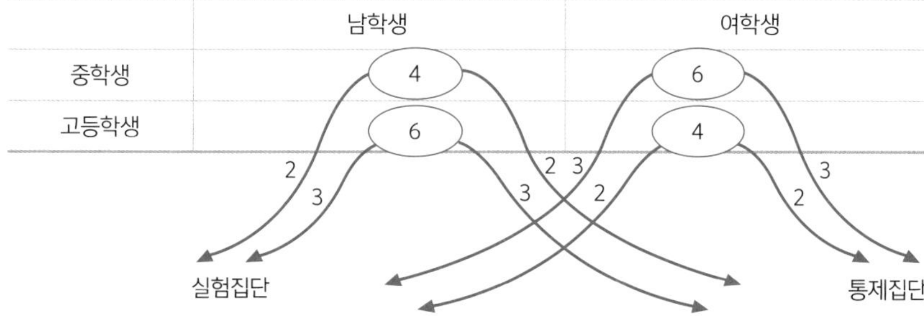


### ③ 통계적 통제(statistical control)

• 일종의 사후통제방법으로, 실험이 이루어진 후에 통제를 시도한다. 통제해야 할 변수들을 독립변수로 간주하여 실험설계에 포함시키고 실험을 실시한 후 결과를 분석함에 있어 통계적으로 그 영향을 통제한다.

• 배합과 무작위 할당과는 달리 실험설계 자체에서 통제를 시도하는 것이 아니라, 통계적 방법으로 외부요인을 배제하는 방법이다. 실험설계에서는 배합과 무작위 할당으로도 해결할 수 없는 외부 요인들의 가능성을 통계적 방법을 활용하여 통제한다.

중요도 ★★★

내적 타당도 저해요인 만큼의 비중은 아니지만 외적 타당도 저해요인도 출제비중이 높은 편이다. 외적 타당도 저해요인 모두를 정확히 알아두고, 아울러 외적 타당도를 높이기 위해 어떠한 조치들을 할 수 있는지에 대해서도 알아두자.

## 3. 외적 타당도 저해요인과 통제방법

### 1) 외적 타당도 저해요인

#### (1) 표본의 대표성(representativeness) 꼭!

연구결과를 실제 상황에 일반화할 수 있으려면 연구대상이 모집단을 대표할 수 있어야 한다. 연구대상, 즉 표본의 대표성이 떨어지면 외적 타당도도 낮아질 수밖에 없다.

#### (2) 연구환경과 절차

- 표본뿐 아니라 연구의 환경이나 절차들도 모집단의 일반적인 상황과 유사해야 실험결과를 일반화 시킬 수 있다. 다시 말해, 연구환경과 절차가 일반적인 상황과 동떨어지면 외적 타당도가 떨어지게 된다.
- 내적 타당도를 높이기 위해 철저히 통제된 실험을 하게 되는 경우 내적 타당도는 높아지는 대신, 모집단의 일반적인 상황과는 다르기 때문에 외적 타당도가 떨어질 수 있다.

#### (3) 실험조사에 대한 반응성 꼭!

- 조사대상자가 자신이 실험에 참여하고 있다는 것을 의식해서 자연스러운 평소 상황과는 다른 행동과 반응을 보인다면 일반 연구에서는 나타나지 않는 결과가 나타날 수 있다.
- 실험이 수행되는 동안에 피실험자들이 자신에게 기울이는 특별한 관찰과 관심에 대해 반응하는 것을 반응효과/반동형성(reactive effects) 또는 호손효과(hawthorne effect)라 하는데, 이러한 반응성 또한 외적 타당도를 떨어뜨린다.

#### (4) 가실험효과(플라시보효과, 위약효과, placebo effect)

- 플라시보효과는 조사 반응성 효과의 일종이다.
- 원래 의미는 환자에게 가짜 약을 투여하면서 진짜 약이라고 하면 환자가 좋아질 것이라고 생각하는 믿음 때문에 효과가 발생하는 현상을 말한다. 실제로는 피실험자들에게 실험처치나 개입이 주어지지 않았는데도 불구하고 마치 그것을 받은 것과 유사한 효과가 나타나는 경우를 말한다.
- 이렇게 가실험효과가 발생하는 경우 실험조사에서는 나타났던 결과가 자연적인 상황에서는 나타나지 않을 가능성이 있다. 즉, 외적 타당도를 떨어뜨리는 요인으로 작용한다.

## 2) 외적 타당도를 높이는 방법

외적 타당도를 높이기 위해서는 확률표집방법으로 연구대상을 선정하거나 표본크기를 크게 함으로써 표본의 대표성을 높이거나, 가실험효과(플라시보효과)를 제거하기 위해 가실험 통제집단 설계 등의 방법을 사용할 수 있다.

### (1) 표본의 대표성 ★꼭!

- 선정된 조사대상자가 얼마나 전체 모집단을 잘 대표하느냐의 정도를 표본의 대표성이라고 하는데, 가능하면 조사대상을 확률적 표집 또는 무작위 표집으로 선정하는 방식으로 대표성을 높일 수 있다.
- 실험조사에서 이러한 방법을 사용하기에는 많은 비용이 들고 실험참여 거절 등이 발생할 수 있어 실제 적용에는 다소 제약이 있다.

예 한국 대학생들의 빈곤인식조사를 대표성을 확보하는 방안으로 설계하려면, 서울시내 5개 대학에서 500인을 선정하여 조사하는 것보다는 전국의 여러 대학을 지역 및 기타특성을 고려하여 고르게 포함시키고, 무작위 표집방법으로 표본을 추출한다.

### (2) 가실험 통제집단 설계

가실험효과가 개입되는 것을 예방하거나 통제하기 위해서는 피험자에게 조사상황을 미리 알려주지 않거나, 플라시보 통제집단을 설정하여 조사결과의 진위 여부를 파악하는 방법(가실험 통제집단 설계)을 사용할 수 있다.

보충자료
가실험효과와
호손효과의 차이


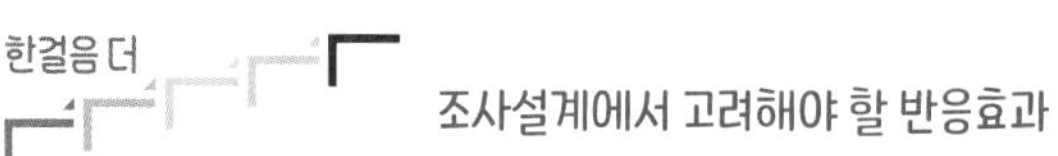


**조사설계에서 고려해야 할 반응효과**

**1. 보상적 경쟁효과**

실험집단과 통제집단을 만들어 실험할 때, 통제집단에 속한 사람들이 자신들에게는 어떠한 것이 제공되지 않는다는 것을 알고 이것을 보상하기 위해서 의도적으로 노력하거나 아니면 실망하거나 의기소침해서 기대 이하의 효과를 나타내는 경우를 보상적 경쟁효과(compensatory rivalry) 또는 존 헨리 효과(John Henry effect)라고 한다.

예를 들어, 방과후 교실의 효과를 알기 위해 20명의 학생을 선정해 방과후 교실에 참여시키고, 이들과 비교하기 위한 20명의 학생들을 통제집단으로 정해서 방과후 교실에는 참여하지 않도록 한 후, 두 집단을 비교할 수 있다. 이때, 통제집단의 학생들이 자신들은 방과후 교실에 참여하지 못한 것에 대한 보상으로 각자 별도의 공부를 더 열심히 한다거나 선정되지 못함에 실망하여 공부에 대한 의욕을 상실한다면 정확한 방과후 교실의 효과를 알아낼 수 없다. 따라서, 통제집단에 속한 사람들은 실험집단이 어떤 것을 하는지 모르도록 하는 것이 좋지만 현실적으로 어려움이 많다.[6)]

**2. 조사원 기대효과**

자료수집을 담당하는 조사원이 그 조사나 연구에 대해서 열정을 갖고, 연구자가 원하는 방향으로 조사결과가 나오도록 조사대상자에게 영향을 끼치는 경우가 있다. 이러한 문제를 예방하기 위해서는 누가 실험집단에 속하고 누가 통제집단에 속하는지를 조사원이 알지 못하도록 하는 것이 바람직하다.[7)]

### 3. 위약효과

환자에게 가짜 약을 투여하면서 진짜 약이라고 하면 환자가 좋아질 것이라고 생각하는 믿음 때문에 효과가 발생하는 현상을 말한다. 실제로는 피실험자들에게 실험처치나 개입이 주어지지 않았는데도 불구하고 마치 그것을 받은 것과 유사한 효과가 나타나는 경우를 말한다. 이러한 효과를 제거하기 위해서 진짜 약을 먹는 집단(실험집단)과, 아무 약도 먹지 않는 집단(통제집단), 이외에도 아무 효과가 없는 가짜 약을 먹는 집단(위약집단)을 만들어서 세 집단을 비교하는 설계를 하기도 한다.

### 4. 호손효과

사회복지행정론에서 다루는 인간관계이론의 창시자인 메이요의 호손공장 실험에 대한 비판으로 나타난 개념이다. 호손공장 실험에서 나타난 결과는 피실험자들이 자신들이 실험 대상이라는 것을 의식하고 의도적으로 반응한 결과였다. 피실험자들이 실험을 인식함으로써 전형적인 행동과 다르게 행동하는 현상을 의미한다. 방과 후 자율학습 시간에 선생님이 들어오셨을 때와 그렇지 않았을 때 공부하는 태도에 있어서 차이가 발생하는 경우를 예로 들어보자. 감독 선생님이 없는 경우보다는 있는 경우 더 집중하고 열심히 공부했던 경험이 있을 것이다.

### 5. 후광효과

후광효과(halo effect)는 사전에 알고 있는 정보나 선입견 등으로 인해 긍정적인 방향으로 과장되게 일반화하는 경우를 말한다. 예를 들어, 조사원이 조사대상의 학력이나 배경이 좋은 것을 알고 선입견에 의해 좋은 쪽으로 받아들여서 평가할 수 있다.

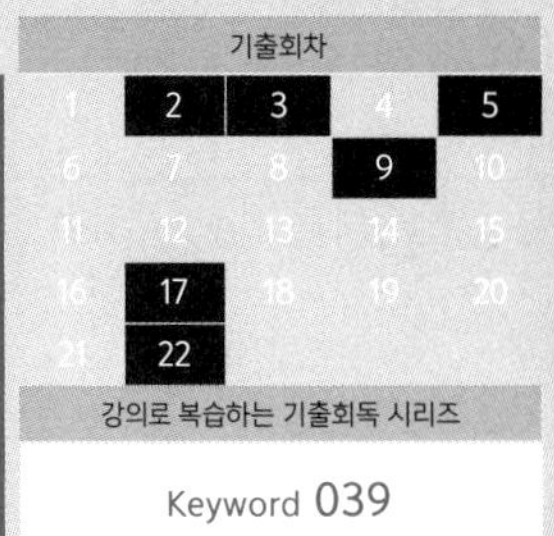


## 1. 실험조사연구와 인과관계

### (1) 인과관계의 개념

- 실험조사연구(experimental research)는 실험을 통해 자료를 수집하고 분석하는 연구이다. 이러한 실험조사연구는 연구대상인 변수들 사이의 인과관계를 알고자 하는 연구방법이다. 따라서, 어떠한 경우에 인과관계가 성립하는가를 이해하는 것이 조사설계의 기본이 된다.
- 인과관계란, 어떤 변수가 원인(cause)으로 작용해서 다른 변수에 영향을 미치는 결과로서 나타나는 관계를 의미한다. 많은 학자들은 우주와 사물, 그리고 인간의 궁극적인 원인(ultimate-cause)을 찾으려고 애써왔으며, 현대의 자연과학, 사회과학에서도 어떤 현상을 일으키는 원인을 찾아 현상을 설명하고 나아가 앞으로의 변화 방향에 대한 예측을 하려 한다.[8)]
- 사회복지조사는 대부분 인과관계의 검증을 통해 이뤄진다고 볼 수 있다. 사회현상과 사회구성원의 문제를 발견하고, 원인-결과 관계를 규명함으로써 사회복지조사의 목적인 정책 수립 내지 실천이론의 형성이 가능해진다.

**인과관계 규명**

인과관계를 규명하는 데 가장 좋은 조사방법은 실험이다.

### (2) 사회과학에서의 인과관계

- 사회과학에서 사용하는 인과관계는 일반적인 의미의 인과관계와는 다소 차이가 있다. 사회과학의 인과관계는 결정론적(deterministic)으로가 아니라 확률적으로 표현된다. 종속변수에 영향을 미칠 수 있는 독립변수는 특정한 것 이외에도 여러 가지가 있을 수 있으며, 더욱이 이러한 여러 독립변수들의 영향을 통제할 수도 없으므로 인과관계를 명확하고도 결정론적으로 밝히기 어렵기 때문이다.
- 예를 들어, 경기가 악화되면서 자살률이 높아지는 현상을 목격했다고 해서 경기 악화가 자살률의 원인이라고 단정 짓기는 어렵다. 자살 충동을 높이는 다른 문화적 · 사회적 요인들, 예를 들어 인터넷 발전에 의한 자살 충동의 상호교류, 자살을 개인의 명예를 지키는 수단으로 여기는 분위기의 확산 등 다른 여러 가지 요인들이 자살에 영향을 미치기 때문에 어느 것이 결

정적인 원인인지는 밝히기 쉽지 않다. 그래서 사회과학에서는 명확하고 결론적인 표현보다는 확률적인 표현을 많이 사용한다. 많은 경우 인과관계는 과학적인 조사방법에 의해서 수집된 자료들을 바탕으로 논리적으로 추론하여 확률적으로 표현한다.

중요도 ★

조사설계에서는 가설에서 설정한 인과관계를 밝히는 것을 목적으로 하는 만큼 인과관계를 이해하는 것이 중요하다. 인과관계가 성립되기 위한 기본 요건들은 꼭 알아두자. 22회 시험에서는 인과관계의 추론에 관한 문제가 출제되었다.

## 2. 인과관계의 성립 22회 기출

### (1) 공변성(covariation)

원인으로 추정되는 변수와 결과로 추정되는 변수가 동시에 존재하며, 상호연관성을 가지고 변화해야 한다.

예 가설: 고학력일수록 소득이 높다.
→ 교육수준의 변화가 있을 때 반드시 소득수준의 변화도 일어나야 한다.

### (2) 시간적 우선성

원인이 결과보다 시간적으로 우선해야 한다.

예 가설: 날씨가 더워지면 아이스크림이 잘 팔린다.
→ 날씨가 더워지는 것이 원인이라면 아이스크림이 잘 팔리는 것보다 시간적으로 앞서야 한다.

### (3) 개방체계 전제

사회현상은 통제된 조건의 폐쇄체계보다는 개방체계를 전제로 할 수밖에 없어서 어떤 원인에 노출된 실험대상이 다른 사회현상과도 접촉해서 결과에 영향을 미친다. 따라서 결과를 발생시키는 원인은 여러 가지가 있을 수 있다.

예 어떤 학생의 학업성적이 향상된 원인을 연구했다. 그 원인은 평소보다 열심히 공부했거나, 수업분위기가 좋아졌다거나, 학교선생님이 바뀐 것 등 여러 가지이다.

### (4) 확률적 결론

사회과학의 연구가 개방된 시스템에서 이루어지고 외생변수가 존재하기 때문에 여러 가지 원인이 작용하여 확률적일 수밖에 없다.

예 머리가 좋으면 공부를 잘한다.
→ 머리가 좋으면 공부를 잘하는 것이 통계적으로 검증이 되었더라도 100% 맞다고 볼 수는 없다.

### (5) 외생변수 통제

인과관계를 확인하기 위해서는 즉, 다른 원인이나 이유가 아니라 독립변수로 인해 종속변수에 변화가 발생했다는 것을 확인하기 위해서는 외부의 영향력(외생변수)을 배제한 상태에서 독립변수와 종속변수라는 두 변수 간의 공변성과 시간적 우선성을 확인할 수 있어야 한다.

### (6) 원인의 조작화

사회과학에서 인과관계는 원인이 조작가능할 때, 이론의 가치가 보다 높아진다.

예 암을 치료할 수 있는 방법이 이론적으로 존재하는 경우에도 이에 대한 조작이 불가능하면 치료방법은 인간의 생명을 구하는 데 도움이 되지 않는다.

### (7) 비대칭적 관계

A변수가 변하면 B변수도 변하지만 역은 성립하지 않는다.

## 3. 인과관계를 추리하는 근거

### (1) 일치법

주어진 현상에 관한 두 개  또는 그 이상의 사례들이 공통된 하나의 조건을 가지고 있을 때, 그 조건을 현상의 원인 또는 결과로 간주하는 방법이다.

- 상황 X의 구성요소(A B C)가 Z를 발생시킨다.
- 상황 Y의 구성요소(C D E)가 Z를 발생시킨다.

⇒ 그러므로 C는 Z를 발생시킨다. 즉, C는 원인인 독립변수이고, Z는 결과인 종속변수이다.

### (2) 공변법

- 어떤 현상이 특정한 방식으로 변화할 때마다 다른 현상도 특정한 방식으로 변화하면 이들 두 현상은 인과적으로 관련되어 있다고 간주하는 방법이다.
- A가 증가하거나 감소할 때 a도 같이 증가하거나 감소하므로, A와 a가 인과적으로 관련되어 있다고 추리한다. 이 관계에서 A, B, C, D의 상황이 a, b, c, d의 상황보다 시간적으로 선행하기 때문에 A는 원인인 독립변수이고, a는 결과인 종속변수가 된다.

- ABC ➡ abc
- (A−)BC ➡ (a−)bc
- (A+)BD ➡ (a+)bd

### (3) 차이법

둘 이상의 사례에서 한 가지 조건에만 차이가 있고 다른 조건들은 공통적으로 포함하고 있는데 두 사례의 결과에서 차이가 나타난다면, 그 한 가지 조건이 결과에서의 차이를 설명하는 원인이라고 간주할 수 있다.

- 상황 X의 구성요소(A B C)가 Z를 발생시킨다.
- 상황 Y의 구성요소(A B E)가 Z를 발생시키지 않는다.

⇒ C는 원인인 독립변수이고, Z는 결과인 종속변수이다.

### (4) 잔여법(잉여법)

어떤 현상의 일부에 대해서 다른 선행요건이나 원인이 밝혀졌다면, 그 현상의 잔여부분이 나머지 조건이나 사실의 원인이 될 수 있다.

- ABC ➡ abc
- B는 b의 원인임이 밝혀졌고, C는 c의 원인임이 밝혀졌다.

⇒ 그러므로, 남은 A는 a의 원인이라고 추론할 수 있다.

### (5) 일치차이병용법

일치법과 차이법을 함께 적용하는 것이다. 어떤 현상이 나타난 둘 이상의 사례에서 한 가지 공통된 요소가 존재하고, 그 현상이 나타나지 않는 둘 이상의 사례에서는 그러한 요소가 없을 때 그것들의 차이점인 요소를 원인으로 간주하는 것이다.

일치차이병용법

ABCD가 Z를 발생시키고
CDEF가 Z를 발생시킨다면
일치법에 의해 CD가 Z를 발생시키는 원인이라고 볼 수 있다.
하지만, C와 D중 어느 것이 정확한 원인인지는 알 수 없다.

한편,
ABCD가 Z를 발생시키고
ACEF가 Z를 발생시키지 않는다면
차이법에 의해 BD가 Z를 발생시키는 원인이라고 볼 수 있다.
하지만, B와 D중 어느 것이 정확한 원인인지는 알 수 없다.
두 방법을 함께 분석해보면 Z를 발생시키는 공통의 원인은 D라는 것을 알 수 있다.

### (6) 그 밖의 인과관계 추론의 요건

#### ① 개입반응 효과

원인으로 추정되는 요인의 양과 빈도수를 증가시킴에 따라 표적문제의 양태가 일관되게 심한 변화를 일으킨다면, 양자 간에 인과관계가 있다고 판단할 수 있다.

#### ② 기존 연구와의 일치성

두 변수 간의 관계에 대한 관찰의 결과가 기존의 연구결과에서 나타난 인과관계와 일치한다면 인과관계는 신빙성을 얻게 된다.

#### ③ 생물학적 타당성

두 변수 간의 추정되는 인과관계가 생물학적인 지식에 의해 적절히 부합되는 것으로 나타난다면, 이러한 정보는 두 변수 간에 인과관계가 있다고 규정하는 데 도움이 된다. 특히, 아동의 성장과 노인의 노화와 같은 분야에서의 인과관계 추정에 있어서 생물학적 타당성은 도움이 된다.

#### ④ 관련성의 특이성(specificity of the association)

조사 중인 원인요인이 오직 하나의 현상이나 집단에만 관련이 있고, 다른 현상이나 집단에는 관련이 없다면 인과관계는 추정될 수 있다.

## 4. 인과관계 관련 개념

### (1) 선형관계 대 비선형관계(linear vs nonlinear relationships)

선형(직선형)관계는 변수의 값에 관계없이 두 변수들의 점수나 값이 언제나 똑같은 비율로 변화한다. 비선형(곡선형)관계는 변수들이 서로 다른 비율로 변화한다.

### (2) 가식적 관계(spurious relationships)와 매개관계(intervening relationships)

- 가식적 관계는 두 변수가 단지 제3의 변수(외생변수)로 발생했기 때문에 두 변수가 서로 관련되어 있어 보이는 관계이다.
- 매개관계는 변수A가 변수B에 직접적인 영향을 미치는 것이 아니라 C로 인해서 B가 가능한, 즉 매개변수에 의해 만들어지는 관계이다.

### (3) 가식적 영관계(spurious zero relationships)

가식적 영관계는 두 변수가 각각 제3의 변수(억압변수)와 상관되어 있기 때문에 실제로 관련이 있는 독립변수와 종속변수들이 관련되어 있지 않은 것처럼 보이는 관계이다.

# 조사설계의 유형

| 한눈에 쏙! | | 중요도 |
|---|---|---|
| ❶ 실험 | 1. 실험조사연구의 의의 | |
| | 2. 실험의 특징 | |
| | 3. 실험조사연구의 장단점 | |
| | 4. 실험조사설계의 기본 요소 | ★★ |
| ❷ 순수실험설계 | 1. 순수실험설계의 특징 | ★★★ |
| | 2. 순수실험설계의 유형 | ★★★ 22회 기출 |
| ❸ 유사실험설계 | 1. 유사실험설계의 특징 | ★★★ |
| | 2. 유사실험설계의 유형 | ★★★ |
| ❹ 전실험설계 | 1. 전실험설계의 특징 | ★★ |
| | 2. 전실험설계의 유형 | ★★ 22회 기출 |

# 기출경향 살펴보기

## 이 장의 기출 포인트

순수실험설계, 유사실험설계, 전실험설계에 속하는 각각의 조사설계 유형별 설계구조와 주요 특징을 꼼꼼하게 비교하여 정리해야 한다. 특정 조사설계의 특징을 고르는 문제, 사례를 제시한 후 이에 해당하는 조사설계를 찾는 문제가 주로 출제되고 있으며, 각 조사설계의 특징을 한 문제에서 비교하는 종합적인 형태의 문제도 출제되고 있다. 최근 시험에서 실험설계의 기본 요소를 묻는 문제도 출제된 바 있다.

## 최근 5개년 출제 분포도

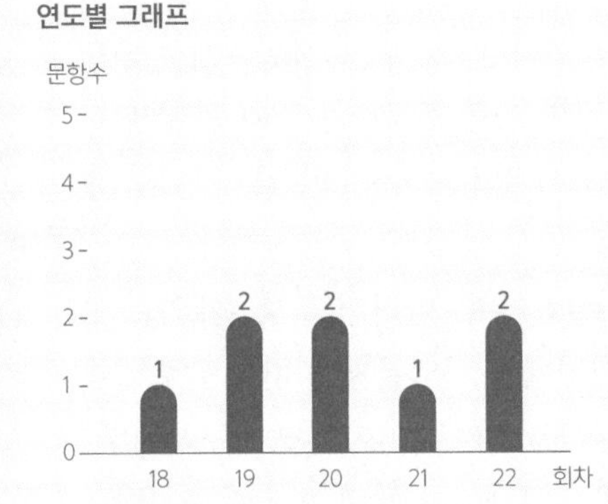


평균출제문항수

**1.6** 문항

## 2단계 학습전략

데이터의 힘을 믿으세요!
강의로 복습하는 **기출회독 시리즈**

3회독 복습과정을 통해
최신 기출경향 파악

## 최근 10개년 핵심 키워드

| | | |
|---|---|---|
| 기출회독 **040** | 실험설계의 유형별 특징 | 16문항 |
| 기출회독 **041** | 실험설계의 특성 | 1문항 |

기본개념 완성을 위한 **학습자료 제공**

기본개념 강의, 기본쌓기 문제, O X 퀴즈, 기출문제, 정오표, 묻고답하기, 지식창고, 보충자료 등을 **아임패스**를 통해 만나실 수 있습니다.

| 기출회차 | | | | |
|---|---|---|---|---|
| 1 | **2** | 3 | 4 | 5 |
| 6 | 7 | 8 | **9** | 10 |
| 11 | **12** | 13 | **14** | 15 |
| 16 | 17 | 18 | 19 | **20** |
| 21 | 22 | | | |

강의로 복습하는 기출회독 시리즈

Keyword 041

# 1 실험

• 연구문제가 선정되고 이에 따른 가설을 세운 후 가설에 포함된 개념과 변수를 정의하면 그 다음에는 설정된 가설을 어떻게 실제로 검증할 수 있는지 그 방법을 계획해야 한다.

• 4장에서 살펴본 바와 같이 가설검증 방법을 계획하는 것을 조사설계라고 한다.

• 가설은 두 가지 이상의 변수 간 관계로 표현되기 때문에 조사설계에서 중요한 것은 연구 대상이 되는 변수(특히 독립변수)를 조작하는 것과 가설에 표현된 변수 이외의 변수들의 영향을 통제해서 알고자 하는 변수들 사이의 관계만을 가능한 정확히 알아내는 것이다.

• 인과관계를 규명하는 가장 좋은 방법은 실험이며, 따라서 조사설계의 유형은 얼마나 실험에 가까운 방식으로 조사설계를 하였는지에 따라 순수실험설계, 유사실험설계, 전실험설계, 비실험설계의 네 가지로 크게 구분된다. 각각의 유형을 이해하기 위해서는 '실험'이 무엇이며 어떤 요소로 구성되는지를 먼저 이해할 필요가 있다.

## 1. 실험조사연구의 의의

• 실험은 가능한 한 다른 변수들(외생변수들)은 영향을 주지 않도록 환경을 만들고, 그 속에서 독립변수와 종속변수의 인과관계를 알고자 하는 방법이다.

• 일반적으로 두 집단으로 나누어 한 집단에는 독립변수를 도입하고(실험집단), 다른 집단(통제집단)에는 도입하지 않은 상태에서 두 집단을 비교하여 독립변수가 종속변수에 미치는 영향을 평가한다. 이때, 실험에서 실험집단에게만 독립변수가 발생하도록 하는 것을 처치 또는 조작이라고 한다.

• 실험조사연구는 실험을 통해 자료를 수집하고 분석하는 연구이다.

• 자연과학에서의 실험은 주로 실험실 내에서 이뤄지지만(실험실 실험, laboratory-experiment), 사회과학은 실험실 내 실험보다 자연적인 상황에서 이루어지는 현지실험(field-experiment)의 경우가 더 많다.

• 사회과학 실험도 자연과학의 원리를 적용하여 그와 유사한 논리로 진행된다.

### (1) 실험조사연구의 예

| 행복한 교실이 집단응집력에 미치는 영향 |
|---|
| 행복한 교실이(독립변수) 집단응집력에(종속변수) 미치는 영향 |

T복지관에서 S중학교 40명 학생을 대상으로 사회사업 프로그램인 '행복한 교실'이 집단응집력에 영향을 미치는지 알아보려고 한다. 각각 20명씩 실험집단과 통제집단에 배치하고 연구자는 행복한 교실이 집단응집력을 향상시킬 것이라고 예측한다.

### (2) 실험조사설계의 일반적 절차[9]

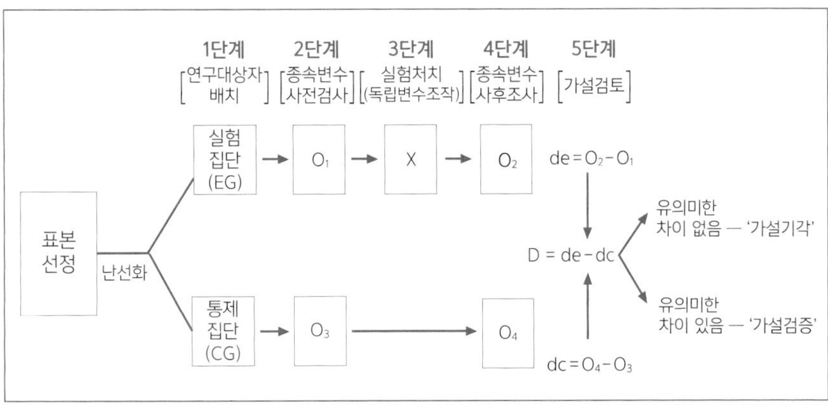


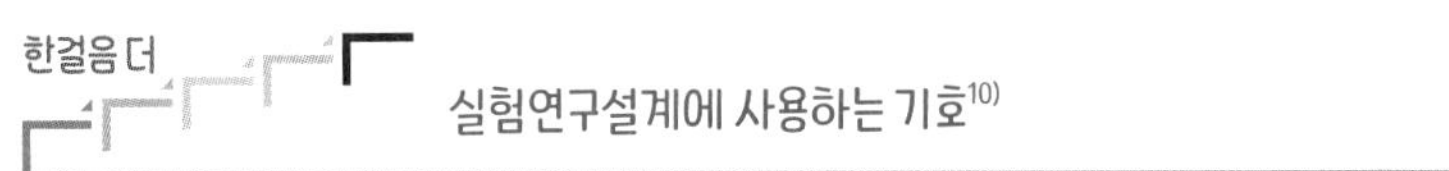


#### 실험연구설계에 사용하는 기호[10]

- $O_i$ 관찰값이나 측정값(i = 1, 2, 3... n 특정 시기에 독립적으로 이루어지는 관찰 또는 검사)
- X 실험조치(experiment), 실험처치(treatment), 실험자극(test stimulus), 독립변수(실험변수)의 조작
- R 무작위 할당(random assignment) 또는 무작위화(randomization)에 의한 실험집단 및 통제집단의 설정
- —— 무작위 할당에 의하여 동등하게 된 비교집단
- ----- 무작위 할당되지 않은 비교집단
- d 전후 차이를 의미(de: 실험집단의 전후비교 점수차, dc: 통제집단의 전후비교 점수차)
- D 실험조치(독립변수)의 영향(D = de - dc)
- EG 실험집단(Experimental Group)
- CG 통제집단(Control Group)

**실험조사설계의 기본 절차**

| | |
|---|---|
| 대상선정 | 연구대상의 표본 선정 |
| ⬇ | |
| 실험환경 | 실험환경을 선정(실험실, 현장 등) |
| ⬇ | |
| 무작위 표집 | 연구대상자를 무작위로 표본 추출 |
| ⬇ | |
| 무작위 할당 | 추출된 표본을 무작위적으로 실험집단과 통제집단에 배치 |
| ⬇ | |
| 사전검사 | 종속변수에 대한 사전검사를 실험집단과 통제집단에 실시 |
| ⬇ | |
| 실험처치 | 실험집단에 대해서만 실험처치를 실시 |
| ⬇ | |
| 사후검사 | 종속변수에 대한 사후검사를 실험집단과 통제집단에 실시 |
| ⬇ | |
| 비교 - 검증 | 사전-사후검사에서 측정한 종속변수의 측정값 사이에 통계적으로 의미있는 차이가 있는지 비교 검토 |

## 2. 실험의 특징[11)]

- 실험은 효율적이고 효과적으로 변수를 조작하고 통제하려는 것이다. 실험은 독립변수의 분산을 최대화하며 외생변수를 통제하고 오차분산을 최소화하기 위한 연구이다.
- 여러 변수 간의 인과관계(원인-결과)를 파악하고자 한다.
- 실험은 보다 체계적이고 정밀하게 인과관계를 파악하고, 독립변수를 의식적으로 조작한다는 측면에서는 실태조사와 다르다.
- 실험은 앞으로 일어날 변수관계에 대한 파악으로서 미래지향적이고, 문헌조사, 경험조사, 사례조사 등과 같은 사후연구와 구별된다. 사후연구는 이미 발생한 변수관계를 파악하는 것이라는 점에서 과거지향적이고, 변수를 조작할 수 없다.
- 실험은 변수의 조작과 통제가 이뤄진다는 점에서 현지연구와 구별된다. 현지연구는 현장에서 자연조건 아래에서 이뤄진다는 장점이 있으나 관찰에 있어 변수의 통제가 불가능하다.

실험조사연구와 서베이조사의 비교

| 실험조사연구 | 서베이조사 |
|---|---|
| 의식적으로 하나 이상의 독립변수를 조작하여 일정한 연구집단을 노출시킴으로써 종속변수의 변화상태를 관찰하는 방법이다. | 설문지, 면접, 전화 등을 이용하여 연구문제와 관련된 질문에 답하게 하여 실증적인 자료를 수집-분석하는 방법이다. |
| 변수들 간의 인과관계를 밝히기 위하여 변수를 조작하고 외생변수를 통제한다. | 변수의 조작이나 통제가 불가능하므로 변수들 간의 관계규명에 내적 타당도가 결여될 가능성이 있다. |
| 인과관계를 탐색하기 위해 미래의 상황을 사전적으로 탐색하는 연구이며, 변수 간의 발생순서나 독립변수의 영향을 명확히 규정할 수 있다. | 인과관계를 탐색하기 위해 사후적 연구(결과를 관찰하고 원인을 탐색)를 수행하기 때문에 변수 간의 관계를 명확히 규정할 수 없다. |
| 연구대상자의 수가 적어 양적으로 많은 정보를 얻기 어렵다. | 많은 사람들로부터 양적으로 많은 정보를 얻을 수 있다. |
| 장기간에 걸쳐 수행될 수 있으므로 시계열적인 자료의 획득이 가능하다. | 횡단조사를 시행하고 종료하기 때문에 시계열적인 정보를 얻기 어렵다. |
| 실험실 실험의 경우 현실성이 부족하지만 현지 실험은 현실을 적절히 반영할 수 있다. | 현실적인 상황에서 이뤄지기 때문에 현실을 반영하는 자료를 제공할 수 있다. |
| 한 번에 세 개 이상의 독립변수를 조작하기 어렵기 때문에 다양한 변수에 관한 자료를 얻기 어렵고 연구주제도 단편적이다. | 연관성 있는 여러 변수들에 관한 자료를 한 번의 조사를 통해서 얻을 수 있고 다양한 주제에 대해 연구할 수 있다. |

**합격자의 한마디**

인과관계를 확인하기 위해 가장 확실한 것은 독립변수를 발생시키고 나서 종속변수가 발생하거나 변하는지 직접 관찰하는 것입니다. 이를 위해서 실험은 독립변수를 도입하고 난 후 종속변수의 변화를 비교하는 방식을 취하지만, 서베이조사의 경우 독립변수와 종속변수의 전후 관계를 확인할 수 있는 장치 없이 한 시점에서 조사하기 때문에 인과관계가 성립하기 위한 기본 요건인 시간적 우선성조차도 확인하기 어렵습니다.

# 3. 실험조사연구의 장단점

## (1) 장점

### ① 명확한 인과관계 규명

연구자의 의도에 따라 독립변수를 조작하면서 효과를 관찰할 수 있다.

### ② 통제

순수실험의 경우 최대한의 통제를 행하기 때문에 신뢰할 수 있다.

### ③ 종단적 분석가능

장기간에 걸친 연구를 가능하게 해준다.

### ④ 연구방향 조정가능

실험조건을 연구자가 임의로 조작하여 원하는 방향으로 진행시킬 수 있다.

⑤ **반복적 연구가능**

실험상황을 다시 조성하게 되면 반복적으로 동일하거나 유사한 연구를 다시 수행할 수 있어 연구의 보편성과 일반성을 높일 수 있다.

### (2) 단점

① **인위적인 환경**

실험환경이 인위적이므로 현실성이 결여될 수 있다.

② **실험자 효과**

대상자가 실험자의 기대에 따라 의도적으로 행동함으로써 실험결과에 영향을 미칠 수 있다.

③ **표본의 크기**

사회과학은 주로 집단을 대상으로 하기 때문에 집단의 크기가 클수록 실험실 연구는 어렵고, 그만큼 외생변수의 영향도 많이 받게 된다.

④ **표본의 비대표성**

표집된 연구대상이 모집단의 특성과 이질적인 경우가 많다.

⑤ **가치-윤리 문제**

가치-윤리적 문제를 제대로 다룰 수 없기 때문에 인간 행태문제와 관련된 실험의 연구결과는 항상 제한이 있다.

⑥ **적용범위의 제한**

엄격한 실험적 상황을 수립하여 변수를 통제하고 조작하기 어려운 대상이 많다.

⑦ **적용가능성의 문제**

복잡한 사회문제를 실험이라는 방법으로 규명하는 데 한계가 있다.

⑧ **과학성의 우려**

자연과학 분야에서 이뤄지는 고도의 과학성을 사회과학 분야에도 확보할 수 있는가의 문제가 있다.

# 4. 실험조사설계의 기본 요소

중요도 ★★

실험은 여러 조사방법들 중에서 인과관계를 밝히는 가장 좋은 방법이며, 다양한 조사설계 유형은 실험의 요건을 얼마나 충족하는가에 따라 분류된다. 따라서 실험의 기본 요소가 무엇인지를 파악하는 것이 매우 중요하다.

- 실험조사설계는 가능한 내적 타당도(종속변수의 변화가 독립변수에 어느 정도 의존하는지)를 위협하는 요인들을 제거해서 인과관계를 보다 명확히 규명하고자 하는 설계방법이다.
- 실험의 기본적인 구성은 1) 실험대상을 실험집단과 통제집단에 무작위 할당하고, 2) 독립변수(사회복지실천에서는 일반적으로 프로그램 또는 개입방법)를 실험집단에 도입하며, 통제집단에는 도입하지 않고, 3) 실험집단과 통제집단이 종속변수에서 보이는 변화를 비교하는 것이다.

### (1) 종속변수의 비교(comparison) 꼭!

비교란, 실험집단과 통제집단 간의 종속변수를 비교하거나 실험 전후에 검사를 통해서 종속변수에 차이가 있는지 알아보는 것이다. 비교 방법을 통해 두 변수가 상관관계(공변관계)에 있는지를 알 수 있다.

**실험조사설계의 기본 요소**
- 종속변수의 비교
- 독립변수의 조작
- 외생변수 통제
- 실험대상의 무작위화

### (2) 독립변수의 조작(manipulation) 꼭!

독립변수의 조작이란, 연구의 초점이 되는 현상 가운데 원인이 되는 변수인 독립변수를 실험자가 인위적으로 변화시키는 것을 말한다. 즉, 연구자가 의도적으로 한 집단에는 독립변수를 발생시키고 다른 집단에는 발생하지 않도록 한 후, 독립변수의 조작이 종속변수에 미치는 영향을 관찰하는 것을 의미한다.

예 학교사회사업 프로그램에 참여시키는 것, 또는 참여시키지 않는 것

### (3) 외생변수의 통제(control) 꼭!

외생변수란 종속변수에 영향을 미칠 수 있는 변수로서 이 영향을 제거하지 못하면 독립변수와 종속변수 사이의 인과관계를 정확히 파악하는 데 문제가 생기게 된다. 다시 말해 종속변수의 변화가 나타나더라도 이것이 제3의 변수들에 의한 것이라면 인과관계를 왜곡해서 이해하게 되므로 두 변수 이외의 변수들의 영향을 제거해야 하는데, 이것을 외생변수의 통제라고 한다.

보충자료
실험조사설계의
내적 타당도 저해요인


### (4) 실험대상의 무작위화(randomization) 꼭!

- 실험설계에서 독립변수가 도입되기 이전의 두 집단(실험집단과 통제집단)은 가능한 한 집단이 동질적일수록 실험의 내적 타당도가 높아진다. 따라서, 연구대상을 두 집단으로 나눌 때는 가능한 두 집단의 차이가 적도록 무작위 할당/난선화(random assignment)하는 것이 필요하다.

- 무작위화는 연구대상을 확률표본추출의 방법을 통해서 두 집단으로 나눔으로써 두 집단의 속성을 비슷하게 만들고자 하는 것이다. 연구대상의 크기가 충분히 크다면 무작위화를 통해서 두 집단의 속성은 상당히 비슷해질 가능성이 높다.
- 연구대상의 특성과 연구의 상황에 따라 짝짓기/배합(matching)의 방법을 사용하여 두 집단의 차이를 줄일 수도 있다.

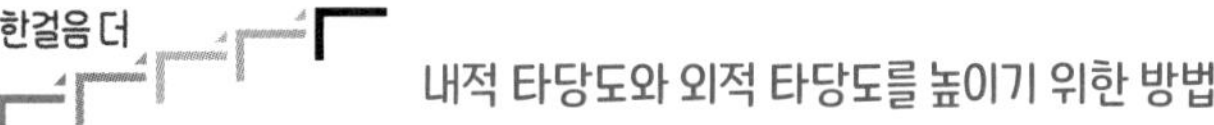


내적 타당도와 외적 타당도를 높이기 위한 방법

**1. 내적 타당도 저해요인 통제방법(내적 타당도 확보 방법)**

- 배합(matching): 실험집단과 통제집단을 동일하게 배합하는 방법
- 난선화(randomization): 대상자들을 실험집단과 통제집단에 무작위로 배치하는 방법, 대상자에게 일련번호를 붙여서 난수표를 이용하여 해당하는 번호의 대상자를 실험집단과 통제집단에 번갈아 배치하는 방법
- 통계적 통제(statistical control): 사전 점수를 통제한 후 사후 점수에 있어 집단 간 차이를 분석하는 공분산분석(ANOVA), 부분상관관계(Partial Correlation) 분석 실시
- 통제집단에 대한 서비스 제공: 새로운 프로그램(개입)이 서비스를 전혀 받지 않은 것보다 나은지를 확인하기보다는 기존의 프로그램보다 더 효과적인지를 결정하고자 할 때 사용[12)]

**2. 외적 타당도 저해요인 통제방법(외적 타당도 확보 방법)**

- 확률적 또는 무작위표본추출방법 적용
- 표본의 크기를 크게 함
- 가실험효과(플라시보 효과)를 제거하기 위한 가실험 통제집단 설계 활용

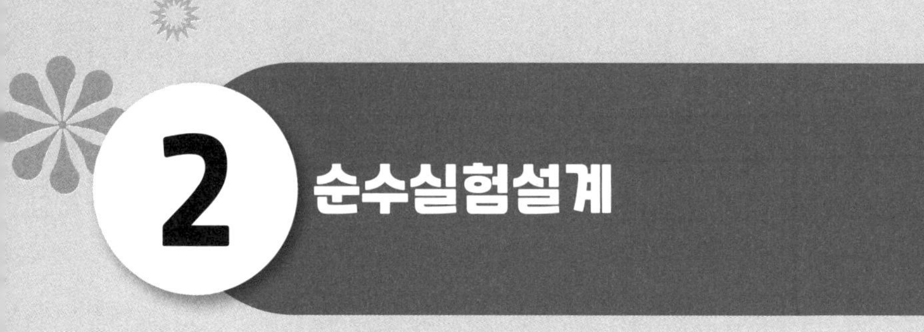


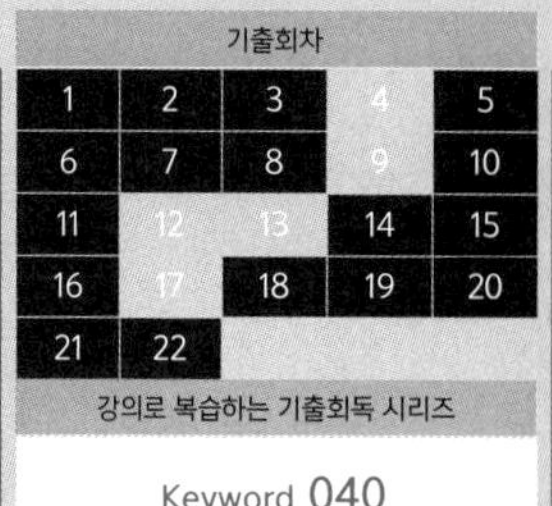


## 1. 순수실험설계의 특징

중요도 ★★★

순수실험설계는 실험의 요건인 무작위 할당, 독립변수 조작, 종속변수의 비교, 외생변수 통제를 모두 갖춘 조사설계로서 유사실험설계나 전실험설계보다 인과관계에 대한 설명력이 높다. 그러나 엄격한 통제로 인하여 현실세계에 일반화하는 데는 다소 제약이 있다. 즉, 내적 타당도는 높으나 외적 타당도는 떨어진다는 것을 기억해두자.

순수실험설계는 그냥 실험설계라고 쓰이기도 하고 교재에 따라 진실실험설계라고 번역되기도 한다. 이 설계는 실험의 기본 요소인 무작위 할당, 통제집단, 독립변수의 조작, 종속변수에 대한 사전-사후검사 및 비교 등을 모두 갖추고 있어 내적 타당도 저해요인들을 최대한 통제한 설계 유형이다. 즉, 연구대상을 무작위로 실험집단과 통제집단에 배치하고 실험집단에만 독립변수를 도입한 후 양 집단의 종속변수의 변화를 비교한다.

## 2. 순수실험설계의 유형 22회 기출

중요도 ★★★

최근 시험에서는 순수실험설계에 관한 내용이 단독으로 출제되는 것을 넘어서 순수실험설계, 유사실험설계, 전실험설계의 세부 유형별 특징을 비교하는 문제의 형태로 출제되고 있으므로, 각 유형의 특징과 차이에 대해서 반드시 확인하고 넘어가자. 22회 시험에서는 사례를 제시하고 이에 해당하는 설계(통제집단 사전사후검사 설계)의 특징을 묻는 문제가 출제되었다.

### (1) 통제집단 사전사후검사 설계(통제집단 전후비교 설계) 꼭!

| 실험집단 | R $O_1$ X $O_2$ | $de = O_2 - O_1$ | $\therefore D = de - dc$ |
|---|---|---|---|
| 통제집단 | R $O_3$ $O_4$ | $dc = O_4 - O_3$ | |

- 인과관계 추정을 위한 가장 전형적인 방법이다.
- 무작위 할당을 통해서 실험집단과 통제집단을 배치하고, 실험처치를 하기 전에 양 집단에 사전검사를 실시한다. 이후 실험집단에만 실험처치를 한 후 양 집단에 사후검사를 실시하여 두 집단의 변화를 비교한다.
- 대상자들이 실험집단과 통제집단에 무작위로 할당되었기 때문에 실험집단과 통제집단은 동일하다고 전제한다.
- 실험집단과 통제집단이 동일하다는 전제하에서는 선정상의 편견이 발생하지 않으며, 우연한 사건이나 성장요인, 통계적 회귀 등의 내적 타당도 저해요인도 통제할 수 있다.
- 사전검사에 의한 검사효과의 영향을 받을 수 있으나, 실험집단과 통제집단 간의 비교를 통해 어느 정도 통제할 수는 있다. 실험집단에서 동일한 검사가 반복된 것이 연구의 결과에 영향을 미친다면, 통제집단에서도 똑같은 현상이 발생할 것이기 때문이다.

- 사전검사와 실험처치가 상호작용을 일으켜 생기는 상호작용시험효과(interaction-testing effect)로 인해 실험결과를 다른 상황에 일반화시키기 어려운 외적 타당도상의 문제가 나타날 수 있다.
- 상호작용시험효과란, 실험대상자가 사전 측정을 하고 난 후 실험처치를 받아들이는 강도가 달라지는 것을 말한다. 예를 들어, 우울증 완화 프로그램의 효과를 알기 위해 우울증을 사전 측정했다고 하자. 측정대상자들이 사전 측정과정에서 자신의 우울증이 심각하다는 것을 자각하게 되면 우울증 완화 프로그램에 더 적극적으로 참여할 것이고, 이러면 우울증이 경감될 가능성이 높아지는데, 과연 우울증 경감이 프로그램 때문인지 사전 측정의 영향인지를 구분할 수 없다. 따라서 이 프로그램을 우울증 완화에 좋은 프로그램이라고 일반화시키기 어려울 것이다.

### (2) 통제집단 사후검사 설계(통제집단 후 비교 설계) 꼭!

| | | | | |
|---|---|---|---|---|
| 실험집단 | R | X | $O_1$ | $\therefore D = O_1 - O_2$ |
| 통제집단 | R | | $O_2$ | |

- 통제집단 사전사후검사 설계에서 사전검사를 실시하지 않는 방법이다.
- 연구대상에 대한 무작위 할당이 이미 실험집단과 통제집단을 동질화시킬 수 있다고 가정하고 사후검사만을 통해서 집단 간의 차이를 발견한다.
- 사전검사를 실시하지 않으므로 검사효과와 상호작용시험효과가 발생하지 않아, 검사효과로 인한 내적 타당도 문제나 상호작용시험효과로 인한 외적 타당도 문제를 감소시킬 수 있다.
- 실험집단과 통제집단을 사용함으로써 동일한 외적인 상황을 경험하고 같은 정도로 성숙되어 가기 때문에 내적 타당도 저해요인도 제거할 수 있다.
- 두 집단의 무작위 할당으로 선택의 편의도 통제할 수 있다.
- 최초의 상태를 정확히 파악할 수 없으므로 결과를 단정하기 어렵다는 단점이 있다. 따라서 독립변수의 영향력을 검증하고자 하는 목적을 가진 연구라면 적합하지 않은 설계이다. 사후검사의 결과를 비교하여 독립변수 효과의 유무는 파악할 수 있지만 사전검사를 실시하지 않으므로 사전과 사후의 변화를 정확히 알 수는 없다.

### (3) 솔로몬 4집단 설계 ★꼭!

| | | | |
|---|---|---|---|
| 실험집단 | R $O_1$ X $O_2$ | $de_1 = O_2 - O_1$ | $\therefore D = de_1 - I$ |
| 통제집단 | R $O_3$ $O_4$ | $dc_1 = O_4 - O_3$ | $\therefore I = de_1 - (dc_1 + de_2 - dc_2)$ |
| 실험집단 | R X $O_5$ | $de_2 = O_5 - (O_1 + O_3)/2$ | |
| 통제집단 | R $O_6$ | $dc_2 = O_6 - (O_1 + O_3)/2$ | |

$de_1 = O_2 - O_1$(검사효과+상호작용시험효과+주효과+외생변수효과)
$dc_1 = O_4 - O_3$(검사효과+외생변수효과)
$de_2 = O_5 - (O_1 + O_3)/2$(주효과+외생변수효과)
$dc_2 = O_6 - (O_1 + O_3)/2$(외생변수효과)

$(O_1+O_3)/2$: 두 번의 사전검사의 평균값으로 사전검사를 하지 않은 실험집단과 통제집단에서 추정치로 사용

D(주효과) = $de_1 - dc_1 - I$[(검사효과+상호작용시험효과+주효과+외생변수효과)-(검사효과+외생변수효과)]-(상호작용시험효과)

I(상호작용시험효과) = $de_1 - (dc_1 + de_2 - dc_2)$(검사효과+상호작용시험효과+주효과+외생변수효과) -[(검사효과+외생변수효과)+(주효과+외생변수효과)-(외생변수효과)]

- 통제집단 사전사후검사 설계와 통제집단 사후검사 설계가 결합된 형태이다.
- 사전검사로 인한 검사효과의 영향을 통제하기 위해 통제집단 사전사후검사 설계에 사전검사를 실시하지 않는 또 다른 실험집단과 통제집단을 추가한 설계이다.
- 장점: 내적 타당도가 가장 높은 설계이다. 주시험효과, 상호작용시험효과, 기타 외생변수로 인한 효과를 배제하여 개입의 순수한 주효과를 밝힐 수 있다.
- 단점: 4개의 집단을 무작위로 선정하는 어려움과 복잡성, 비용적 문제 등으로 인해 현실적으로 이용하는 데 어려움이 있다.

**검사효과를 통제할 수 있는 실험설계**

솔로몬 4집단 설계, 통제집단 사후검사 설계

한걸음 더

**순수실험설계의 유형**

| 유형 | 무작위 할당 | 통제 집단 | 사전 검사 | 사후 검사 | 특징 |
|---|---|---|---|---|---|
| 통제집단 사전사후검사 설계 | ○ | ○ | ○ | ○ | 사전검사를 실시하기 때문에 검사효과와 상호작용시험효과가 발생할 수 있음 |
| 통제집단 사후검사 설계 | ○ | ○ | × | ○ | 사전검사를 실시하지 않기 때문에 검사효과와 상호작용시험효과가 발생하지 않음 |
| 솔로몬 4집단 설계 | ○ | ○ | ○ | ○ | • 4개 집단(실험집단 2, 통제집단 2)으로 구성<br>• 사전검사를 하지 않고 사후검사만 하는 집단은 2개, 사전검사와 사후검사를 모두 하는 집단은 2개 |

### (4) 요인 설계

- "A는 B와 C에 의해 영향 받을 것이다"와 같은 가설에서처럼 독립변수가 두 개 이상일 때 적용되는 설계이다.
- 독립변수 속성에 따라 할당행렬(quota matrix)을 만들고, 행렬상의 각 범주에 따라 실험 및 통제집단을 설정하고, 개별 독립변수와 종속변수 간의, 그리고 2개 이상의 독립변수가 상호작용하여 종속변수와 갖게 되는 인과관계를 검증하기 위한 설계이다.
- 각 집단 간의 차이는 변량분석(ANOVA)과 같은 통계적 기법을 활용하여 통계적 유의도(technical significance)를 파악한다.
- 통제집단을 설정하지 않는 것이 일반적이지만, 비교를 위해 통제집단이 설정될 수 있다.
- 장점: 두 개 이상의 독립변수가 상호작용하면서 종속변수에 미치는 영향을 파악할 수 있다. 상호작용 효과를 앎으로써 독립변수의 종속변수에 대한 영향을 보다 정확히 이해할 수 있다. 조사결과의 일반화 가능성(외적 타당도)이 높다. 요인설계는 한 가지 이상의 독립변수 각각의 다른 영향을 인정한 가운데서 개별 독립변수의 영향을 보는 것이므로 조사결과의 일반화 정도가 높아지게 되고 이는 곧 외적 타당도를 높인다.
- 단점: 고려해야 할 독립변수의 수가 많은 경우, 시간과 비용 면에서 효율적이지 못하다. 예를 들어, 독립변수가 3개인 경우, 총 8개의 집단을 무작위로 할당하여 각 집단에 맞는 처치를 가해야 한다.

예 청소년들에게 도예 프로그램과 음악 프로그램을 실시하면 청소년들의 감성지수가 향상된다.
(도예 프로그램과 음악 프로그램: 두 개 이상의 독립변수 / 감성지수: 종속변수)

| | | 도예 프로그램 | |
|---|---|---|---|
| | | 참여 | 불참 |
| 음악 프로그램 | 참여 | $G_1$ | $G_3$ |
| | 불참 | $G_2$ | $G_4$ |

- $G_1$ R $X_1$ $O_1$
- $G_2$ R $X_2$ $O_2$ 도예 프로그램의 효과 $= O_2 - O_4$
- $G_3$ R $X_3$ $O_3$ 음악 프로그램의 효과 $= O_3 - O_4$
- $G_4$ R $O_4$ 두 프로그램의 상호작용효과 $= O_1 - O_4$

### (5) 가실험 통제집단 설계

| | | | | |
|---|---|---|---|---|
| **실험집단** | R | X | $O_1$ | 실험효과 $E = O_1 - O_2$ |
| **통제집단** | R | | $O_2$ | 가실험효과(위약효과) $Ep = O_3 - O_2$ |
| **가실험집단** | R | $X_p$ | $O_3$ | 순수실험효과 $E - Ep = O_1 - O_3$ |

통제집단 사후검사 설계(혹은 통제집단 사전사후검사 설계)에 가실험효과(위약효과)를 측정할 수 있는 집단을 추가적으로 결합해 만든 설계이다. 가실험이란 실제적인 내용은 없으나 실험처치를 받는 것처럼 만들어진 실험처치이다. 예를 들어, 신약의 효과를 실험할 때 약효는 없고 모양만 약과 유사한 것을 먹도록 하는 것이다.

# 3 유사실험설계

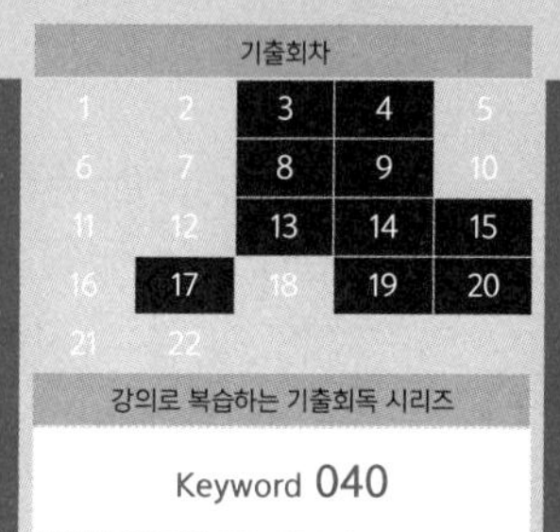


중요도 ★★★

유사실험설계는 실험설계의 기본 요소 중 한두 가지가 결여된 설계이며, 대표적으로 무작위 할당을 할 수 없는 경우가 많다. 따라서 내적 타당도는 순수실험설계보다 떨어지지만 보다 현실적으로 연구를 수행하기 때문에 외적 타당도는 순수실험설계보다 높은 경우가 많다.

## 1. 유사실험설계의 특징

- 유사실험설계는 의사실험설계 혹은 준실험설계라고도 한다. 이 설계는 실험설계의 기본 요소인 무작위 할당, 통제집단, 독립변수의 조작, 사전-사후검사 중 한두 가지가 결여된 설계이다.
- 내적 타당도에서는 순수실험설계보다 조금 떨어지지만, 순수실험설계를 위해 인위적인 통제와 조작을 한다는 것이 현실적으로는 어렵다는 한계가 있어 실제 연구에서는 유사실험설계를 더 많이 이용한다. 또한, 순수실험설계보다 현실적인 측면을 고려하기 때문에 엄격히 통제된 상태에서 이루어진 조사결과보다 일반화가 용이하다. 즉, 순수실험설계에 비해 내적 타당도는 떨어지지만 외적 타당도는 높은 경우가 많다.

중요도 ★★★

유사실험설계 각각의 유형에 관한 특징을 묻는 문제가 주로 출제되고 있다. 최근 시험에서는 유사실험설계 외에 전반적인 실험설계 유형의 특징을 비교하는 유형이 출제되므로 순수실험설계, 전실험설계 유형들과도 비교해보면서 특징을 이해해야 한다.

## 2. 유사실험설계의 유형

### (1) 단순시계열 설계/시간연속 설계 ★꼭!

$$O_1\ O_2\ O_3\ O_4\ \ X\ \ O_5\ O_6\ O_7\ O_8$$

- 독립변수를 노출시키기 전후에 일정 기간을 두고 정기적으로 몇 차례(독립변수 전후에 각각 최소 3번 이상) 종속변수를 측정하는 방법이다.
- 통제집단을 별도로 두지 않고 그 대신 실험처치로 인한 효과 확인을 위해 동일집단 내 여러 번에 걸쳐 실시된 사전검사 점수와 사후검사 점수를 비교한다.
- 비교적 높은 내적 타당도를 가지지만, 통제집단을 사용하지 않기 때문에 종속변수의 변화가 우연한 사건들의 영향을 받았을 가능성을 배제하지 못한다.
- 독립변수의 효과성은 사전검사 측정치의 합과 사후검사 측정치의 합을 비교하거나 각각의 평균치를 비교해서 계산한다.

예 장애인 근로자 전용 공장인 '자립공장'에 근무하는 장애인 근로자 가운데 임의로 15명을 선택하여 장애인 근로자의 직장 적응을 위한 사회훈련(독립변수)을 실시하고, 훈련 실시 전후 각 4회씩 관찰하였다. 관찰값은 매번 관찰 때마다 장애인 근로자 15명의 평균치로 기록하였다. 훈련 실시 전에 비해 장애인 근로자의 직장만족도(종속변수)는 현저히 향상되었다. 따라서, 사회기술훈련은 장애인 근로자의 직장만족도를 증가시킨다고 말할 수 있다.

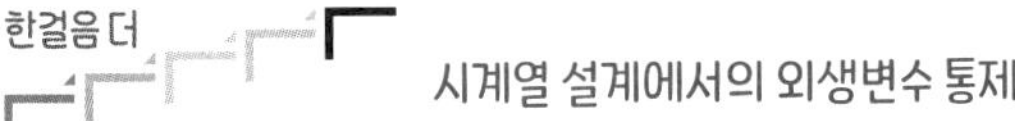


### 시계열 설계에서의 외생변수 통제

시계열 설계에서는 통제집단을 별도로 두지 않는다. 그렇다면 독립변수 이외의 요인들이 종속변수에 미치는 영향을 어떻게 통제할까? 그것은 바로 종속변수에 대한 '반복측정'을 통해서이다.

예를 들어, 과제중심모델에 입각한 개입방법(독립변수)이 청소년의 흡연문제(종속변수)에 미치는 영향을 알기 위해 개입 전후에 단 한 번씩만 흡연정도를 측정했다고 가정하자. 개입 1주일 전 특정 요일 하루 동안의 흡연량은 총 20개피였고, 개입 종료 후 1주일 뒤 특정 요인 하루 동안 흡연량은 5개피였다고 하면, 우리가 이 정보를 통해 유추할 수 있는 개입의 효과는 총 15개피의 차이이다. 그러나 15개피의 감소가 모두 개입 때문에 발생한 효과일까? 이 중 다른 요인들이 개입된 효과가 포함되어 있더라도 그게 어느 정도인지 이 정보만 가지고는 알 수도 없고 따라서 그것을 통제한 보다 순수한 개입의 효과를 알 수도 없다.

그러나 개입 전후에 반복측정을 한다면, 개입이 있기 전에 일상적인(혹은 평균적인) 수준이 어느 정도인지를 보다 정확히 파악할 수 있고, 마찬가지로 개입이 있은 후 어쩌다 우연히 있었던 변화가 아니라 일상적인(혹은 평균적인) 수준이 어느 정도인지 또한 파악할 수 있다. 예를 들어, 개입 전에 매주 1회씩 4주간 측정했더니 흡연량이 15개피, 19개피, 18개피, 20개피였고, 개입 후에도 마찬가지로 4주간 측정했더니 5개피, 10개피, 11개피, 10개피였다고 하자. 전후 1주일에 딱 한 번만 측정했다면 개입의 효과가 20 – 5=15로 계산되지만, 평균 18개피에서 9개피로 감소하여 개입으로 인한 효과는 9로 계산된다. 즉, 단 한 번의 측정값만으로 계산했을 때 개입효과라고 보여진 15개피 중에서 과제중심모델 개입으로 인해 감소한 흡연량은 9개피 정도이고, 나머지 6개피는 개입이 아닌 다른 요인에 의해 감소한 흡연량이라고 추정할 수 있다.

## (2) 복수시계열 설계 꼭!

| | | | |
|---|---|---|---|
| 실험집단 | $O_1\ O_2\ O_3\ O_4$ | X | $O_5\ O_6\ O_7\ O_8$ |
| 통제집단 | $O_9\ O_{10}\ O_{11}\ O_{12}$ | | $O_{13}\ O_{14}\ O_{15}\ O_{16}$ |

- 복수시계열 설계는 단순시계열 설계의 우연한 사건 등에 의한 내적 타당도의 문제점을 개선하기 위해 단순시계열 설계에 통제집단을 추가한 것이다.
- 비슷한 특성을 지닌 두 집단을 선택하여 실험집단에 대해서는 실험변수를 도입하기 전에 여러 번 관찰하고 실험변수를 도입한 후 다시 여러 번 관찰한다. 통제집단에 대해서는 실험변수를 도입하지 않고, 실험집단의 측정시기에 맞춰 계속 관찰하여 종속변수의 변화상태를 비교하는 것이다.
- 통제집단을 사용함으로써 내적 타당도 저해요인을 크게 감소시킬 수 있으나 무작위 할당이 이루어지지 않으므로 실험집단과 통제집단이 이질적일 가능성이 크다.

예 장애인 근로자 전용 공장인 '자립공장'에 근무하는 장애인 근로자 가운데 임의로 15명을 선택하여 실험집단에 배치하고 다른 15명을 뽑아 통제집단에 배치하였다. 실험집단에는 사회기술훈련을 실시하고 통제집단에 대해서는 실시하지 않았다. 사회기술훈련을 실시하기 전후 각 4회씩 양 집단에 대해 직장만족도를 관찰한 결과 훈련을 받은 실험집단의 직장만족도가 현저히 높게 나타났다.

### (3) 비동일 통제집단 설계

| | | | | | |
|---|---|---|---|---|---|
| 실험집단 | $O_1$ | X | $O_2$ | $de = O_2 - O_1$ | $\therefore D = de - dc$ |
| 통제집단 | $O_3$ | | $O_4$ | $dc = O_4 - O_3$ | |

- 실험조사설계의 통제집단 사전사후검사 설계와 유사하지만 단지 무작위 할당에 의해 실험집단과 통제집단이 선택되지 않은 점이 다르다. 임의적인 방법으로 양 집단을 선정하고 사전-사후검사를 실시하여 종속변수의 변화를 비교하는 것이다.
- 실험집단과 통제집단이 무작위로 배치되지 않았기 때문에 두 집단의 초기 상태가 동일하지 않을 가능성이 크다. 따라서 실험 후 발생한 두 집단 간의 차이가 순전히 실험처치 여부에 의한 것인지 아니면 원래부터 존재하던 집단 간의 속성 차이가 실험처치나 종속변수에 영향을 미친 것인지를 정확히 구별하기 힘들다.
- 실험집단과 통제집단의 비동일성이 실험결과에 영향을 미칠 수 있다고 상정되는 다른 요인들, 예를 들어 우연한 사건(history)이나 성숙효과(maturation effect) 등과 상호작용함으로써 연구의 내적 타당도를 저해할 수 있다.
- 사전검사가 실험처치와 실험대상에 상호작용하여 발생하는 효과가 있을 수 있다. 이러한 효과는 실험의 결과를 다른 대상과 상황에 일반적으로 적용하기 어렵게 만들어 외적 타당도를 저해할 수 있다.[20]
- 두 집단 간의 교류 등을 통제하지 못해 실험집단의 결과가 통제집단으로 모방되거나 확산되는 효과 등을 제거하지 못하는 단점도 있다.

한걸음 더

### 유사실험설계의 유형

| 유형 | 무작위 할당 | 통제 집단 | 사전 검사 | 사후 검사 | 특징 |
|---|---|---|---|---|---|
| 단순시계열 설계 | × | × | ○ | ○ | 실험처치 전후로 수차례의 사전검사와 사후검사를 실시 |
| 복수시계열 설계 | × | ○ | ○ | ○ | 통제집단이 존재, 무작위 할당 ×, 수차례의 사전검사와 사후검사를 실시 |
| 비동일 통제집단 설계 | × | ○ | ○ | ○ | 무작위 할당을 제외하고 통제집단 사전 사후검사 설계와 유사 |

한걸음 더

### 유사실험설계가 순수실험설계보다 외적 타당도가 높은 이유

사회조사에서 순수실험조사설계의 적용이 현실적으로 불가능하거나 어려우면 차선책으로 순수실험조사설계에 가까운 설계형태를 고안하여 변수 간의 인과관계를 분석하게 되는데 이 경우 많이 활용하는 방법이 유사실험설계이다. 즉, 유사실험설계는 실험설계의 기본 요소인 통제집단, 무작위 할당, 독립변수의 조작, 사전/사후검사 비교 중 한두 가지가 결여된 설계로, 인과관계의 엄격성을 뜻하는 내적 타당도에서는 순수실험설계보다는 떨어지지만, 실험설계의 기본 요건의 엄격성에 있어서는 순수실험설계보다 다소 완화된 수준이기 때문에 연구에 대한 일반화 가능성이 높다. 즉, 외적 타당도가 높다.

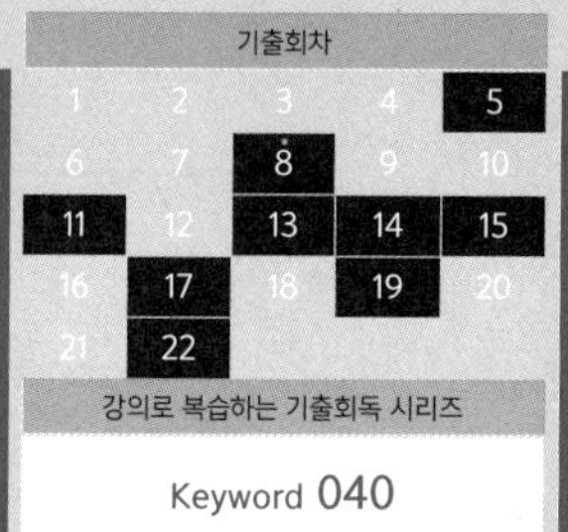

중요도 ★★

전실험설계의 특징은 단독 문제로 출제되지는 않지만 순수실험설계, 유사실험설계와 함께 그 특징을 비교하는 문제에서 선택지로 자주 등장하므로 반드시 정리해야 한다.

## 1. 전실험설계의 특징

전실험설계는 원시실험설계라고도 한다. 이 설계는 무작위 할당으로 연구대상자를 나누지 않고, 비교집단(통제집단)이 선정되지 않거나 선정되더라도 동질성이 없으며, 독립변수의 조작에 의한 변화 관찰이 한두 번 정도로 제한된 설계이다. 따라서 내적 타당도와 외적 타당도 저해요인을 거의 통제하지 못한다.

중요도 ★★

실험설계 요소들의 충족요건이 떨어지는 전실험설계와 비실험설계의 경우, 현실적인 한계와 용이성 때문에 실제로 많이 사용되는 설계 유형이다. 각 설계 유형의 장단점에 대해서도 기본적으로 알아두자. 22회 시험에서는 사례를 제시하고 이에 해당하는 설계(정태적 집단비교 설계)를 찾는 문제가 출제되었다.

## 2. 전실험설계의 유형 22회 기출

### (1) 1회사례 설계/단일사례연구

| X　　O |
|---|

- 어떤 단일 집단에 실험처치를 하고, 그 후에 그 집단의 종속변수의 특성을 검사하여 결과를 평가하는 방법이다. 비교 관찰도 없이 단 한번으로 독립변수의 효과를 판단해야 하므로 인과관계를 추론하는 데 문제가 있다.
- 1회 사례연구는 탐색적 목적으로 수행되는 경우에는 유용할 수 있다.

### (2) 단일집단 사전사후검사 설계

| $O_1$　　X　　$O_2$　　　　$\therefore D=d=O_2-O_1$ |
|---|

- 조사대상자에 대해서 사전검사를 실시하고 독립변수를 도입한 후 사후검사를 실시하여 인과관계를 추정하는 연구이다.
- 내 · 외적 타당도 저해요인들이 작용할 수 있기 때문에 인과관계를 추론하거나, 다른 상황에까지 일반화시키는 데는 많은 한계가 있다.

### (3) 정태적 집단비교 설계(고정집단 비교 설계, 비동일집단 사후검사 설계)

| | | | |
|---|---|---|---|
| 실험집단 | X | $O_1$ | $\therefore D = d = O_1 - O_2$ |
| 통제집단 | | $O_2$ | |

- 실험집단과 통제집단을 임의적으로 선정하고 실험집단은 독립변수를 도입한 후 사후검사를, 통제집단은 독립변수를 도입하지 않고 사후검사를 실시한다. 이 방법은 통제집단 사후검사 설계에서 무작위 할당만 제외된 형태이다.
- 이 방법은 실험집단과 통제집단이 무작위로 할당된 것이 아니라 배합 등의 방법에 의해 동질적인 특성의 집단으로 선정되지만 무작위 할당이 아니므로, 선정상의 편의(selection bias)가 독립변수 조작과 상호작용할 수 있다. 또한, 종속변수의 변화는 처음부터 다른 이질적인 두 집단의 특성 차이에 의한 것인지 아니면 실험처치에 의한 것인지를 판단하기가 어렵다. 따라서 내적 타당도와 외적 타당도가 낮아진다.

비실험설계

실험적인 연구방법을 사용할 수 없는 상황에서 실시되는 실험설계이다(독립변수의 조작과 대상 선정이 불가능할 경우). 현실적인 한계와 용이성 때문에 사회과학 전반에 있어서 실제로 비실험 연구가 많이 이용되고 있다. 그러나 비실험연구는 독립변수를 조작할 수 없는 점, 연구대상을 난선화할 수 없는 점, 부적절한 해석을 하게 될 위험성이 있다는 점 등의 단점이 있다.

- 일원적 설계(univariate design): 특정 사건이나 현상의 발생, 인구집단의 특성, 개인-집단적 경험 등을 기술할 때 사용된다. 단, 한 번의 관찰로서 조사하여 관찰값을 파악하는 데 이용된다.
- 상관관계 설계(correlational design): 교차분석 설계(cross-sectional design)라고도 하는데, 독립변수로 간주될 수 있는 하나의 변수와 종속변수로 간주될 수 있는 하나의 변수의 속성을 분류하거나 교차시켜 통계적 기법을 통하여 상관관계를 추정하는 방법이다.
- 종단적 연구설계(longitudinal experimental research design): 경향연구 설계, 동년배집단 연구 설계, 패널연구 설계 등은 여러 시점에 걸쳐 관찰하는 종단적 연구설계이다.

보충자료

비실험설계

# 6장 단일사례설계

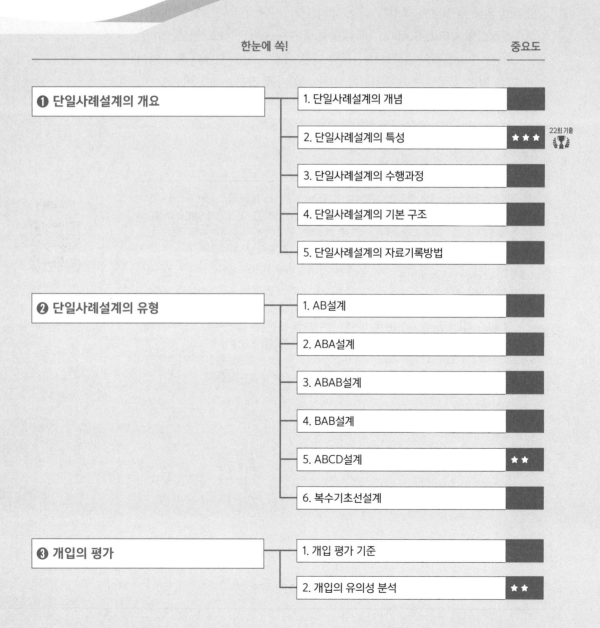

| 한눈에 쏙! | | 중요도 |
|---|---|---|
| ❶ 단일사례설계의 개요 | 1. 단일사례설계의 개념 | |
| | 2. 단일사례설계의 특성 | ★★★ 22회 기출 |
| | 3. 단일사례설계의 수행과정 | |
| | 4. 단일사례설계의 기본 구조 | |
| | 5. 단일사례설계의 자료기록방법 | |
| ❷ 단일사례설계의 유형 | 1. AB설계 | |
| | 2. ABA설계 | |
| | 3. ABAB설계 | |
| | 4. BAB설계 | |
| | 5. ABCD설계 | ★★ |
| | 6. 복수기초선설계 | |
| ❸ 개입의 평가 | 1. 개입 평가 기준 | |
| | 2. 개입의 유의성 분석 | ★★ |

# 기출경향 살펴보기

## 이 장의 기출 포인트

단일사례설계의 개념이나 전반적인 특징을 묻는 문제, 제시된 사례가 어떤 단일사례설계 유형(ABAB설계, BAB설계, ABCD설계, 복수기초선설계 등)에 해당하는지를 묻는 문제가 주로 출제되고 있다. 최근 시험에서는 평균비교법과 경향선 접근법, 개입의 평가 기준, 개입의 유의성 분석 등과 같은 단일사례설계 개입의 평가에 관한 내용도 자주 출제되고 있다.

## 최근 5개년 출제 분포도

연도별 그래프

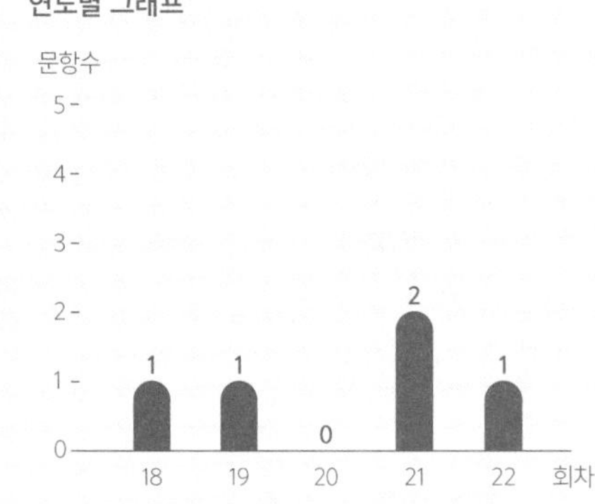


평균출제문항수

**1.0** 문항

## 2단계 학습전략

데이터의 힘을 믿으세요!
강의로 복습하는 **기출회독 시리즈**

3회독 복습과정을 통해
최신 기출경향 파악

## 최근 10개년 핵심 키워드

| | | |
|---|---|---|
| 기출회독 **042** | 단일사례설계의 특성 | 6문항 |
| 기출회독 **043** | 단일사례설계의 유형별 특징 | 3문항 |

**기본개념 완성을 위한 학습자료 제공**

기본개념 강의, 기본쌓기 문제, O X 퀴즈, 기출문제, 정오표, 묻고답하기, 지식창고, 보충자료 등을 **아임패스**를 통해 만나실 수 있습니다.

# 1 단일사례설계의 개요

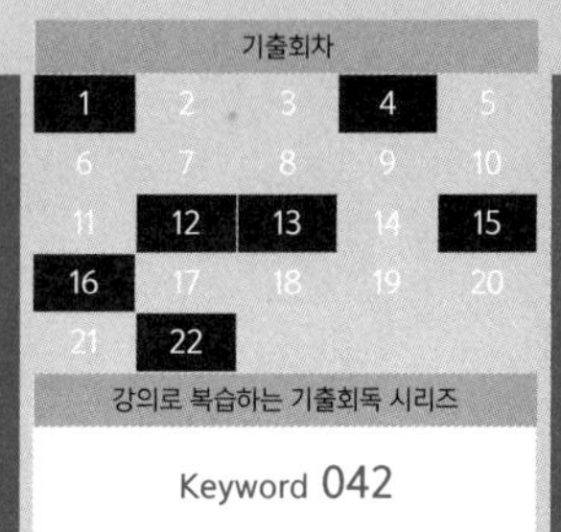

기출회차
1 2 3 4 5
6 7 8 9 10
11 12 13 14 15
16 17 18 19 20
21 22
강의로 복습하는 기출회독 시리즈
Keyword 042

**단일사례설계**
- 대상: 개인 및 가족, 소집단 등을 단위로 한 하나의 사례
- 목적: 문제를 해결하기 위한 개입의 효과를 과학적으로 입증하는 것

## 1. 단일사례설계의 개념

- 단일사례연구설계(single case study design)는 개인 및 가족, 소집단 등을 대상으로 문제를 해결하기 위한 개입효과를 과학적으로 입증하는 것이다.
- 개입(intervention)은 문제가 되는 조사대상자의 표적행동을 변화시키기 위한 프로그램 자극, 환경변화, 행사 등을 의미한다. 개입은 독립변수, 실험변수, 실험자극에 해당되고 조사대상의 표적행동은 종속변수 또는 결과변수에 해당된다.
- 사회복지 분야에서 단일사례연구는 주로 임상사회사업에서 개인-가족-소집단들의 심리사회적 기능을 유지하거나 향상시키고 실천이론을 발전시키는 데 사용한다. 단일사례연구는 단일사례실험, 단일대상설계 등으로 불린다.

단일사례설계의 기본 개념과 특성을 묻는 문제가 출제되고 있다. 단일사례설계는 사회복지실천에서 개입효과성을 평가하기에 매우 유용한 조사설계이므로 실천과의 연계성을 염두에 두고 특성을 이해하자. 22회 시험에서는 단일사례설계의 주요 특성을 묻는 문제가 출제되었다.

## 2. 단일사례설계의 특성 22회 기출

- 단일사례연구의 1차적인 목적은 가설의 검증에 있는 것이 아니라 어떤 표적행동에 대한 개입의 효과성을 분석하는 데 있다.
- 단일사례(single case), 즉 하나의 대상 또는 사례를 가지고 반복적인 측정을 통해 개입의 효과를 평가한다.
- 개인이나 집단뿐만 아니라 조직이나 지역사회도 연구대상이 될 수 있다. 사례는 개인 또는 집단이다. 가족이나 집단도 대상이 될 수 있지만 이 경우 집단 전체를 하나의 사례로 취급한다. 집단구성원들의 정보는 개별적으로 취급되는 것이 아니라 집단 전체의 평균이나 전체 빈도 등으로 요약되어 하나의 사례로 취급된다.
- 조사연구의 과정이 실천 과정과 분리되지 않고 통합 가능하다.
- 개입의 효과성에 대한 즉각적인 피드백을 얻을 수 있다.
- 단일사례연구는 경향과 변화를 알 수 있도록 반복적으로 측정한다. 통제집

단을 가지고 있지 않고 하나의 사례를 반복적으로 측정함으로써 개입의 효과를 파악한다.

- 즉각적인 환류: 반복적이고 연속적으로 자료를 수집하기 때문에 개입으로 인한 조사대상의 변화를 주기적으로 파악할 수 있고, 사례를 진행하는 도중에 도출되는 정보는 환류-수정의 반복적인 과정을 통해 새로운 개입방법을 수립하거나 개입방법을 수정함으로써 개입효과를 높인다.
- 사회복지실천기술 향상과 효과성 및 책임성의 증진, 클라이언트의 문제해결에 기여할 수 있다.
- 기초선 단계에서 경향을 충분하게 파악하기 위하여 개입을 지연시키는 것은 윤리적으로 문제가 될 수 있다.
- 단일사례연구만으로 인과관계를 확신하기는 어렵다.
- 조사연구의 대상이 하나의 사례에 국한되기 때문에 그 결과를 일반화하는데 제약이 따른다. 즉, 외적 타당도가 낮다. 이를 보완할 수 있는 방법은 동일한 개입방법을 여러 대상과 상황에서 반복 실시하는 것이다. 이러한 과정을 통하여 일관된 결과를 얻게 된다면 일반화에 있어서 강력한 근거가 될 수 있다.

**단일사례설계와 표본조사설계의 비교**

| 구분 | 단일사례설계 | 표본조사설계 |
|---|---|---|
| 연구대상 | 개인, 가족, 소집단 | 모집단으로부터 무작위 표본추출 |
| 연구목적 | 표적행동에 대한 개입의 효과 규명 | 가설의 검증 |
| 실험처치 | 하나의 사례를 반복 측정함으로써 실험집단과 통제집단과 같은 집단비교의 효과를 갖는다. | 실험집단과 통제집단으로 나눠 사전사후 검사값을 비교하여 실험처치의 효과를 평가한다. |

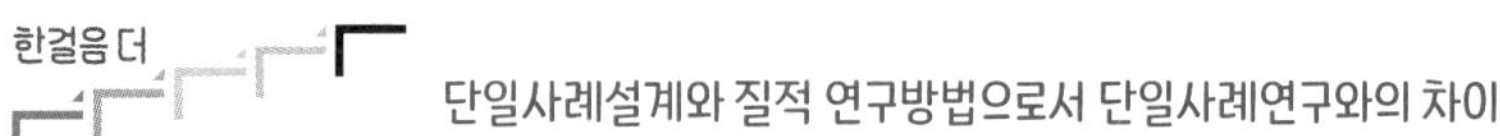


### 단일사례설계와 질적 연구방법으로서 단일사례연구와의 차이

질적 연구방법으로서 단일사례연구는 개인, 가족, 집단, 지역사회 등 단일사례에서 나타나는 현상, 풍부한 맥락과 과정, 상호작용, 역사 등에 대한 심층적인 연구를 의미한다. A 영구임대아파트 지역주민의 일상생활에 대한 연구, B 풀뿌리 지역사회조직의 조직화 사례 연구 등을 예로 들 수 있다.

## 3. 단일사례설계의 수행과정

### (1) 문제의 확인-규정

조사대상이 가지고 있는 문제로서 조사대상자 자신, 가족, 이웃 등 관련 인물들에 의해 확인될 수 있다. 문제가 확인되면 명확히 규정해야 한다.

### (2) 변수의 선정

표적문제가 규명되면 실험에 사용될 변수를 선정해야 한다. 실험에 사용될 변수는 표적문제를 경험적으로 인식할 수 있고 합리적으로 대표할 수 있는 타당한 지표여야 한다.

### (3) 측정대상

선정된 변수의 속성 중 어느 측면을 측정할 것인지 결정한다. 측정대상은 반복측정이 가능해야 하므로 정기적으로 측정하기에 충분히 자주 나타나야 한다.

### (4) 개입목표의 설정

'문제의 원인을 제거할 것인가?', '문제 자체를 완전히 해결할 것인가?' 등 개입목표를 설정하되 구체적이고 명확할수록 문제해결이 용이하다.

### (5) 조사설계

조사설계에 포함될 내용은 구체적인 설계형태(AB, ABA, BAB, ABAB, ABCD형 등), 관찰시기 및 횟수, 자료의 출처, 자료수집방법(관찰, 면접), 자료기록방법(시간간격, 빈도, 지속시간, 정도 등)에 관한 전략 등이다.

**다원측정**

하나의 관찰이나 해석에 대해 보다 의미를 명확하게 파악하기 위해 적용하는 방법을 의미한다. 조사자나 조사대상자의 주관적 판단이나 오류로 인해 생기는 문제를 완화하기 위한 목적을 갖고 있다. 예를 들어 동일한 현상을 여러 명의 관찰자들이 관찰하고 결과를 비교해서 수렴하는 것이다.

### (6) 조사실시

설계형태에 따라 개입하기 전과 개입 도중에 자료를 수집한다. 수집된 자료는 그래프로 표시하고 그래프에 나타난 추세를 정리한다. 조사과정에서 측정대상에 대해 측정할 때 가능한 다원측정을 행하는 것이 바람직하다.

### (7) 개입평가(자료분석)

자료수집이 완료되고 그래프가 완성되면 변화의 파동, 경향, 수준 등을 검토하여 개입의 효과성을 평가한다.

# 4. 단일사례설계의 기본 구조

### (1) 단일사례설계의 기본 구조

- 기초선단계: 개입하기 전의 단계로 A로 표시
- 개입단계(개입국면): 개입이 이루어지는 기간으로 B로 표시

### (2) 기초선단계(baseline phase)

- 이 단계는 연구자가 개입하기 이전 단계이다.
- 개입 전의 문제상황, 표적행동을 반복 측정하여 경향을 알아내는 단계로서 통제집단과 유사한 역할을 수행한다.
- 충분히 관찰이 이루어질 때 단일사례연구의 내적 타당도가 향상된다. 최소한 3회 이상의 측정이 필요하다. 더 많은 측정점들을 가질 때 안정된 경향, 즉 표적문제가 예상가능하고 질서 있는 형태로 발생한 것을 발견할 수 있다.
- 그래프에 시간 순서대로 측정점을 표시하고 측정점들을 줄로 연결한 후 전체적인 유형이 증가하는 추세인지, 감소하는 추세인지 혹은 같은 형태가 반복되고 있는지 그래프 경향을 관찰한다.

### (3) 개입단계(intervention phase)

- 개입단계란, 표적행동에 대한 개입이 이뤄지는 기간이다.
- 이 기간 동안에는 표적행동의 상태에 대한 관찰을 병행해야 한다.
- 단일사례설계의 구조를 설명하는 데 있어서 개입국면을 일반적으로 'B'로 표시한다.
- 개입단계에서는 측정을 하는 사람, 장소, 측정방법, 기타 조건을 기초선 단계와 동일하게 해야 한다.

**기초선의 패턴**

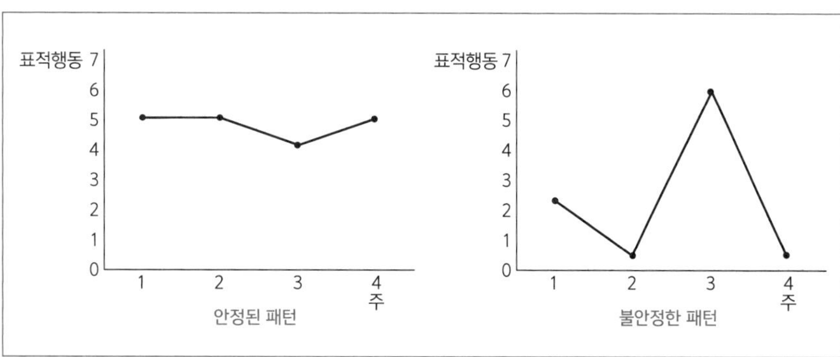

## 5. 단일사례설계의 자료기록방법

### (1) 자료기록의 준비

#### ① 행동관찰규정 준비

- 피험자의 행동은 표준화된 양식, 즉 행동관찰규정에 의해 관찰되고 기록돼야 한다.
- 행동관찰규정이란, 표적행동에 관한 구체적인 판단기준과 자료기록에 관한 규정으로 표적행동에 대한 조작적 정의, 기록원칙, 기록의 예 등이 포함되는데, 조사가 시작되기 전에 준비해야 한다.

#### ② 관찰기록자의 선정

실천현장에서 활동하는 사람들이나 연구자가 관찰하고 기록하는 것이 바람직하다.

### (2) 자료관찰 및 기록방법

#### ① 시간간격 기록(등간 기록)

일정한 관찰기간을 같은 간격의 짧은 시간으로 나눠 표적행동을 직접 관찰-기록하는 방법이므로 시간이 짧을수록 더 정확히 관찰된다. 예를 들어, 10초를 단위로 하여 각 10초마다 특정한 행동이 일어났는지를 관찰한다.

#### ② 빈도 기록

정해진 관찰기간 동안에 일어난 표적행동의 빈도를 기록하는 것이다. 예를 들어, 오전 9시에서 12시 사이에 특정 행동이 몇 번 일어났는지를 기록한다.

#### ③ 지속기간 기록

정해진 관찰기간 동안에 일어난 모든 단위행동의 지속시간을 직접 관찰하여 기록하는 방법이다. 예를 들어, 오전 9시에서 12시 사이에 특정 행동이 일어날 때마다 각각 얼마 동안 지속되는지를 기록한다.

#### ④ 정도 기록

정해진 관찰기간 내에 발생한 표적행동의 양, 수준, 정도를 관찰하여, 정도 측정 척도에 의해 판단하여 정도를 나타내는 수치를 기록하는 것이다. 예를 들어, 부모가 아동에 대해 신경질적 반응을 보이는 것을 미리 강도에 따라 1~5

등급으로 행동의 내용을 정해놓고 몇 등급의 행동을 보이는지를 기록한다.

**⑤ 간헐점검 기록(순간체크 기록)**

간헐적으로 특정의 관찰시간을 정하여 관찰하는 순간에 표적행동을 하고 있는지 아닌지 기록하는 것이다. 예를 들어 오전 9시에서 12시 사이에 관찰시간을 정하고, 그때마다 표적행동을 하고 있는지 아닌지를 기록한다.

**⑥ 영구적 생산물 기록**

표적행동을 직접 관찰하는 것이 아니라 표적행동에 의해 만들어진 것을 관찰함으로써 표적행동이 일어났음을 확인하여 기록한다. 예를 들면, 사회복지서비스 이용기록, 학교출석기록, 성적기록, 교사의 기록, 경찰의 범죄행위기록 등을 검토하는 경우, 혹은 비워진 쓰레기통이나 청소된 방을 점검하는 경우가 해당된다. 이 기록방식은 환경을 변화시키는 행동(청소, 일 등) 또는 기록이 남는 행위 등의 관찰에 적합하다.

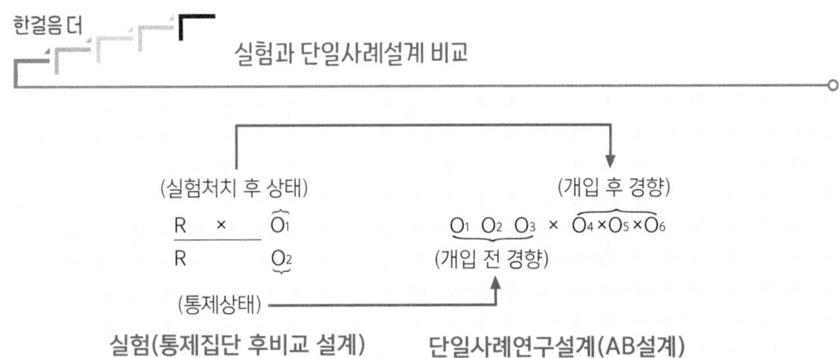

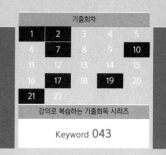

기출회차

| 1 | 2 | 3 | 4 | 5 |
|---|---|---|---|---|
| 6 | 7 | 8 | 9 | 10 |
| 11 | 12 | 13 | 14 | 15 |
| 16 | 17 | 18 | 19 | 20 |
| 21 | 22 | | | |

강의로 복습하는 기출회독 시리즈

Keyword 043

# 2 단일사례설계의 유형

## 1. AB설계

**기초선 → 개입단계**

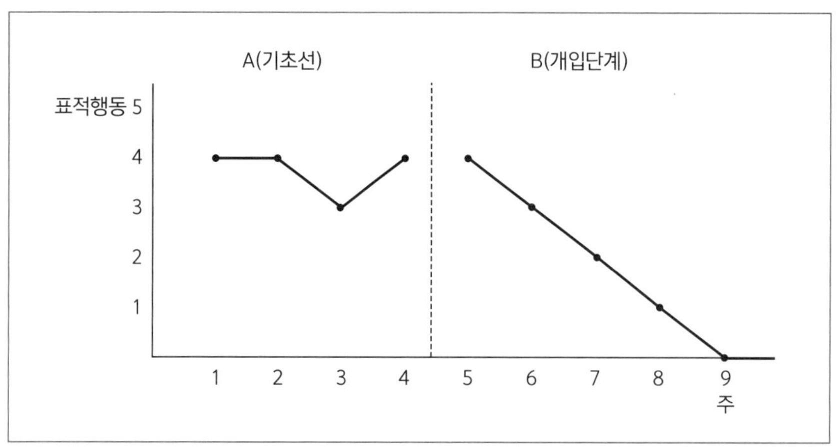


- 준실험설계의 시계열 설계를 단일대상에 적용한 기본 단일사례설계라고 한다.
- 가장 간단한 단일설계이다.
- 하나의 기초선단계(A)와 개입단계(B)로 구성된다.
- A 단계에서는 단순히 표적행동의 빈도 등에 관한 관찰만 이루어진다.
- B 단계에서는 표적행동에 대한 개입활동이 이뤄지고 변화에 대한 관찰이 이루어진다.
- AB설계는 A, B의 순서로 이루어진 설계구조의 형태를 말한다.
- 관찰결과와 관찰점을 연결하여 그래프로 표시한다.
- 세 차례 이상의 관찰점, 측정점이 필요하다.
- 개입에 대한 평가가 즉각적으로 이루어질 수 있으므로 신속하게 결과를 얻을 수 있다.
- 구성이 단순하며 대상과 상황에 쉽게 적용이 가능하여 사회복지실천현장에서 널리 활용된다.
- 우연한 사건과 같은 내적 타당도를 저해하는 요인을 충분히 통제할 수 없

다. 따라서, 개입이 표적행동의 변화에 미치는 효과의 신뢰도가 낮다.

## 2. ABA설계

- 기초선 → 개입단계 → 제2기초선단계로, AB설계에 개입 이후 또 하나의 기초선 A를 추가한 설계이다.
- 표적행동을 첫 번째 기초선단계(A), 개입단계(B), 그리고 개입을 종료한 후 일정 기간 동안 다시 관찰(A)하는 형태이다.
- 첫 번째 A에서 표적행동의 빈도가 높았는데 B에서 빈도가 낮았다가 개입을 종료한 후, 다시 A를 관찰했을 때 빈도가 높아지면 개입이 효과적이었다고 추정할 수 있다.
- 두 번째 기초선 기간을 반전기간 또는 제2기초선이라고 한다.
- 장점: 제2기초선을 추가하여 AB설계의 낮은 신뢰도 문제를 극복한다.
- 단점: 첫째, 개입효과를 평가하기 위한 목적으로 개입을 중단하는 것은 윤리적 문제를 일으킨다. 둘째, 제2기초선 동안에 문제가 악화되지 않으면 개입 이외의 다른 외생적인 요인들이 영향을 미친 결과인지 개입효과가 지속되고 있는지 알 수 없다.

## 3. ABAB설계

기초선 → 개입국면 → 제2기초선 → 제2개입단계


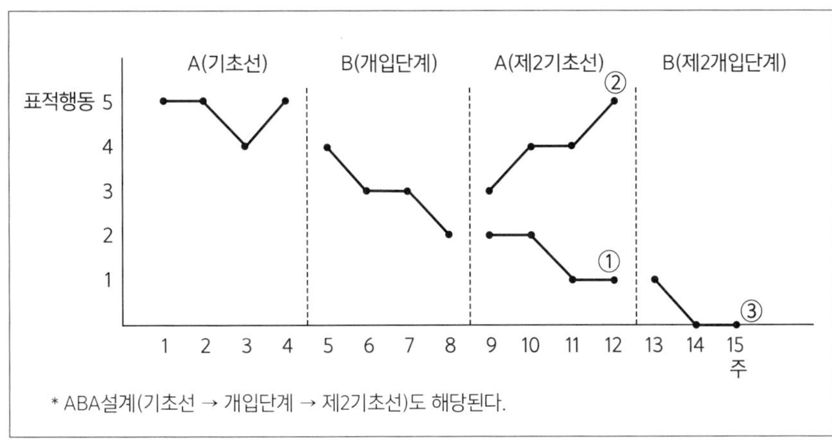


- AB설계에 또 하나의 AB(기초선 A와 개입 B)를 추가한 설계이다.
- 외생변수를 보다 효과적으로 통제하기 위해 제2기초선(A)과 제2개입단계

(B)를 추가하는 것이다.

- 철회, 반전설계라고 부른다.
- 기초선(A) 측정 후 일정 기간 동안 개입(B)을 하고 일정 기간 동안 중단(A) 한 후 다시 개입(B)을 하는 것이다.
- ②의 경우처럼 제2기초선단계에서 표적행동이 개입 이전의 제1기초선단계의 표적행동 상태로 회귀한다면, 개입이 표적행동의 변화에 효과가 있다고 추정할 수 있다.
- 두 번째 개입 이후, 표적행동 상태가 제2기초선단계와 비교해 현저한 변화를 보인다면 개입효과를 더욱 신뢰할 수 있다.
- 따라서, ABA설계의 외생변수의 요인을 통제할 수 있다.
- 장점: 첫째, 개입효과를 가장 높이 확신할 수 있기 때문에 실천현장에서 유용한 설계이다. 둘째, 우연한 외부사건의 영향을 잘 통제할 수 있다. 즉, 개입이 도입되는 시점에 우연히 발생한 외부적 사건이 표적문제에 영향을 주었을 가능성에 대해 검증할 수 있다.
- 단점: 첫째, 제1단계에서 효과가 있음에도 불구하고 연구목적을 위해 개입을 중단하고 일정 기간 관찰한 후 다시 개입을 재개하는 것은 윤리적인 문제를 일으킨다. 둘째, 만일 제2기초선단계와 제2개입단계의 표적행동의 상태가 매우 유사한 경우 원인을 찾는 데 어려움이 있다.

## 4. BAB설계

**개입단계 → 기초선단계 → 개입단계**

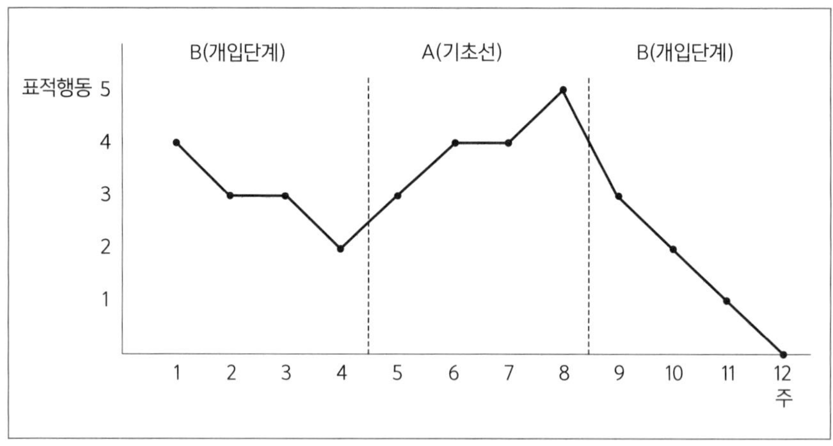


- 기초선 없이 일단 개입부터 실시한 후에 개입을 중단하는 기초선단계(A)를 도입한 후 다시 개입을 재개(B)하는 설계이다.

- 클라이언트가 위기상황에 있으므로 즉각적 개입이 필요한 경우 사용한다.
- 장점: 반복된 개입을 통해 개입의 효과를 가져올 수 있고, 바로 개입단계에 들어감으로써 위기개입에 유용하다.
- 단점: 외생요인을 통제하기 어려운 것과 개입의 효과가 지속적인 경우 기초선단계와 제2개입단계에서 표적행동의 상태가 유사하므로, 개입효과를 평가하기 어렵다.

## 5. ABCD설계
### (다중요소설계, 복수요소설계, multi-component design)

단일사례설계의 유형에서 ABCD 유형에 관한 내용이 가장 많이 다뤄지고 있다. 단독 문제로 출제되기보다는 AB설계, ABAB설계, BAB설계 등 다양한 유형의 설계들의 특징을 한 문제에서 비교하는 문제가 주로 출제되므로 각각의 설계별 주요 특징을 구분하여 정리하도록 하자.

**기초선단계 → 서로 다른 개입방법 사용 단계**

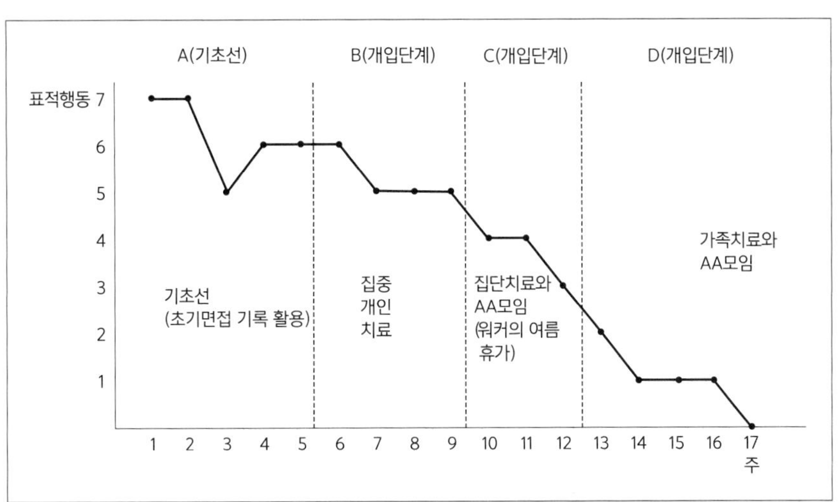


- 하나의 기초선 자료에 대해서 여러 개의 각기 다른 방법(BCD)으로 개입하는 것이다.
- 클라이언트에게 도움이 되지 않는 개입을 수정하거나 실제로 표적문제에 변화를 가져오는지 설명하고자 할 때 유용하다.
- ABCD설계는 융통성이 있어서 연속적인 단계에서 옳다고 입증된 대로 개입계획을 변경할 수 있다.
- 클라이언트에게 적합한 새로운 개입방법을 적용해볼 수 있다는 장점이 있다.

### (1) ABCD설계의 사례－장애인 근로자의 고용안정을 위한 프로그램의 효과 측정의 유용성

#### ① ABCD설계의 유용성

- 개입이 없는 상태에서 장애인 근로자의 근로일수(표적행동)를 관찰한다(A: 기초선단계). 그런 후 표적행동의 변화를 위해서 사회기술훈련을 도입했으나 표적행동에 변화가 없었다(B: 제1개입단계).
- 새로운 프로그램인 근로 보상을 도입했으나 표적행동에 변화가 없어서(C: 제2개입단계) 다시 새로운 프로그램인 사례옹호(D: 제3개입단계)를 도입했더니 표적행동이 크게 변했다.

#### ② ABCD설계의 제한점

- 이월효과: 사례옹호(D: 제3개입단계)만 효과가 있는 것으로 나타났으므로, 이전에 도입한 사회기술훈련(B: 제1개입단계), 근로 보상(C: 제2개입단계)은 필요하지 않다고 섣부른 결론을 내리는 것은 위험하다. 예를 들어, 사회기술훈련(B: 제1개입단계)의 효과가 사례옹호(D: 제3개입단계)로 이월되어 나타난 것일 수 있다. 사회기술훈련(B: 제1개입단계)에 의해 장애인 근로자의 사회기술이 향상되지 않았다면 고용주를 설득하는 사례옹호도 효과가 없었을지 모르기 때문이다.
- 순서효과: 만일 개입의 순서를 '사회기술훈련→근로보상→사례옹호'가 아니라 '사례옹호→사회기술훈련→근로보상'이나 '사회기술훈련→사례옹호→근로보상' 등으로 바꾸었다면 사례옹호의 개입효과가 없는 것으로 나타날지도 모른다. 즉, 개입이 BCD의 순서로 진행되었기 때문에 D단계가 효과를 보았을 수도 있다는 것이다.
- 우연한 사건: D단계의 사례옹호가 효과를 나타낸 것은 사례옹호를 하기 직전 또는 과정에서 장애인고용과 관련된 외부환경의 변화와 같은 외생요인이 개입되어, 사례옹호가 효과를 나타냈을 가능성도 있다.

## 6. 복수기초선설계(다중기초선설계, 중다기초선설계)

**단일사례설계 유형별 이름**

- ABAB설계=중지/반전설계
- 복수기초선설계=다중기초선설계=중다기초선설계
- ABCD설계=다중요소설계

- 하나의 동일한 개입방법을 여러 문제, 대상, 상황에 적용하여 개입효과가 나타나는지 확인하여 개입의 효과성을 파악하는 것이다. 여러 문제, 상황에 대하여 개입시점을 다르게 적용하여 같은 효과를 얻는다면, 표적문제의 변화가 외부사건에 의한 영향이 아닌 개입에 의한 변화임을 확인할 수 있다.

• 적용대상에 따라 문제 간 복수기초선설계, 상황 간 복수기초선설계, 대상자 간 복수기초선 설계로 구분할 수 있다.

### (1) 문제 간 복수기초선설계

하나의 특수한 개입방법이 같은 상황에서 같은 대상자의 다른 문제해결에 효과가 있는지를 평가하기 위한 것이다.

### (2) 상황 간 복수기초선설계

하나의 특수한 개입방법이 같은 대상자의 같은 문제를 두 가지 이상의 다른 상황에서 치료하는 데도 효과가 있는지를 평가하기 위한 것이다.

### (3) 대상자 간 복수기초선설계

특정개입방법이 같은 상황에서 같은 문제를 가진 두 명 이상의 다른 대상자에게 적용될 때 개입방법의 효과를 평가하는 방법이다.

# 3 개입의 평가

기출회차

| 1 | 2 | 3 | 4 | 5 |
|---|---|---|---|---|
| 6 | 7 | 8 | 9 | 10 |
| 11 | 12 | 13 | 14 | 15 |
| 16 | 17 | 18 | 19 | 20 |
| 21 | 22 | | | |

강의로 복습하는 기출회독 시리즈

Keyword 042

보충자료

개입의 평가 기준

## 1. 개입 평가 기준

단일사례설계에서는 개입을 평가할 때 세 가지 기준, 즉 변화의 파동, 변화의 경향, 변화의 수준을 고려하게 된다. 특히, 기초선과 개입단계의 변화 과정을 표현한 그래프상에 나타난 시각적인 변화의 양상을 판단할 때, 이 세 가지를 고려할 필요가 있다.[13)]

### (1) 변화의 파동

- 관찰된 표적행동의 특성이 시간의 경과에 따라 파동을 일으키며 변화되는 정도를 말한다.
- 변화의 파동은 표적행동의 점수 변화의 진폭이 얼마나 큰가를 말하는 것으로 파동이 심할수록 표적행동의 안정성이 떨어진다고 할 수 있다.
- 파동이 심한 경우 관찰의 횟수가 많아야 변화의 일정 유형을 판단할 수 있다.

### (2) 변화의 경향

- 기초선 변화의 경향을 개입기간 변화의 경향과 연결시켜 검토하는 준거 틀이다.
- 기초선기간과 개입기간 동안 경향의 방향이 일치되면 개입영향을 판단하기 어렵고, 상반되면 개입영향의 판단이 쉽다.

### (3) 변화의 수준

- 변화의 수준은 표적행동 점수의 위치를 말한다.
- 기초선단계의 점수와 개입단계의 점수에서 높낮이 차이가 얼마나 나는지를 통해 개입효과를 따질 수 있다.
- 기초선단계의 점수와 개입단계의 점수 사이에 차이가 클수록 개입효과에 대한 확신이 높아진다.

## 2. 개입의 유의성 분석

중요도 ★★

단일사례설계의 개입평가에 관한 문제가 최근 시험에서 지속적으로 출제되고 있다. 특히, 평균비교법과 경향선 접근법은 어떠한 상황에서 사용할 수 있으며, 어떠한 방법으로 사용하는지 등의 특징을 서로 비교하여 정리해야 한다.

### (1) 시각적 유의성

- 개입이 도입되거나 중단된 후에만 표적행동의 수준과 경향의 변화가 그래프에서 시각적으로 나타나 있는가를 분석한다.
- 기초선의 수준과 개입선의 변화들을 시각적으로 분석한다. 단일사례설계에 대한 가장 기본적인 분석방법으로 널리 활용된다.
- 시각적 분석을 통해서 명확하게 결론을 내릴 수 없을 경우에는 통계적 분석 등을 실시한다.

### (2) 통계적 유의성 꼭!

개입단계 동안 관찰된 자료가 예상되는 변화의 파동과 어떻게 다른지를 통계적으로 분석한다. 평균비교(기초선단계와 개입단계의 평균비교)나 경향선(기초선단계에서 자연스럽게 진행될 것으로 예상되는 선) 접근, 비율-빈도 계산 등을 사용한다.

#### ① 평균비교

- 기초선에 나타난 표적행동의 평균과 개입단계에서의 평균을 비교하여 통계적으로 유의한 변화가 있는지를 검증하는 것이다.
- 기초선에서의 측정값이 비교적 안정적이고 증가나 감소의 경향이 크게 나타나지 않는 경우에 활용하는 것이 적절하다.
- 일반적으로 개입단계의 평균이 기초선의 평균에서 ±2 표준편차를 벗어나면 개입단계의 상태가 기초선과는 명백하게 다른 것이라고 본다. 즉, 개입단계의 평균이 기초선 평균에 비해 ±2 표준편차 이상의 차이를 보이면 통계적으로 유의미한 것이라고 본다.

#### ② 경향선 접근

- 기초선에 나타난 측정값들의 경향선을 활용하여 개입 전과 후의 차이를 평가하는 방법이다.
- 기초선에서의 측정값이 불안정하거나 증가나 감소의 경향이 뚜렷한 경우에 활용하는 것이 적절하다.
- 개입단계에서의 전체 관찰점(측정값)이 모두 경향선 아래 또는 위에 있으면 통계적으로 유의한 수준의 변화라고 볼 수 있다.

보충자료

**개입의 통계적 유의성 분석**

한걸음 더

## 평균비교법과 경향선 접근법

**1. 평균비교법**

- 기초선이 비교적 안정적이고 수치화하는 것이 가능할 경우에 기초선과 개입단계의 평균을 구하여 비교하는 방법이다.
- 개입단계의 평균이 기초선의 평균과 ±2 표준편차 이상 차이나면 의미 있는 변화라고 판단한다.

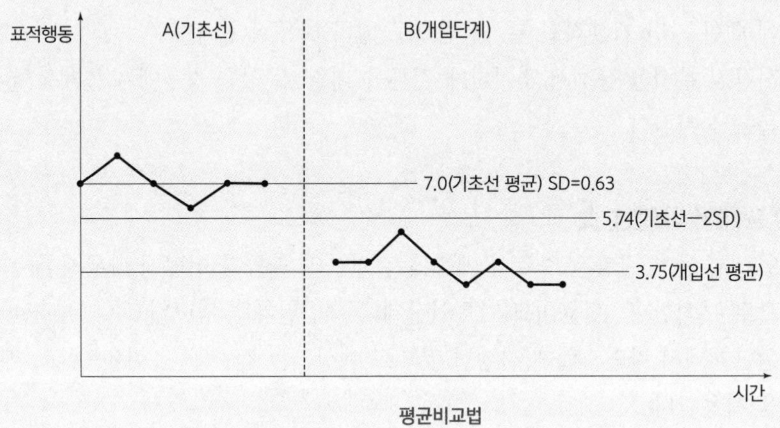


평균비교법

**2. 경향선 접근법**

- 기초선이 다소 불안정한 경우에 사용하는 방법이다.
- 기초선(A)의 관찰점을 전반부와 후반부로 나눠 각 평균을 구해 두 점을 잇는 직선을 그어 개입(B)부분까지 연장하는 경향선을 긋는다.
- 만일, 개입단계에서의 관찰점이 모두 경향선 아래 또는 위에 있으면 그 개입은 효과적이다.

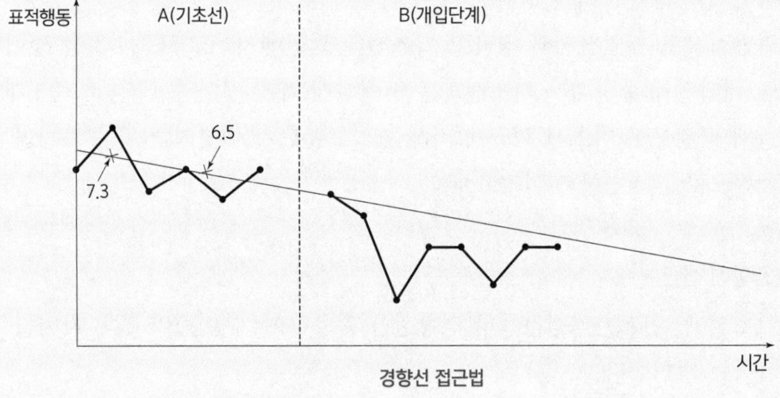


경향선 접근법

### (3) 실용적 유의성/임상적 유의성

- 실용적 분석이란 변화의 크기를 임상적인 기준에서 판단해보는 것을 말한다. 시각적으로나 통계학적으로 의미 있는 변화라고 해서, 그것이 변화의 질적인 중요성을 뜻하는 것은 아니다.
- 개입을 통해 나타난 변화의 크기가 실천적 의미에서 볼 때 과연 개입의 정당성을 보장할 수 있는지에 대한 질문이 실용적 분석에서 주어진다.

# 측정

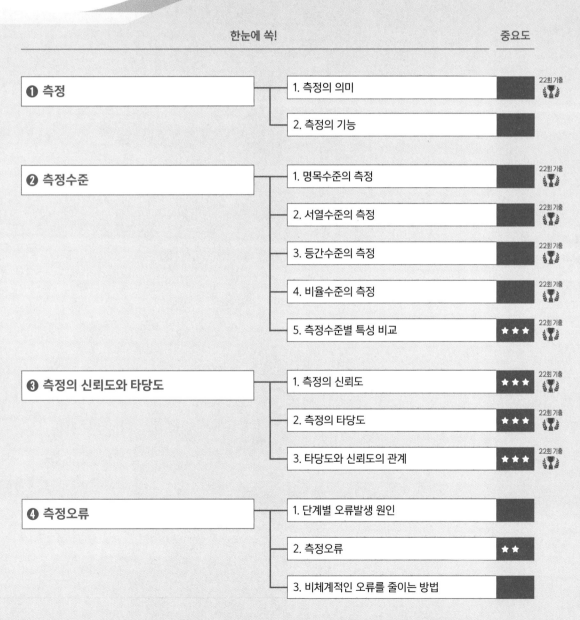

| 한눈에 쏙! | | 중요도 | |
|---|---|---|---|
| ❶ 측정 | 1. 측정의 의미 | | 22회 기출 |
| | 2. 측정의 기능 | | |
| ❷ 측정수준 | 1. 명목수준의 측정 | | 22회 기출 |
| | 2. 서열수준의 측정 | | 22회 기출 |
| | 3. 등간수준의 측정 | | 22회 기출 |
| | 4. 비율수준의 측정 | | 22회 기출 |
| | 5. 측정수준별 특성 비교 | ★★★ | 22회 기출 |
| ❸ 측정의 신뢰도와 타당도 | 1. 측정의 신뢰도 | ★★★ | 22회 기출 |
| | 2. 측정의 타당도 | ★★★ | 22회 기출 |
| | 3. 타당도와 신뢰도의 관계 | ★★★ | 22회 기출 |
| ❹ 측정오류 | 1. 단계별 오류발생 원인 | | |
| | 2. 측정오류 | ★★ | |
| | 3. 비체계적인 오류를 줄이는 방법 | | |

# 기출경향 살펴보기

## 이 장의 기출 포인트

평균 4문제 이상 출제되는 매우 중요한 장이다. 측정수준에 관한 문제는 최근 시험에서 빠지지 않고 출제되고 있는데, 측정수준별 사례와 함께 가능한 통계분석까지 정리해야 한다. 측정의 신뢰도와 타당도에 관한 문제는 주로 사례제시형 문제로 출제되며, 신뢰도와 타당도의 개념, 각각의 평가방법에 대한 특징을 비교하여 정리해야 한다. 측정오류에 관한 문제는 오류와 신뢰도 및 타당도와의 관계, 오류를 줄일 수 있는 방법 등을 중심으로 정리해야 한다.

## 최근 5개년 출제 분포도

연도별 그래프

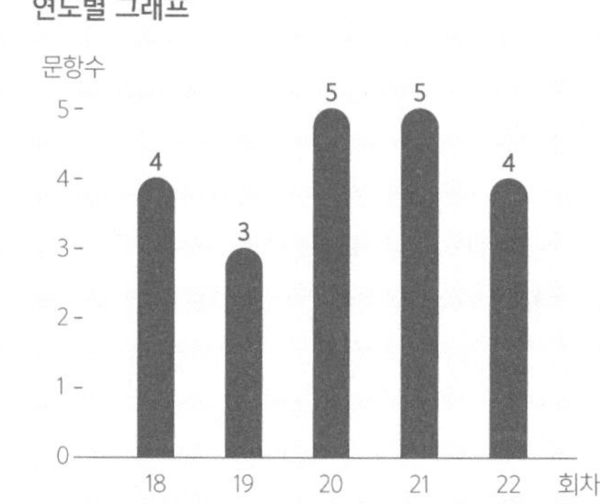


평균출제문항수

**4.2** 문항

## 2단계 학습전략

데이터의 힘을 믿으세요!
강의로 복습하는 **기출회독 시리즈**

3회독 복습과정을 통해
최신 기출경향 파악

## 최근 10개년 핵심 키워드

| | | |
|---|---|---|
| 기출회독 **044** | 측정수준 | 11문항 |
| 기출회독 **045** | 측정의 신뢰도와 타당도 | 22문항 |
| 기출회독 **046** | 측정의 오류 | 6문항 |

기본개념 완성을 위한 **학습자료 제공**

기본개념 강의, 기본쌓기 문제, O X 퀴즈, 기출문제, 정오표, 묻고답하기, 지식창고, 보충자료 등을 **아임패스**를 통해 만나실 수 있습니다.

| 기출회차 | | | | |
|---|---|---|---|---|
| 1 | 2 | 3 | 4 | 5 |
| 6 | 7 | 8 | 9 | 10 |
| 11 | 12 | 13 | 14 | 15 |
| 16 | 17 | 18 | 19 | 20 |
| 21 | 22 | | | |

강의로 복습하는 기출회독 시리즈

Keyword 045

# 1 측정

## 1. 측정의 의미 22회 기출

- 측정(measurement)이란, 일정한 규칙에 따라 대상에 값을 부여하는 과정이다.
- 이론을 구성하고 있는 추상적 개념들을 현실세계에서 경험할 수 있는 자료와 연결시켜주는 수단이다.
- 특정 분석단위에 대해 질적 · 양적 값이나 수준을 결정하고 이를 규칙화해 숫자를 부여하는 과정이다.
- 측정은 변수에 대한 조작적 정의에 입각해 이뤄진다.
- 예를 들어, "몸무게는 저울에 올라갔을 때 저울 바늘이 가리키는 눈금의 숫자를 의미한다"라고 몸무게에 대한 조작적 정의를 내렸다면, 몸무게에 대한 측정은 측정대상에게 저울에 올라가게 한 후, 해당 저울이 가리키는 눈금의 수를 측정 대상에게 부여하는 것이다. 어떤 대상은 62kg, 어떤 대상은 50kg으로 측정값은 측정대상이 누구냐(혹은 무엇이냐)에 따라 다양하게 산출될 것이다.
- 또 다른 예를 들어 보자. "지능이란 1분 내 암기할 수 있는 단어의 개수이다"라고 지능에 대해 조작적 정의를 내렸다고 하자. 이 경우 측정대상의 지능을 측정하기 위해 1분 동안 여러 단어들을 제시한 후, 해당 대상이 몇 개의 단어를 암기하는지 그 수를 그 대상의 지능에 대한 측정값으로 부여하게 된다. 어떤 사람은 3개, 어떤 사람은 5개, 어떤 사람은 1개 등 측정대상에 따라 측정값은 차이가 있을 것이다.

## 2. 측정의 기능

### (1) 관념적 세계와 경험적 세계 간의 교량 기능

추상적인 개념을 경험적으로 인식할 수 있도록 해줌으로써 조사문제에 대한 해답을 제공하고 가설검증에 중요한 역할을 한다.

### (2) 일치 또는 조화의 기능

일치 또는 조화란 이론적 모델을 현실세계와 연결하는 측정의 규칙이다. 즉, 추상적인 세계와 경험적인 세계를 조화시키고 일치시키는 데 사용되는 규칙과 절차를 제시해준다.

### (3) 객관화와 표준화의 기능

개념에 대한 측정이 없다면 경험적인 검증이 어려울 뿐만 아니라 검증이 어려워지면 이론을 일반화시키는 것도 정확히 할 수 없게 된다.

### (4) 계량화 기능

사건이나 현상을 세분화시키고 통계적 분석에 활용할 수 있는 정보를 제공한다. 수(number)가 가지고 있는 속성에 따라 다양한 측정수준이 존재하며, 이를 기초로 변수를 일정한 범주, 정도, 빈도 등으로 기술할 수 있게 해준다. 숫자는 통계적 분석에 활용될 수 있도록 자료를 수치로 옮겨주고 변수를 계량화 해준다.

### (5) 반복과 의사소통 기능

연구결과를 다른 사람들이 반복하고 그 결과를 반증할 수 있도록 해준다. 측정은 연구결과를 다른 사람에게 정확히 전달하는 의사소통 기능을 갖는다.

# 측정수준

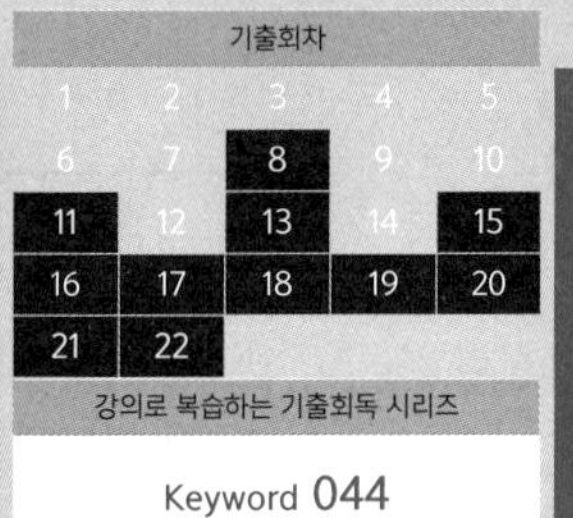

기출회차
1 2 3 4 5
6 7 8 9 10
11 12 13 14 15
16 17 18 19 20
21 22
강의로 복습하는 기출회독 시리즈
Keyword 044


측정의 수준과 척도는 1) 명목측정/명목척도, 2) 서열측정/서열척도, 3) 등간측정/등간척도, 4) 비율측정/비율척도의 네 가지가 있다.

## 1. 명목수준의 측정 22회 기출

### (1) 명목척도(nominal scale)의 의미와 특징 꼭!

- 측정대상의 특성을 분류할 목적으로 대상에 숫자를 부여하는 것이다.
- 가장 낮은 수준의 측정으로 글자 그대로 이름을 부여하는 명목적인 것을 의미한다.
- 명목수준의 측정에서 사용되는 숫자는 양적인 크기를 갖지 못한다. 즉, 숫자의 크기는 아무런 의미가 없고 단지 부여된 숫자가 다르면 그 대상의 특성이 다르다는 것을 의미할 뿐이다.
- 명목척도는 상호배타적인 특성을 갖는다. 모든 대상은 하나의 범주에만 속하지 동시에 두 가지 범주에 속할 수는 없다. 예를 들어, 성별에서 하나의 성별 범주에 속하면 다른 범주에는 속할 수 없다.
- 동일한 집단에 속해 있는 대상은 동일한 측정값을 가져야 한다.

### (2) 명목척도의 예 꼭!

성별, 계절, 인종, 종교, 지역, 혈액형 등

## 2. 서열수준의 측정 22회 기출

### (1) 서열척도(ordinal scale)의 의미와 특징 꼭!

- 측정대상을 그 특징이나 속성에 따라 일정한 범주로 분류하고, 범주들 간의 상대적 순서관계를 밝히는 것이다.
- 측정대상 간의 대소, 고저, 전후, 상하 등에 따라 서열화한다.

• 측정값이 상호배타적인 특성과 함께 순서의 의미도 지닌다.
• 정확하게 정량화하기 어려운 응답자의 태도, 선호도, 사회계층 등의 측정에 이용된다.
• 서열 간 간격이 동일하지 않고 절대량의 크기를 나타내지 않는다.

예 반에서 1등한 학생과 2등한 학생의 성적 차이와 2등한 학생과 3등한 학생의 성적 차이는 같지 않다. 등수는 단지 순서만을 의미한다.

### (2) 서열척도의 예 꼭!

노인장기요양등급, 정치성향(보수, 중도, 진보), 생활수준(상, 중, 하), 석차, 학점, 선호도 등

## 3. 등간수준의 측정 22회 기출

최근 시험에서 측정수준에 관한 문제가 지속적으로 출제되고 있어요. 측정수준에 관한 문제는 해당하는 척도의 예를 연결시키는 유형으로 주로 출제되니 반드시 해당 척도의 예와 함께 개념을 구분할 수 있어야 해요. 특히, 등간척도와 비율척도를 구분하는 것은 상당히 까다로우니 이를 구분하는 대표적인 기준인 절대 영(0)의 의미를 반드시 이해해야 합니다.

### (1) 등간척도(interval scale)의 의미와 특징 꼭!

• 어떤 대상의 속성에 대해 순위(서열)를 부여할 수 있을 뿐 아니라 각 순위(서열)범주 사이의 거리를 계산할 수 있고 범주 사이의 간격이 동일한 척도이다.
• 등간격(서열범주 간 간격이 같음)이므로 산술적 계산(±)에 사용될 수 있다.
• 절대 영점(의미상으로 대상의 속성이 전혀 없음을 의미)이 없기 때문에 곱하기, 나누기 같은 비율계산에는 사용할 수 없다.

### (2) 등간척도의 예 꼭!

• 도덕지수(MQ), 지능지수(IQ), 섭씨온도, 화씨온도, 물가지수, 생산성 지수, 사회지표 등
• 지능지수(IQ)가 100인 학생이 50인 학생보다 두 배 더 머리가 좋다고 할 수 없다. 왜냐하면, 지능지수가 0인 학생은 지능이 전혀 없다고 말할 수 없기 때문이다(절대 영점이 존재하지 않음).

보충자료

절대 영(0)

한걸음 더

## 절대 영(0)

등간측정과 비율측정 사이를 구별해주는 아주 중요한 기준이 바로 영(zero)이다. 비율측정에서의 0은 진짜 0이지만 등간측정의 영은 진짜 0이 아니라 임의적 0이다. '진짜 0'을 교재에서는 '절대 영'이라고 한다. 그렇다면 진짜 0이냐 아니냐를 어떻게 판단할까? 0이 "아무 것도 없다"라는 의미를 가진 0이면 진짜 0이지만, 그런 의미가 성립되지 않는 0은 진짜 0이라고 볼 수 없다. "없다"는 의미가 성립되지 않는 0도 있을까?

등간측정의 예로 단골처럼 나오는 온도를 예로 들어보자. 온도는 '0도'를 기준으로 영상과 영하의 온도로 나눠진다. 그럼 영상과 영하를 나누는 '0(℃)'의 온도는 과연 온도가 전혀 없는 것을 의미할까? 아니다. 0도는 '물이 얼기 시작하는 온도'이지 온도가 없는 지점은 아니다. 그렇다면 우리는 특정 온도에 대해 굳이 0이라는 숫자를 왜 부여할까?

온도가 어디서부터 시작됐는지, 즉 어디가 온도의 진짜 0이었는지는 누구도 말할 수가 없다. 그런데 0이 어딘지를 말할 수 없다면 '1이 어딘지, 2는 또 어딘지'도 알 수 없다. 측정은 간단히 말해 대상에 값(숫자)을 부여하는 과정이다. 온도에 값을 부여하고 싶은데 진짜 0을 알 수 없으니, 나머지 값들도 부여할 수 없는 문제가 생긴다. 그래서 임의로 온도의 어느 지점을 0이라고 약속하고, 그것을 기준으로 다른 온도들에도 값을 부여하게 된 거다.

IQ의 경우도 IQ가 0인 사람은 지능이 전혀 없는 사람이 아니다. 뇌가 정지하지 않은 이상 지능이 없다고 말할 수는 없다. 그래서 IQ의 경우도 절대적인 의미의 0이 성립하지 않기 때문에 등간측정이라고 말한다.

반면, 소득이 0원이라고 할 때의 0은 정말 돈을 하나도 못 번다는 의미의 '0'이다. 그래서 소득은 비율수준의 측정이 된다.

# 4. 비율수준의 측정 22회 기출

### (1) 비율척도(ratio scale)의 의미와 특성 꼭!

- 등간척도가 갖는 특성에 추가로 측정값 사이의 비율계산이 가능한 척도이다.
- 속성이 전혀 존재하지 않는 상태의 절대 영점이 존재한다.
- '0'이 실제적 의미를 가지고 있기 때문에 모든 사칙연산(±, ×, ÷)이 가능하다.
- 비율척도의 숫자는 속성의 실제 양을 나타낸다.

### (2) 비율척도의 예 꼭!

- TV 시청률, 투표율, 고용률, 국민연금가입률, 길이, 높이, 서비스 횟수, 자녀수, 신문구독률, 가격, 저축금액, 생산원가, 연령, 체중, 신장, 출생률, 사망률 등
- 사람은 0세 보다 더 젊을 수 없으며, 몸무게는 0보다는 더 나간다(절대 영

의 성립). 20세는 10세보다 나이가 두 배 더 많다(비율적 계산이 가능).

## 5. 측정수준별 특성 비교 22회 기출

중요도 

변수와 측정수준을 연결하는 문제, 사례에서 제시된 측정이 어떤 수준인지를 묻는 문제가 출제될 가능성이 높다. 따라서 4가지 측정수준의 사례와 특징, 수학적인 속성상의 차이를 명확하게 이해해야 한다. 최근 시험에서는 측정수준별 통계적 분석방법을 묻는 문제가 지속적으로 출제되고 있다. 22회 시험에서는 사례를 제시하고 해당하는 측정수준을 찾는 문제가 2문제나 출제되었다.

- 측정을 할 때 정한 규칙에 따라서 대상의 특성이나 속성에 부여될 수치나 기호의 의미가 달라진다. 이때, 측정하고자 하는 대상에 부여하는 숫자들의 체계를 척도(scale)라고 하며, 측정의 수준에 따라 척도값(숫자)의 의미가 달라진다. 측정수준에 따라 적용할 수 있는 통계기법에 차이가 있다.
- 변수는 속성에 따라 명목척도, 서열척도, 등간척도, 비율척도 수준에서 측정될 수 있으며, 이 측정수준에 따라 분석방법이 달라지게 된다. 흔히 명목척도나 서열척도로 구성된 변수는 이산변수(discrete variables) 또는 비연속변수/단속적 변수, 등간척도나 비율척도로 구성된 변수는 연속변수(continuous variables)라고도 부른다.
- 비율수준으로 갈수록 측정수준이 높으며, 하위 측정수준의 속성을 내포한다. 따라서 상위수준의 측정은 하위수준으로 전환이 가능하지만, 하위수준에서 이루어진 측정은 상위수준으로 전환할 수 없다. 예를 들어, 비율수준에서 이루어진 측정은 서열수준으로 전환할 수 있지만 서열수준에서 이루어진 측정은 비율수준으로 전환할 수 없다.

**측정수준별 특성 비교**

| 특성 \ 척도 | 명목척도 | 서열척도 | 등간척도 | 비율척도 |
|---|---|---|---|---|
| 범주(category) | ○ | ○ | ○ | ○ |
| 순위(order) | × | ○ | ○ | ○ |
| 등간격 | × | × | ○ | ○ |
| 절대 영(0) | × | × | × | ○ |
| 비교방법<br>(숫자부여방법) | 확인, 분류 | 순위비교 | 간격비교 | 절대력, 크기비교 |
| 수학<br>(산술적 계산) | = | =, >, < | =, >, <, ± | =, >, <, ±, ×, ÷ |
| 통계<br>(평균의 측정) | 최빈값 | 중앙값 | 산술평균 | 기하평균<br>모든 통계 |
| 예 | 성별, 계절, 운동선수 등번호, 종교 분류, 장애 유형, 지하철 노선, 결혼 여부, 인종, 지역 등 | 노인장기요양등급, 석차, 사회계층, 정치성향, 학력 등 | 도덕지수(MQ), 지능지수(IQ), 섭씨온도, 화씨온도, 물가지수 등 | TV시청률, 투표율, 가격, 신문구독률, 무게, 저축금액, 연령, 생산원가, 신장, 출생/사망률 등 |

보충자료

측정의 수준

### 측정의 수준

측정의 수준은 명목수준, 서열수준, 등간수준, 비율수준으로 나눌 수 있고, 수준이 높아질수록 더 많은 정보를 가지고 있다.

예를 들어, 명목수준은 분류의 정보를 담고 있어서 부여된 숫자가 다르면 서로 다른 집단에 속한다고 한다. 서열수준에는 분류의 의미뿐만 아니라 순서의 의미까지 더해진다. 등간수준으로 가면 일정한 간격의 의미가 추가되어서 더하기(+)와 빼기(-)까지 가능해지고, 비율수준이 되면 절대적인 의미의 0이 존재하고 그 숫자가 절대력의 의미를 갖게 되어서 곱하기(×)와 나누기(÷)까지 가능하게 된다. 더 높은 수준으로 갈수록 많은 정보가 있기 때문에 더 많은 분석이 가능해진다.

따라서 가능하면 높은 수준으로 측정할 수 있도록 하는 것이 바람직하다. 동일한 변수에 대해서도 연구자가 어떻게 측정하는가에 따라 수준이 달라질 수 있기 때문이다. 예를 들어, 학력에 대해서 설문 문항을 구성할 때, ① 무학 ② 초등학교 졸 ③ 중학교 졸 ④ 고등학교 졸 ⑤ 대학교 졸 ⑥ 대학원 졸 등으로 구성하면 서열수준이 되지만, 공식적인 교육을 받은 연수를 기입하도록 하면 비율수준이 될 수 있다. 그렇기 때문에 자신이 분석할 것을 충분히 고려해서 많은 정보를 담을 수 있도록 측정해야 된다.

# 3 측정의 신뢰도와 타당도

| 기출회차 | | | | |
|---|---|---|---|---|
| 1 | 2 | 3 | 4 | 5 |
| 6 | 7 | 8 | 9 | 10 |
| 11 | 12 | 13 | 14 | 15 |
| 16 | 17 | 18 | 19 | 20 |
| 21 | 22 | | | |

강의로 복습하는 기출회독 시리즈

Keyword 045

## 1. 측정의 신뢰도 22회 기출

중요도 ★★★

신뢰도의 개념이 무엇이며, 각각을 평가하는 방법에는 어떠한 것들이 있는지를 구분할 수 있어야 한다. 특히, 평가 방법에 관한 문제는 사례형으로 자주 출제되는 만큼 평가 방법의 유형별로 정의와 특징을 이해하는 동시에 사례를 통해 유형을 구별하는 능력을 키울 필요가 있다. 22회 시험에서는 신뢰도와 타당도를 비교하는 문제에서 신뢰도의 정의와 신뢰도 평가 방법에 관한 내용이 선택지로 출제되었고, 내적 일관성 방법에 근거한 신뢰도 측정방법에 관한 내용이 단독 문제로 출제되었다.

### 1) 신뢰도의 개념

- 신뢰도(reliability)는 측정값의 일관성을 의미한다. 즉, 같은 대상에 대해 반복적으로 측정할 때 어느 정도 동일한 측정값을 산출하는지의 정도를 말한다. 측정의 안정성, 일관성, 예측가능성 등으로 표현할 수 있다.
- 예를 들어, 저울이라는 측정도구를 이용해 철수의 몸무게를 반복적으로 측정했을 때 60kg, 60.2kg, 59.9kg, 60kg 등으로 대략 60kg 전후로 비슷한 측정값을 보였다면, 이 저울을 이용한 측정은 신뢰도가 있다고 하겠다. 그러나 철수가 저울에 올라갈 때마다 69kg, 50kg, 81kg 등으로 일관성 없는 측정값이 산출된다면, 이 저울을 이용한 측정은 신뢰도가 매우 떨어진다고 말할 수 있다.

### 2) 신뢰도 평가 방법

#### (1) 검사-재검사법(재검사법, test-retest method) 꼭!

- 신뢰도의 개념에 가장 근접한 방식으로 신뢰도를 평가하는 방법으로, 한 번의 측정이 이뤄진 후에 동일한 상황에서 동일한 측정도구, 동일한 대상을 다시 한 번 측정하여 두 측정값이 어느 정도 일관되는지를 비교하는 방법이다. 이는 도구의 안정성을 평가하는 것으로 측정결과의 일관성 정도를 나타낸다.
- 동일 대상에 대해 두 번 측정한 값 사이의 상관계수가 높을수록 신뢰도가 높다고 판단한다.
- 장점은 적용이 간편하고 측정도구 자체를 직접 비교할 수 있다는 것이다.
- 단점은 첫째, 두 검사 사이에 외생변수 등의 영향으로 대상의 속성이 실제로 변할 수 있는데, 그것이 측정값의 차이로 나타날 수 있기 때문에 신뢰성을 측정하는 데 한계가 있다. 둘째, 검사효과를 들 수 있는데, 첫 번째 검

사가 두 번째 검사에 영향을 줄 수 있으며 그것이 두 검사의 점수 차이로 나타날 수 있다.

**합격자의 한마디**

대안법과 반분법은 유사한 특징을 가져요. 대안법이 서로 다른 유사한 양식의 두 가지 측정도구로 동일한 대상을 측정해서 상관관계를 검증하여 신뢰도를 측정하는 방법이라면, 반분법은 측정도구의 전체 항목들을 둘로 나누어 두 가지 측정도구로 동일한 대상을 측정해서 상관관계를 검증하여 신뢰도를 측정하는 방법입니다.

### (2) 대안법(alternate-form method) 꼭!

- 복수양식법, 유사양식법, 평행양식법이라고도 한다.
- 검사-재검사법의 시간적 간격문제를 해결하고, 거의 동시에 측정하되 측정수단이나 관찰방법은 비슷하지만 서로 다른 두 가지 형태의 측정도구로 동일한 대상을 차례로 측정하고 그 점수들 사이의 상관관계를 통해 신뢰도를 검증하는 방법이다.
- 장점은 검사-재검사 방법의 외생변수 문제, 즉 주시험효과를 극복하는 데 어느 정도 유용하다는 점이다.
- 단점은 동일한 현상을 측정하는 데 사용될 두 개의 동등한 측정도구를 개발하는 것이 어렵다는 것과 주시험효과를 어느 정도 방지할 수 있지만 배제할 수는 없다는 것이다.

예 5문항을 만들어 검사할 때 각각의 문제에 유사한 한 문제씩을 더 만들어 모두 10문제를 만든다. 그 결과 유사한 5문항에 대한 점수를 상관시켜 두 점수가 높게 상관되었다면 신뢰성이 있다고 할 수 있다.

### (3) 내적 일관성 신뢰도법 꼭!

검사-재검사법은 두 번에 걸쳐 측정이 이뤄지지만, 대안법은 유사한 두 개의 측정도구를 함께 적용하기 때문에 신뢰도를 평가하기가 번거로울 수 있다. 이와 달리 하나의 측정도구를 한 번에 적용하여 측정한 후 그 안에서 신뢰도를 평가하는 방법을 내적 일관성 신뢰도법이라 하며 여기에는 반분법과 크론바하의 알파계수가 속한다.

#### ① 반분법(이분절기법)

- 측정도구를 반으로 나눠 같은 시간에 각각 독립된 두 개의 척도로 사용함으로써 신뢰도를 추정하는 방법이다. 이는 동질성의 원리에 입각해 측정도구의 신뢰도를 평가하는 방법이다.
- 장점은 반분된 측정도구로 동시에 측정이 가능하기 때문에 검사-재검사 방법의 단점을 보완할 수 있고, 서로 측정시간이 다를 때의 시간간격으로 파생되는 외생변수의 영향을 배제할 수 있으며, 동일 대상의 속성을 한 번만 측정함으로써 반복 검사에서 나타나는 검사효과(주시험효과)도 배제할 수 있다는 것이다.
- 단점은 반으로 나누어진 각각의 측정문항들을 완전히 동등하게 만들기 어렵고 측정문항이 적은 경우는 사용할 수 없다는 것이다.

- 한 측정도구 내에서의 상관관계에 기초해 신뢰도를 판단하기 때문에, 뒤에 나오는 크론바하 알파계수와 더불어 내적 일관성 분석법에 해당한다. 그러나 반분법은 크론바하의 알파계수와 다음 면에서 차이가 있다.
  - 반분법: 반분을 어떻게 하느냐에 따라 다양한 상관계수(신뢰도계수)가 산출된다.
  - 크론바하의 알파계수: 단일한 신뢰도계수를 산출한다.

**반분법**

이 방법은 하나의 척도를 각각 절반의 문항으로 구성된 2개의 척도로 나누어 동일한 대상을 측정해서 신뢰도를 파악하는 방법이다. 2개의 척도의 측정값의 상관관계가 높다면 신뢰도가 높다고 할 수 있다. 문항을 2개의 척도로 분리하는 방법은 문항 번호에 따라 홀수 문항과 짝수 문항으로 분류할 수도 있고, 무작위로 분류할 수도 있다.

신뢰도를 평가하는 또 다른 방법인 검사 · 재검사법은 동일한 대상에 대해 동일한 척도로 두 번 측정을 실시하고 그에 따른 측정값 사이의 상관관계가 높을수록 신뢰도가 높다고 본다. 또한 검사 · 재검사법은 두 번 측정을 실시해야 하는 불편함이 있고, 검사효과가 나타날 수도 있다. 이에 비해 반분법은 한 번에 동일한 대상을 측정할 수 있다.

이 방법은 척도를 구성하는 문항들이 동일한 개념을 측정하고 있다는 동질성의 원리에 입각해서 신뢰도를 평가하는 것이다. 만약 다른 개념을 측정하는 문항이 있을 경우 적용할 수 없다.

반분법은 척도의 문항을 어떻게 절반, 즉 두 조합으로 나누느냐에 따라서 상관관계, 즉 신뢰도가 달라질 수 있다. 문항 전체의 신뢰도는 측정할 수 있지만 개별 문항의 신뢰도나 개별 문항이 전체 척도의 신뢰도에 미치는 영향을 별도로 측정할 수 없는 한계가 있다. 따라서 2개의 척도의 상관관계가 낮을 경우 개별 문항의 신뢰도를 측정할 수 없기 때문에 어떤 문항을 제거해야 할지 알 수 없다.

**② 크론바하의 알파계수**

- 문항들을 반으로 나누는 방식에 따라 신뢰도계수가 달라지는 반분법의 문제를 해결하기 위해 반분법에서 산출한 모든 신뢰도계수들의 평균값으로 신뢰도를 계산하는 방법이다.
- 내적 일관성 신뢰도계수를 산정하는 가장 일반적 방법은 크론바하(Cronbach)의 알파(α)계수이다.
- 크론바하의 알파계수 특징
  - 0에서 1까지의 값을 가짐, 1에 가까울수록 신뢰도가 높음
  - 척도를 구성하는 문항들 간의 상관관계가 증가할수록 신뢰도계수 값이 커짐
  - 문항의 수가 증가할수록 신뢰도계수가 커짐
  - 보통 크론바하의 알파계수가 0.6~0.7 이상이면 척도의 신뢰도가 있는

것으로 간주됨

- 장점
  - 단일한 신뢰도계수를 산출할 수 있음
  - 신뢰도를 저해하는 문항을 찾아내어 이를 제외시킴으로써 척도의 신뢰도를 높이는 데 사용됨
  - 컴퓨터 통계프로그램을 이용하여 간단히 산출할 수 있음

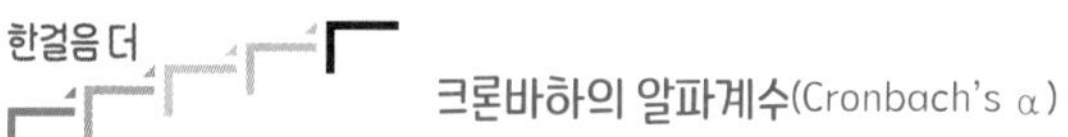


크론바하의 알파계수(Cronbach's α)

반분법과 마찬가지로, 내적 일관성 방법에 따라 신뢰도를 측정하는 기법으로, 가능한 모든 반분법을 시행했을 때의 신뢰도의 평균값이다. 이는 매우 방대한 계산을 필요로 하기 때문에 spss와 같은 컴퓨터 통계 프로그램이 보급된 이후 널리 쓰이게 되었다.

$$\alpha = \frac{k}{k-1}\left(1-\Sigma\frac{\sigma_i^2}{\sigma_y^2}\right)$$

k = 항목수, $\sigma_y^2$ = 총분산, $\sigma_i^2$ = 각 항목의 분산

### 3) 신뢰도를 높이는 방법

- 측정항목의 모호성을 줄이고 되도록 구체화하여 일관된 측정이 가능케 한다.
- 응답자가 무관심하거나 잘 모르는 내용은 측정하지 않는 것이 좋다.
- 응답자의 수준에 적합한 내용을 측정한다.
- 신뢰도를 떨어뜨리는 측정항목을 제외한다.
- 측정항목(하위변수)을 늘리고 선택범위(값)를 넓혀야 한다. 측정항목이 많거나 선택범위가 넓을수록 신뢰도는 증가하고, 반대로 항목 수가 적거나 선택범위가 좁을수록 신뢰도가 낮아지는 경향이 있다.
- 신뢰도가 검증된 표준화된 측정도구를 활용하는 것이 유리하다. 그러나 기존의 측정도구를 무조건 신뢰해서는 안 되며, 그 신뢰도에 대해 충분한 검토가 선행돼야 한다.

# 2. 측정의 타당도 22회 기출

중요도 ★★★

타당도의 개념과 평가 방법에는 어떠한 것들이 있는지를 구분할 수 있어야 한다. 측정의 타당도는 측정이 잘 되었는지 여부를 평가하는 기준이고, 조사설계의 타당도는 가설검증을 위한 조사설계가 잘 되었는지 여부를 평가하는 기준임을 혼동하지 말자. 22회 시험에서는 신뢰도와 타당도를 비교하는 문제에서 타당도 평가 방법에 관한 내용이 선택지로 출제되었다.

## 1) 타당도의 개념

- 타당도(타당성, validity)는 "측정하고자 하는 개념을 얼마나 정확히 측정하였는가"를 말한다. 즉, 타당도는 측정한 값과 대상의 진정한 값과의 일치 정도를 의미한다. 타당한 측정도구는 측정하고자 하는 바를 정확하게 측정해야 한다.
- 예를 들어, 철수의 실제 몸무게는 75kg인데 어떤 저울을 이용하여 철수의 몸무게를 측정했더니 67kg이라는 측정값이 산출됐다면 이 저울을 이용한 측정은 타당도가 매우 떨어진다고 할 수 있다.
- 신뢰도와의 차이: 신뢰도는 측정값들 사이의 일치도를 말하는 개념이고, 타당도는 측정값과 실제값(혹은 진정한 값) 사이의 일치도를 말하는 개념이다. 예를 들어, 실제로는 75kg인 철수가 어떤 저울에 올라가 자신의 몸무게를 측정하였더니 저울의 측정값이 67kg이었고, 다시 한 번 저울에 올라가 몸무게를 측정했더니 몸무게가 67kg이었다면, 이 저울은 실제값을 보여주지 않으므로 타당도는 낮지만 측정값들 사이에는 일관성이 있으므로 신뢰도는 높다고 하겠다.

## 2) 타당도 평가 방법

### (1) 내용타당도(content validity) 꼭!

- 액면타당도(face validity)라고도 한다.
- 내용타당도란 측정도구에 포함된 설문문항들이나 관찰내용들이 측정하려고 하는 속성이나 개념을 얼마나 대표성 있게 포함하고 있는가에 대해 논리적으로 판단하는 것이다.
- 내용타당도를 판단하기 위해서는 측정 대상이 되는 개념에 대한 전문가, 측정도구 개발에 대한 전문가, 혹은 예비 측정대상자들을 통해 측정 내용들이 타당하다고 볼 수 있는지를 확인한다.
- 단점: 궁극적으로 전문가의 주관적 판단에 의존할 수밖에 없는 한계를 지니며, 통계적 검증이 어렵다.

예 사회복지조사론 기말고사 시험(시험범위: 1장~13장)에서 대부분의 문제가 3~5장 범위 사이에서 출제되었고 8~13장 사이에서는 거의 출제되지 않았다고 한다면 이 기말고사 시험은 학생들의 사회복지조사론 실력을 제대로 측정하고 있다고 볼 수 없다(즉, 내용타당도가 떨어진다). 사회복지조사론의 전반적인 내용을 골고루 포함하고 있는 시험이어야 사회복지조사론 실력을 제대로 측정하는 측정도구라고 할 수 있기 때문이다.

**내용타당도**

해당 분야의 전문가들이 측정도구가 목적에 필요한 내용들을 모두 포함하고 있는가와 관련 없는 내용이 포함된 것은 없는지 등에 대해서 검토한 결과에 기초한다. 주로 전문가의 주관적인 판단에 의존하므로 편향이나 오류의 가능성을 배제하기 어렵다.

예 지능검사의 경우 문제해결능력, 창의력, 판단력 등을 포괄해야 한다. 부부 간 폭력을 조사하는 척도의 경우 언어 폭력, 신체적 폭력, 정서적 폭력, 성폭력 등을 측정할 수 있는 내용을 모두 포함해야 한다.

**기준타당도**

현재 기준과의 상관관계는 동시적 기준타당도, 미래 기준과의 상관관계는 예측적 기준타당도

**예측타당도의 사례**

수학능력시험에서 높은 점수를 받은 학생들이 대학에서 학점이 높을 때 수학능력시험의 예측타당도는 높다고 할 수 있다. 직장에서 신입사원을 채용하는 경우에 적성검사나 업무수행능력 시험을 본다. 이러한 검사나 시험들은 미래의 행위와 능력을 예측하는 것이 목적이기 때문에 예측타당도를 갖고 있어야 한다.

**동시타당도의 사례**

스트레스 정도를 측정하는 척도를 현재 스트레스로 질환을 앓고 있는 환자들을 대상으로 측정했을 때 환자들의 스트레스 수준이 높게 나타나는 경우 동시타당도가 높다고 볼 수 있다.

### (2) 기준(관련)타당도(criterion validity) 꼭!

내용타당도가 전문가의 주관적 판단에 따라 측정도구의 타당도를 따지는 것과 달리, 기준타당도는 보다 객관적인 외부의 기준에 의거해 측정도구의 타당도를 따지는 타당도 평가방법을 말한다. (이미 타당도를 인정받은) 기존의 측정도구와 새로운 측정도구에 의한 결과를 비교하여 새로운 측정도구의 타당성을 평가한다. 기준타당도에는 예측타당도와 동시타당도가 있다.

#### ① 예측타당도(예측적 기준타당도, predictive validity)

측정도구를 이용하여 측정한 결과가 미래의 사건이나 행위, 태도, 결과 등을 얼마나 잘 예측할 수 있는가를 통해서 타당도를 평가하는 방법이다.

예 대학수학능력시험에서 A학생은 성적이 높게 나왔고, B학생은 성적이 낮게 나왔지만 두 학생 모두 같은 학과에 합격하였다. 입학 후에 B학생이 A학생보다 공부를 더 잘하는 것으로 나타났다면, 입학시험의 원래 목적인 입학 후의 수학능력의 예측이라는 측면에서 측정도구인 입학시험은 측정목적인 입학 후 수학능력과의 상관관계가 결여됐으므로, 수학능력을 예측하는 데 실패하였기에 예측타당도가 낮다고 할 수 있다.[14)]

#### ② 동시타당도(동시발생적 기준타당도, concurrent validity)

예측타당도를 확인하려면 예견된 사건이 일어나는지를 확인하기 위해 일정 정도의 시간을 기다려야 한다. 그와 달리 동시타당도는 측정도구의 측정값을 외적인 기준과 동시적인 시점에서 비교하여 타당도를 평가하는 방법이다. 즉, 타당도를 평가하고자 하는 측정도구로 측정한 값이 기준이 되는 다른 측정도구의 측정값 혹은 이미 존재하고 있는 측정도구와 비교하여 그 결과가 얼마나 일치하는가를 따짐으로써 측정도구의 타당도를 평가하는 방법을 말한다.

예 우울을 측정하기 위해 만든 측정도구가 타당도가 있는지 알아보기 위해 타당도가 이미 검증된 다른 우울 측정도구를 측정대상들에게 동시에 적용한 뒤, 두 측정도구의 값을 비교하는 것은 동시타당도에 해당된다. 혹은, 우울을 측정하기 위해 만든 측정도구의 타당도를 알아보기 위해 측정대상들에게 해당 측정도구에 응답하게 한 뒤, 바로 정신과 의사를 면담하게 한 후 정신과 의사가 우울이 의심된다고 지목한 사람이 측정도구에서의 측정값도 높았는지를 비교하는 방법 역시 동시타당도에 해당된다. 정신과 의사는 정신과적 질환을 판별하는 것과 관련해 이미 존재하는 공인된 외적 기준이라고 볼 수 있기 때문이다.

**구성타당도**

이론적 관련성에 의거하여 타당도 판단. 이해타당도, 수렴타당도, 판별타당도, 요인분석 등

### (3) 구성타당도(construct validity) 꼭!

- 개념구성타당도, 구성체타당도, 구성개념타당도, 개념타당도 등으로도 번역된다.
- 구성타당도는 측정되는 개념이 전반적인 이론적 틀 속에서 다른 개념들과 실제적 · 논리적으로 적절한 관련성을 갖고 있는 정도를 검증하는 방법이다. 예를 들어, '결혼만족' 척도를 개발했다면 이 척도의 타당도를 측정하려고 할 때, 만일 이론적으로 높은 결혼만족이 가정폭력을 낮게 한다면, 경험적으로 개발한 척도에서 높은 점수를 받은 부부의 가정폭력이 적게 나타나야 한다.

- 내용타당도는 전문가의 판단에 의거하여, 기준타당도는 외적인 기준에 의거하여 측정도구의 타당도를 평가하는 방식이라면, 구성타당도는 이론적인 틀 속에서 타당도를 평가하는 것이 특징이다.
- 구성타당도는 통계분석방법 중에서 요인분석을 통해 검토할 수 있다.
- 구성타당도를 평가하는 과정은 1) 척도가 이론적 기대에 들어맞는지의 여부를 검증하는 것(이해타당도)과 2) 척도가 집중타당도와 판별타당도를 둘 다 갖는지에 대한 평가를 포함하게 된다. 즉, 구성타당도는 이해타당도, 집중타당도, 판별타당도로 구성되어 있는데, 이 세 가지의 타당도가 높아야 구성타당도가 높다고 말할 수 있다.

#### ① **이해타당도**(nomological validity)

측정도구가 특정 구성개념을 이론적 구성도에 따라 체계적 · 논리적 · 포괄적으로 이해하고 있는 정도를 의미한다. 여러 개념을 체계적으로 이용한 이론이나 측정도구가 이해타당도가 높다.

예 지능: 창조력, 문제를 푸는 능력, 판단력, 순간적인 대처능력 등으로 다양하게 정의될 수 있다.

#### ② **집중(수렴)타당도**(convergent validity)

동일한 개념이나 이론적으로 연관성이 높을 것으로 예상되는 개념들을 측정하는 서로 다른 측정도구의 측정결과 간의 상관관계가 높을 경우 수렴타당도가 높다고 볼 수 있다.

예 문제 해결 능력의 측정을 위해 두 가지 도구를 개발했다. 즉, 선생님의 질문에 대답하는 것과 시험 문제지를 통한 측정결과 두 방법 간의 상관관계가 높게 나왔다면, 수렴타당도가 높다고 말할 수 있다.

#### ③ **판별타당도**(discriminant validity)

A와 B라는 측정도구가 서로 다른 개념을 측정(혹은 이론적으로 연관성이 낮은 개념을 측정)하는 도구라면, 동일한 대상을 측정했을 때 얻은 측정값들 간의 상관관계가 낮아야 함을 의미한다.

예 문제 해결 능력과 창조력이라는 서로 다른 개념을 측정한 측정도구의 측정값들 간 상관계수가 낮게 나왔다면 판별타당도가 높다고 말할 수 있다.

### 요인분석이란?[15)]

요인분석은 연구하고자 하는 현상 또는 추상적인 개념이 몇 개의 요인들로 구성되어 있다고 가정하고, 그러한 요인들 각각을 측정할 수 있는 여러 개의 질문문항들을 만들어 조사를 실시한 후, 그 결과를 분석하여 원래 예상했던 요인들이 나타났는가, 또 나타난 요인들이 원래 작성했던 문항들로 구성되었는가를 검증하는 타당도 검증방법이다. 높은 상관관계를 보이는 문항들끼리는 동일한 개념을 측정하는 것으로 간주되어 하나의 요인으로 묶이게 된다. 요인분석을 통해 적절히 요인으로 묶이지 않는 문항이나 다른 요인으로 묶이는 문항들은 해당 요인을 타당하게 측정하지 못한 것으로 간주되어 척도의 문항에서 제외하거나 수정하게 된다.

중요도 ★★★

타당도와 신뢰도의 관계를 묻는 문제는 타당도와 신뢰도의 개념을 명확하게 이해하지 못하면 헷갈릴 수 있기 때문에 무엇보다 타당도와 신뢰도의 개념을 확실하게 정리하는 것이 필요하다. 22회 시험에서는 신뢰도와 타당도를 비교하는 문제에서 신뢰도와 타당도의 관계에 관한 내용이 선택지로 출제되었다.

## 3. 타당도와 신뢰도의 관계 22회 기출

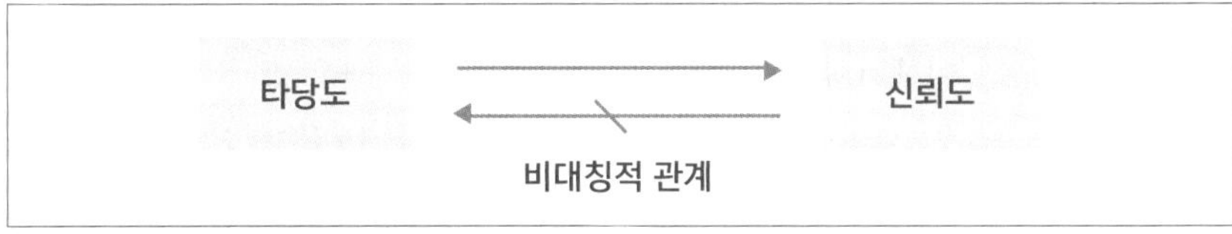


- 신뢰도는 측정의 일관성, 즉 같은 대상에 대해 반복적으로 측정할 때 어느 정도 동일한 측정값을 나타내는지를 말한다. 아래 '한걸음 더'의 신뢰도와 타당도의 관계에서 보이는 화살과녁을 보면, 화살에 맞은 지점이 어느 한 곳에 모여 있다면 이것은 신뢰도가 높음을 나타낸다. 즉, 여러 번 화살을 쐈어도 동일한 곳에 모두 화살이 맞은 것이다. 신뢰도는 화살을 여러 번 쐈을 때 화살과녁의 어느 부분에 맞았는가는 중요하지 않고 동일한 곳에 맞았는가가 중요하다.
- 타당도는 측정의 정확성, 즉 측정하고자 하는 개념을 얼마나 정확히 측정하였는가를 말한다. 아래 '한걸음 더'의 신뢰도와 타당도의 관계에서 보이는 화살과녁을 보면, 화살의 목표인 화살과녁 정중앙에 화살에 맞은 지점이 모여 있다면 이것은 타당도가 높음을 나타낸다. 즉, 여러 번 화살을 쐈는데 화살의 목표인 정중앙에 모두 화살이 맞은 것이다. 이 경우 정중앙에 모두 화살이 맞았으므로 타당도도 높지만, 동일한 곳(정중앙)에 모두 화살이 맞은 것도 되므로 신뢰도도 높다.
- 타당도가 높으면 신뢰도도 반드시 높다. 타당도가 낮으면 신뢰도는 높을 수도 있고, 낮을 수도 있다.
- 신뢰도가 높으면 타당도는 높을 수도 있고, 낮을 수도 있다.
- 신뢰도는 타당도의 필요조건이지만 충분조건은 아니다. 즉, 신뢰도는 타당도 확보를 위한 기본적 전제 조건이다.

• 측정도구의 타당도가 확보되었다면 어느 정도 신뢰도가 있는 측정도구라고 볼 수 있지만, 신뢰도가 확보된 측정도구라 해도 타당도는 확보되지 않은 경우가 있을 수 있다.

한걸음 더

### 신뢰도와 타당도의 관계

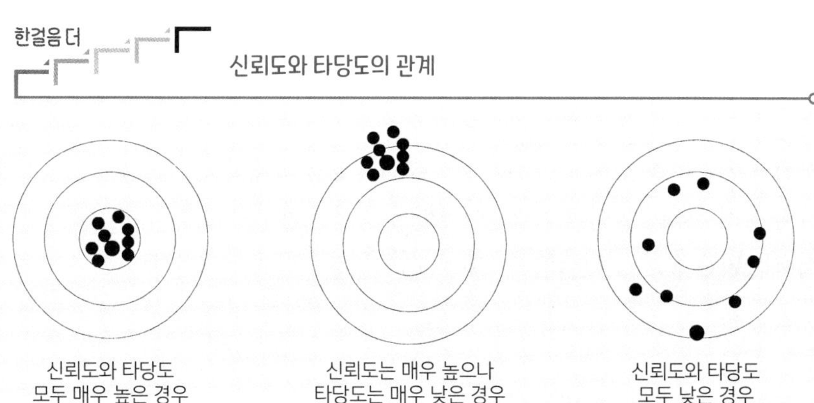

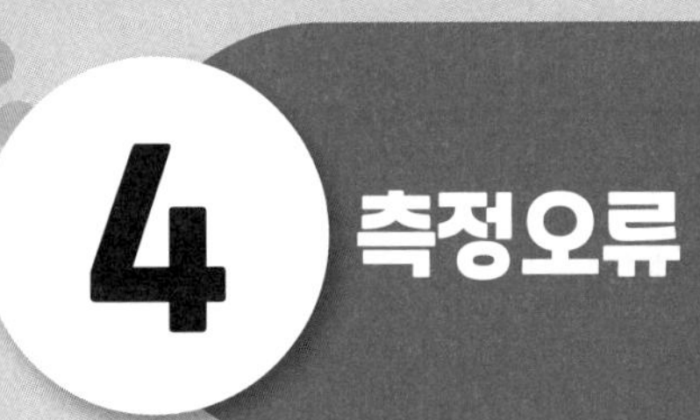

# 4 측정오류

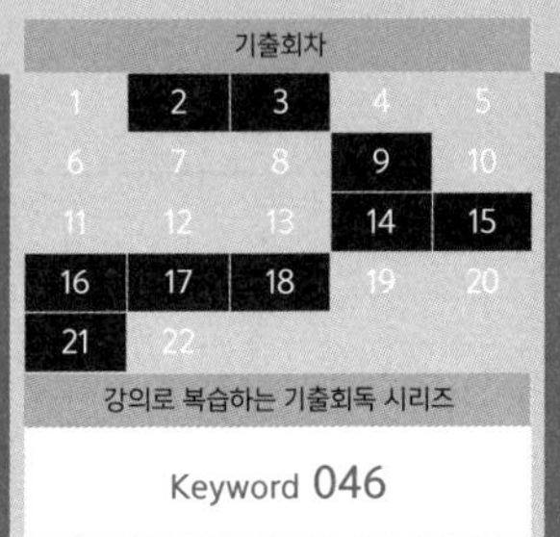

기출회차
1
2
3
4
5
6
7
8
9
10
11
12
13
14
15
16
17
18
19
20
21
22
강의로 복습하는 기출회독 시리즈
Keyword 046


사회과학에서 측정하려는 것은 주로 조사대상자의 태도, 행동, 특성 등에 관한 추상적인 개념들이 많은데, 이러한 추상적인 개념을 경험화하는 측정과정에서는 많은 오류가 발생할 수 있다.

## 1. 단계별 오류발생 원인

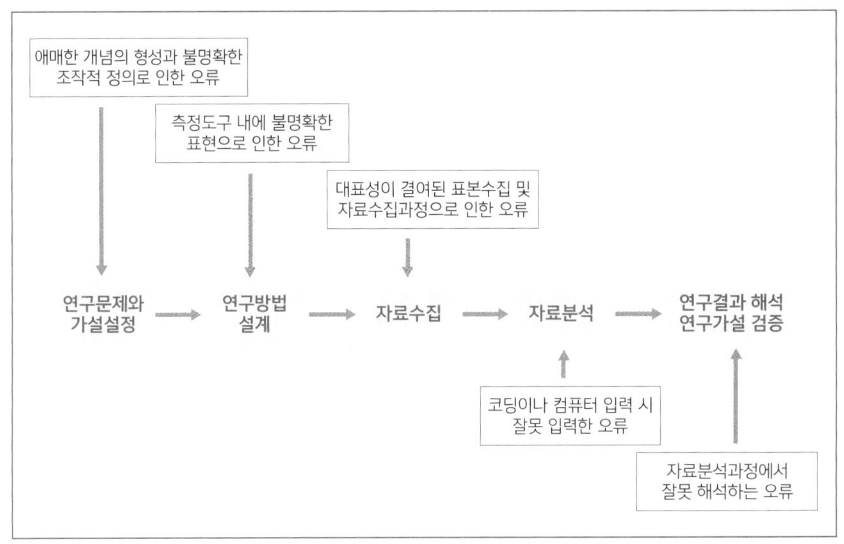


## 2. 측정오류

중요도 ★★

측정오류에는 체계적 오류와 무작위적(비체계적) 오류가 있는데, 이 두 오류가 어떤 면에서 차이가 있는지, 그리고 측정오류를 줄이기 위해서 어떠한 노력이 필요한지 알아두자.

측정오류는 변수를 측정하는 과정에서 나타나는 오류로서 측정오차라고도 한다. 본질적으로 신뢰도와 타당도의 문제이며 타당도는 체계적 오류, 신뢰도는 비체계적 오류와 관련된 개념이다.

### (1) 체계적 오류

변수에 일정하게 체계적으로 영향을 주어 측정결과가 모두 높아지거나 모두 낮아지게 되는 편향된 경향을 보이는 오류이다.

**체계적 오류**

인구통계학적 또는 사회경제적인 특성으로 인해 일정한 방향으로 오류가 나타나는 경향과 개인적 성향으로 일정하게 나타나는 경향에서 발생

#### ① 인구통계학적, 사회경제적 특성으로 인한 오류

성별, 학력, 소득, 종교, 직업, 인종, 사회적 지위, 문화 등과 같이 인구통계학적 또는 사회경제적인 특성으로 인해 일정 방향으로 오류가 나타나는 경향을 말한다.

예 응답의 선행효과: 응답자가 고학력일수록 응답문항 중 앞쪽에 있는 답을 선택하는 경향
응답의 후행효과: 응답자가 저학력일수록 응답문항 중 뒤쪽에 있는 답을 선택하는 경향

#### ② 개인적 성향으로 인한 오류

개인적 성향에 의한 것으로 무조건 긍정적이거나 부정적이거나 중립적인 개인적 성향에 따라 나타나는 오류이다.

예 관용의 오류: 무조건 긍정적인 입장
가혹의 오류: 무조건 부정적인 입장
중앙집중 경향의 오류: 무조건 중립적인 입장
대조의 오류: 자기 자신과 상반되는 것으로 다른 사람을 평가하려는 오류
후광효과: 측정대상의 한 가지 속성에 강한 인상을 받아 그것으로 전체 속성을 평가하는 데 부당한 영향을 미치는 성향

#### ③ 측정하려는 개념이 태도인지 행동인지 모호할 때 발생하는 오류

태도(attitude)를 측정하려는 것인지 행동(behavior)을 측정하려는 것인지 모호할 때, 즉 태도를 측정하면서 실제로는 행동을 예측한다거나, 반대로 행동을 측정하여 태도를 예측하는 것과 같은 경우 체계적인 측정오류가 발생할 수 있다. 설문조사에서 후원의사가 있는지를 묻는 것은 후원에 대한 태도를 묻는 것이지만 실제 후원하는지를 관찰한다면 이는 행동을 조사하는 것이다.

#### ④ 편향에 따른 오류

자료수집과정에 편향(편견, bias)이 개입될 때도 체계적 오류가 발생할 수 있다. 연구자 자신이 원하는 응답을 하도록 구성된 질문을 제시하는 경우, 연구자의 가설에 일치되는 방향으로 응답할 때마다 연구자가 호의적인 반응을 보이게 되는 경우, 혹은 조사대상자들의 실제 견해나 행동을 숨기고 다른 방식으로 응답하는 경우 등이 편향에 의해 체계적 오류가 발생할 수 있는 경우에 해당된다.

- 고정반응에 의한 편향: 고정반응(acquiescent response set)은 설문지에서 일정한 유형의 질문 문항들이 연속될 때 응답자들이 고정된 반응을 나타내

는 것을 말한다. 고정반응을 일으킨 응답자는 개별 문제들을 일일이 생각해 보지 않고, 내용에 상관없이 진술의 대부분이나 전부에 동의하거나, 반대로 동의하지 않는 태도를 보인다.

- 사회적 적절성의 편향: 사회적 적절성 편향(social desirability bias)은 응답자들이 조사자의 의도에 맞춰 대답하거나 집단적 규범에 일치하는 응답을 하는 경우이다. 이런 경우는 응답자 개인의 생각을 측정하기보다는 사회적으로 무엇이 바람직한가 하는 사회적 기대에 부응한 생각을 측정하는 결과를 낳는다.
- 문화적 차이에 의한 편향: 문화적 차이 편향은 측정과정에 문화적 차이가 스며들어 측정의 체계적 오류를 일으키는 경우이다. 어떤 문화집단에서는 자연스럽게 이해되는 사실도 다른 문화집단에서는 부자연스럽거나 잘 모르는 경우가 흔히 있다. 예를 들어, IQ검사의 경우 저소득 집단의 지능 측정에 오류가 있다는 문제가 지적되어 왔는데, 경험이나 기회에 차이가 있는 저소득층 아동들이 중산층 환경을 전제로 만들어진 IQ검사를 받을 경우 불리할 수밖에 없다는 것이다.

**비체계적 오류**

측정대상, 측정과정, 측정수단, 측정자 등에 일관성 없이 영향을 미침으로써 발생하는 오류

### (2) 비체계적 오류(무작위적 오류)

오류의 값이 인위적이거나 편향된 것이 아니라 다양하게 분산되어 있어 무작위적으로 발생하는 오류이다. 측정대상, 측정과정, 측정수단, 측정자 등에 일관성 없이 영향을 미침으로써 발생하는 오류이다.

- 측정자로 인한 오류: 건강, 사명감, 기분, 관심사 등과 같은 신체적 · 정신적 요인
- 측정대상자로 인한 오류: 긴장, 피로, 불안 등과 같은 신체적 · 정신적 요인
- 측정상황 요인으로 인한 오류: 측정장소, 측정시간, 좌석배열, 소음, 조명, 부모참석 등
- 측정도구로 인한 오류: 측정도구에 대한 사전 교육이 충분하지 않을 때

## 3. 비체계적인 오류를 줄이는 방법

비체계적 오류는 측정도구, 측정대상, 측정상황의 3가지 측면에서 모두 발생하는데, 이것을 줄이기 위해서는 다음과 같은 방안을 강구해야 한다.[16]

- 측정도구의 내용을 명확하게 한다.
- 측정항목 수를 가능한 범위 안에서 늘린다.
- 측정자들의 측정방식이나 태도에 일관성이 있어야 한다.

• 조사대상자가 잘 모르거나 관심이 없는 내용에 대해서는 측정하지 않는다.
• 신뢰할 수 있는 측정도구를 사용한다.
• 측정자에게 측정도구에 대한 교육과 훈련을 통해 사전준비를 철저히 한다.

### 신뢰도와 타당도는 측정오류들과 어떤 연관이 있을까?

체계적 오류란, 어떤 요인이 변수에 일정하게 영향을 주어, 측정 결과가 모두 높아지거나 모두 낮아지게 되는 편향된 경향을 보이는 오류로서, 결국 이 오류들은 참값은 아니지만, 일정한 규칙은 있게 되는 것이다. 따라서 체계적 오류가 있을 경우에 척도는 반복해서 측정하여도 그 측정의 값이 달라지는 건 아니지만, 참값을 측정할 수는 없는 것이다. 즉, 타당도에 문제가 있다. 한편, 비체계적 오류란, 일정한 규칙이나 원인을 알 수 없이 값이 무작위적으로 들쭉날쭉하게 측정되는 것을 말한다. 이 경우 반복해서 측정할 때 값이 일정하지 않을 가능성이 높다. 즉, 신뢰도가 낮게 되는 것이다.

신뢰도와 타당도의 사례 중 자주 등장하는 저울의 경우를 가지고 다시 살펴보면, 체계적 오류가 있는 경우, 철수가 몸무게를 측정할 때 몰래 돌멩이를 하나 올려놓아 몸무게를 실제보다 5kg 높게 측정되도록 조치하는 것과 같다. 즉, 저울은 계속 같은 몸무게를 나타내지만, 그 값은 참값이 아닌 즉 타당도에는 문제가 있는 값이다. 반면, 저울로 무게를 달아주는 사람이 시력이 낮아 몸무게를 가르키는 바늘을 뿌옇게 보아서 75kg이라고도 읽었다가 77kg이라고도 읽는 등 무작위적으로 해석하는 경우 이것은 비체계적 오류로 인해 신뢰도에 문제가 있는 측정의 예라고 할 수 있다.

# 8장 척도

| 한눈에 쏙! | | 중요도 |
|---|---|---|
| ❶ 척도의 개념 | 1. 척도의 의의 | |
| | 2. 지수와 척도 | |
| | 3. 척도 작성과정 | |
| | 4. 척도를 사용하는 이유 | |
| | 5. 사회복지에서 척도의 활용지침 | |
| ❷ 척도화의 유형 | 1. 명목척도화 | ★★ |
| | 2. 서열척도화 | ★★★ 22회 기출 |
| | 3. 등간-비율척도화 | ★★★ |

# 기출경향 살펴보기

## 이 장의 기출 포인트

척도의 유형별 특징을 비교하는 문제, 특정 척도 유형에 대한 특징을 묻는 문제, 척도의 사례를 제시하고 해당하는 척도를 고르는 문제가 주로 출제되고 있다. 리커트 척도, 보가더스의 사회적 거리 척도, 의미분화 척도, 써스톤 척도 등 다양한 유형의 척도가 단독 문제로 출제되고 있다. 기본개념서 본문에 제시된 각 척도의 실제 형태와 사례를 보며 특징 및 장단점을 정리해야 한다.

## 최근 5개년 출제 분포도

연도별 그래프

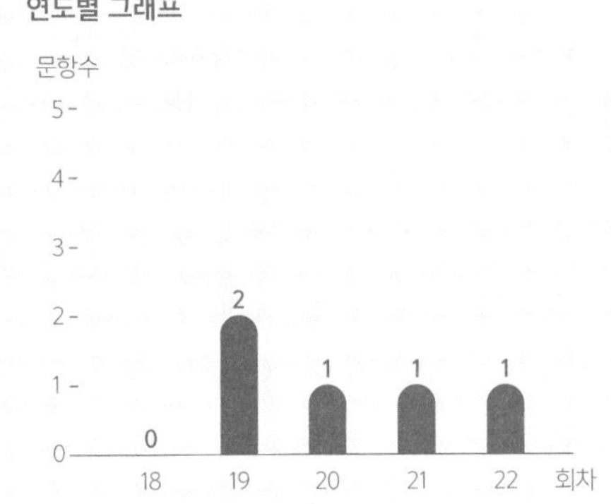


평균출제문항수

**1.0** 문항

## 2단계 학습전략

데이터의 힘을 믿으세요!
강의로 복습하는 **기출회독 시리즈**

3회독 복습과정을 통해
최신 기출경향 파악

## 최근 10개년 핵심 키워드

| 기출회독 **047** | 척도화의 유형 | 7문항 |
|---|---|---|

**기본개념 완성을 위한 학습자료 제공**

기본개념 강의, 기본쌓기 문제, O X 퀴즈, 기출문제, 정오표, 묻고답하기, 지식창고, 보충자료 등을 **아임패스**를 통해 만나실 수 있습니다.

기출회차

| 1 | 2 | 3 | 4 | 5 |
|---|---|---|---|---|
| 6 | 7 | 8 | 9 | 10 |
| 11 | 12 | 13 | 14 | 15 |
| 16 | 17 | 18 | 19 | 20 |
| 21 | 22 | | | |

강의로 복습하는 기출회독 시리즈

Keyword 047

# 1 척도의 개념

## 1. 척도의 의의

### (1) 광의의 의미

- 척도란 측정을 위한 도구다. 즉 일정한 규칙에 따라 관찰된 현상에 대해 수치나 기호를 부여하기 위해 사용되는 도구다. 관찰된 현상에 대해 일정한 규칙에 따라 수치나 기호를 부여하는 것을 측정이라 하고, 이 측정을 위한 도구를 척도라고 한다. 결국, 척도는 측정하고자 하는 대상에 부여하는 숫자나 기호들의 체계이다.
- 자연과학에서는 측정대상이 주로 물질적이기 때문에 척도는 온도계, 체중계, 자, 저울 등이지만, 사회복지와 같은 사회과학에서는 측정대상이 대부분 비물질적이기 때문에 주로 논의되는 척도는 특정 변수를 종합적으로 측정하기 위해 논리적이고, 경험적으로 연관된 하나 또는 다수의 문항들로 구성되어 있다.

### (2) 협의의 의미

하나의 개념을 측정하기 위해 둘 이상의 복수 지표나 문항(항목)을 사용하여 측정하는 도구를 좁은 의미에서 척도라 하기도 한다.

## 2. 지수와 척도

### (1) 지표(指標, indicator)

지표는 변수의 속성을 나타내는 요소다. 사회복지의 속성은 삶의 기본 요소, 사회경제적 요소, 사회정치적 요소, 사회문화적 요소 등으로 표현된다. 이들 요소 하나 하나가 사회복지라는 변수의 지표에 해당한다. 예를 들어, 사람들의 사회경제적 지위는 그 사람의 소득, 학력, 직업, 종교 등의 지표를 통해 파악된다.

### (2) 지수(指數, index)

변수들은 복합적인 성질을 갖고 있기 때문에 개별적인 지표 하나로는, 즉 단순지표로는 변수의 속성을 정확하게 파악하기 어렵다. 따라서, 더 정확한 측정을 위해서는 다의적이고 복합적인 측정치를 사용해야 한다. 이러한 복합측정치를 지수(指數, index)라 한다. 지수란 다의적이고 복합적인 특성을 갖고 있는 개념을 양적으로 측정하기 위해서 고안된 다수의 지표들을 하나로 묶어 단일 수치로 표현한 것이다. 예를 들어, 사회지표, 소비자물가지수, 생산성지수, 행복지수 등을 들 수 있다.

**지수**

- 지수는 측정대상의 개별적인 속성에 부여한 개별지표 점수의 단순한 합으로 또는 개별지표 점수에 가중치를 곱해 합산하여 구성됨
- 척도에 비해 객관적인 지표들로 구성됨

### (3) 척도(尺度, scale)

측정대상의 개별적인 속성들을 종합적으로 측정함으로써 변수와 관련된 여러 차원을 측정하고 각각의 차원에(각각의 지표에) 점수를 할당하여 항목 간(지표 간)에 서열을 가릴 수 있도록 한다.

**척도**

- 측정을 하기 위한 도구
- 사회과학에서의 척도는 주로 다수의 문항들로 구성되어 있음
- 지수에 비해 주관적인 지표들로 구성됨

### (4) 지수와 척도의 구분

지수와 척도라는 용어를 구분하는 기준은 명확하지 않아 혼용하기도 하는데, 지수와 척도는 둘 다 한 개념을 복수 지표로 측정한다는 점에서 공통점을 갖는다. 그러나 경험적으로 쉽게 인식할 수 있는 보다 객관적인 지표들로 구성된 것을 지수라고 하고, 사람들의 태도 등 주관적인 변수를 측정하기 위한 것은 척도라고 하는 경우가 많다.

## 3. 척도 작성과정

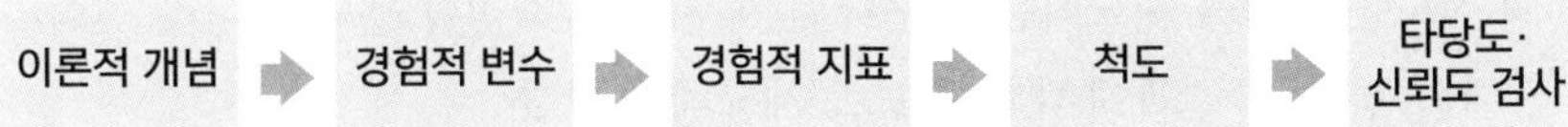


첫째, 문제에 관한 속성을 인지하고, 이것을 표현하는 이론적 개념을 형성한다.
둘째, 이론적 개념의 내용을 특정화하여 경험적 관찰이 가능한 변수로 전환한다.
셋째, 변수(개념)의 속성을 파악하기 위해 경험적 지표를 선정한다.
넷째, 선정된 지표를 활용하여 지수와 척도를 작성한다.

## 4. 척도를 사용하는 이유

- 사회과학에서 기술적으로 좀 더 복잡하고 다양한 기법을 요하는 척도를 사용하는 데에는 몇 가지 이유가 있다(여기서의 척도는 협의적인 의미의 척도임).[17)]
- 척도는 하나의 단순지표로서는 제대로 측정하기 어려운 복합적인 개념들을 측정할 수 있다.
- 척도는 여러 개의 지표를 하나의 점수로 나타냄으로써 자료의 복잡성을 덜어준다.
- 척도는 변수에 대한 양적인 측정치를 제공함으로써 정확성을 높인다.
- 측정치나 측정도구의 오차를 줄이고 타당도와 신뢰도를 높인다. 단일 문항보다 다수의 문항이 본래 의도한 속성을 정확히 측정하고, 보다 일관성 있는 결과를 제공할 것이다.

## 5. 사회복지에서 척도의 활용지침

- 사회복지전문가들은 사회복지정책 환경이나 클라이언트의 욕구 및 문제를 정확하게 기술하고 문제의 변화과정 그리고 전문적 개입의 효과성과 효율성을 상세하게 파악하기 위해 과학적인 척도를 사용한다.[18)]
- 전문적 척도를 선택하기 위한 몇 가지 지침은 다음과 같다.
  - 척도는 과학적이어야 한다. 즉, 체계적이고 논리적이어야 한다.
  - 척도는 실용적이어야 한다. 사용하기 쉽고 편리하여 응답자가 쉽게 완성할 수 있어야 한다.
  - 척도는 변화를 시도하는 욕구나 문제 자체를 측정할 뿐만 아니라 변화의 가능성과 그 결과에 대한 정보를 제공해야 한다.
  - 척도는 신뢰성과 타당도가 있어야 한다.

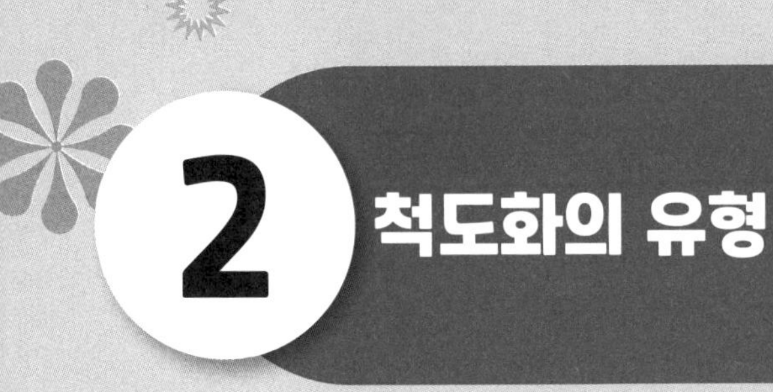


# 척도화의 유형

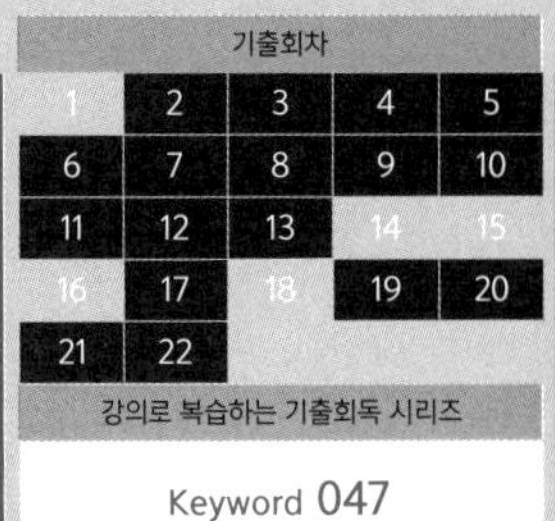

기출회차
1
2
3
4
5
6
7
8
9
10
11
12
13
14
15
16
17
18
19
20
21
22
강의로 복습하는 기출회독 시리즈
Keyword 047


척도화(尺度化, scaling)는 숫자나 기호를 우리가 측정하고자 하는 특정 개념의 다양한 수준에 부여(allocation)하는 과정을 말한다. 척도화 방법(scaling methods)을 세 가지 측정수준에 따라 분류하면 명목척도화, 서열척도화, 등간-비율척도화로 구분된다.

## 1. 명목척도화

척도 구성의 기본 요건을 묻는 유형과 척도의 특징을 묻는 문제가 주로 출제되었다. 명목척도를 구성할 때 지켜야 할 원칙들(단일차원성, 논리적 연관성, 상호배타성, 포괄성)을 반드시 기억해야 한다.

- 명목적 수준이란 각 범주에 부여된 숫자가 단지 서로 다름만을 의미하는 수준이다. 명목적 수준에서 척도화는 각 범주가 동질적이면서 상호배타적이고 포괄적이도록 문항의 응답지를 구성하면 된다.
- 응답범주들은 논리적 연관성을 가지고 있어야 한다.

예 단일차원적 명목척도
당신의 성은 무엇입니까?
① 남자 ② 여자

- 위와 같이 하나의 차원만 묻는다면 간단하지만 다차원적 명목척도화에서는 응답범주를 구성하는 것이 복잡하고 어려워진다. 따라서 가능한 한 단일차원적으로 명목척도를 형성하는 것이 바람직하다.

예 다차원적 명목척도
당신의 성과 종교와 직업은 무엇입니까?
① 남자 - 기독교 - 공무원 ② 남자 - 불교 - 공무원 ③ 여자 - 기독교 - 공무원 ④ 기타

**명목척도 구성원칙**
- 단일차원성
- 논리적 연관성
- 상호배타성
- 포괄성

## 2. 서열척도화 22회 기출

개별 척도 유형에 대한 설명을 파악하는 유형, 사례를 제시하고 해당하는 척도를 고르는 유형이 주로 출제되었다. 각각의 서열척도가 갖는 특징을 학습한 뒤, 예시로 주어진 실제의 척도를 보면서 시각적으로 익혀 구분하는 것이 효과적인 학습방법이라 할 수 있다. 22회 시험에서는 측정의 전반적인 내용을 묻는 문제에서 보가더스의 사회적 거리척도와 리커트 척도에 관한 내용이 선택지로 출제되었다.

서열적 척도화(ordinal scaling)는 측정된 값들 사이에 상대적 순서관계를 밝힐 수 있도록 숫자나 기호를 부여하는 과정이다. 서열적 척도화에는 평정 척도화, 총화평정 척도화, 리커트 척도화, 거트만 척도화 등이 있다.

### (1) 평정 척도(rating scale)

평정 척도 또는 평급 척도는 평가자가 측정대상의 연속성을 전제로 하여, 일정한 등급법(rating-method)에 따라 평가함으로써 대상의 속성을 구별하는 척도이다. 즉, 설정한 각 단계에 임의 수치를 부여하여 여기서 얻어진 수치의 합계 또는 평균을 측정대상이 가지는 척도점수로 가정한다. 평정 척도에는 평가자(judges), 대상(subject) 그리고 연속성(continuum)의 세 가지 요소가 있다. 평정 척도는 대부분 서열척도이지만 항목 간 거의 비슷한 정도의 차이가 있다고 가정하면 등간척도로 간주할 수도 있다.

#### ① 도표식 평정 척도

평정척도에서 가장 흔히 사용되는 기법이다. 선과 언어를 합하여 구성한 것으로, 선을 긋고 중간 중간에 숫자 또는 해설을 붙여서 평가자로 하여금 대상의 위치 또는 태도를 기호로 표시하도록 하는 방법이다.

예 귀하가 거주하는 지역의 사회복지관에서 근무하는 사회복지사들은 얼마나 친절하십니까?

#### ② 범주(카테고리) 평정 척도

특정 범주척도는 도표를 사용하지 않고 어떤 속성을 나타내는 문장이나 항목을 그 정도에 따라 범주별로 제시하고 그 가운데에서 가장 적합한 것을 고르게 하는 방법이다.

예 귀하가 거주하는 지역의 사회복지관에서 근무하는 사회복지사들은 얼마나 친절하십니까? (해당 란에 'ㅇ' 표 하십시오)

매우 친절하다 ( )
친절하다 ( )
보통이다 ( )
불친절하다 ( )
매우 불친절하다 ( )

#### ③ 숫자-언어식 평정 척도

측정대상의 특성에 따라 평가자가 일정한 숫자나 언어를 부여하여 평가하는 방법이다.

예 귀하가 거주하는 지역의 사회복지관에서 근무하는 사회복지사들은 얼마나 친절하십니까?
(1) 매우 친절하다 (2) 친절하다 (3) 보통이다 (4) 불친절하다 (5) 매우 불친절하다

#### ④ 평점방식 평정 척도

평점방법 평정 척도는 조사대상의 속성이나 특성에 대해서 평가자가 그의 의견이나 태도를 수치로 평점하는 것이다. 이 경우 평점의 양극은 0에서 100으

로 지정되어 있으나 이 사이에는 아무런 구분이 명시되어 있지 않다.

예 우리 지역의 사회복지관에 근무하는 사회복지사들은 친절하다.

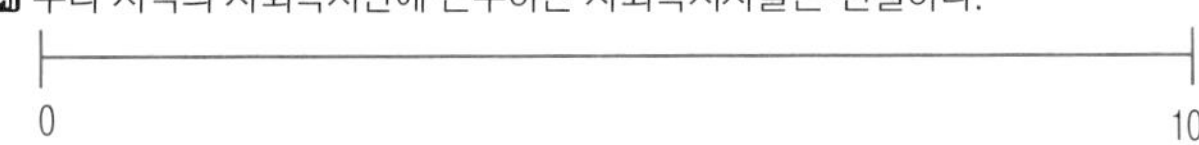


### (2) 총화평정(summated rating) 척도

- 총화평정 척도 또는 합산법 척도는 응답자가 응답하는 여러 질문 문항의 값들을 총합(總合, summation)하여 계산하는 척도이다. 척도 구성이 간단하고 점수 계산이 용이하다.
- 총화평정 척도의 예로 베일리(Bailey)의 출산에 대한 태도 척도를 들 수 있다. 베일리는 10개 항목의 출산율 척도를 구성하고, 동의하는 경우는 1로서 부호화하고, 동의하지 않는 경우는 0으로 부호화하여, 척도상 10점은 응답자가 아이를 가져야 할 강한 책임감을 느끼는 경우이고, 반면 0점을 받은 응답자는 아이를 가질 책임감을 느끼지 않는 경우인 것으로 구성했다.

Bailey 출산에 대한 태도 척도

| 번호 | 질문내용 | 응답 | |
|---|---|---|---|
| | | 동의함 | 동의 안함 |
| 1 | 결혼하는 주된 이유 가운데 하나는 아이를 갖는 것이다. | 1 | 0 |
| 2 | 아이가 하나면 형제가 없어 외롭게 성장하기 때문에 아이를 하나만 갖는 것은 잘못이다. | 1 | 0 |
| 3 | 아이를 출산하는 것은 여자로서 가질 수 있는 가장 심오한 경험이다. | 1 | 0 |
| 4 | 동성의 아이들만을 갖는 것보다 다른 성의 아이를 적어도 하나 갖는 것이 좋다. | 1 | 0 |
| 5 | 아이를 갖지 않은 여자는 완전한 성취감을 결코 가질 수 없다. | 1 | 0 |
| 6 | 남자는 아이의 아버지가 될 때까지는 진정한 남자가 아니다. | 1 | 0 |
| 7 | 임신에 이르지 않는 성적 행위는 도덕적으로 잘못된 것이다. | 1 | 0 |
| 8 | 결혼하지 않거나, 또는 아이가 없는 부부는 아마 동성애자일 것이다. | 1 | 0 |
| 9 | 여자의 첫째 역할책임은 모성이고, 어머니로서의 역할을 방해하지 않을 경우에만 직업을 갖는 것이 옳다. | 1 | 0 |
| 10 | 아이가 없는 부부는 가엽다. | 1 | 0 |

### (3) 리커트 척도화(Likert scaling) 꼭!

- 총화평정법을 활용한 리커트 척도화는 척도의 신뢰도와 타당도를 높이기 위해서 하나의 문항보다 일련의 문항들을 하나의 척도로 사용해야 한다는 논리에 기초하고 있다.
- 리커트 척도법은 다수의 문항을 사용했을 때 나타나는 복잡성 문제를 개선

리커트 척도와 거트만 척도를 비교하는 내용이 종종 출제되기도 해요. 리커트 척도의 각 문항들은 동등한 가치를 부여받으며, 총점에 따라 서열이 매겨진다면, 거트만 척도는 각 문항들 간에 서열이 매겨진다는 점에서 차이가 있어요.

하여 보다 간단하게 변수를 정확히 측정할 수 있도록 척도를 구성하는 것이다. 이 척도는 실용적이기 때문에 사회과학에서 널리 사용된다.

**① 리커트 척도화의 기본적인 절차**

- 질문문항 작성: 척도를 구성하는 질문문항을 작성한다. 변수를 평가하거나 차원을 측정하는 것으로 생각하는 다수의 질문문항을 작성한다.
- 응답자 표본 선택: 척도가 사용될 모집단이나 모집단을 대표하는 응답자의 표본을 선택한다.
- 응답범주 결정: 각 문항에 대해 응답범주를 작성한다. 응답범주는 대체로 5점 척도(3, 4점 척도도 사용가능)를 많이 사용하고, 가장 긍정적인(적극적인, 호의적인) 항목에서 가장 부정적인(소극적인, 비호의적인) 항목에 이르기까지 균형 있게 배치하여, 양쪽 항목들이 동수가 되도록 한다.
- 응답 부호화: 각 응답항목에 점수를 부여한다.
- 응답자에 적용: 응답자들이 각 문항에 대해 응답범주 내에서 하나의 응답항목을 고르게 한다.
- 응답점수 산정: 각 문항에 대한 응답자의 응답을 점수로 산정하고, 각 문항 점수를 합산하여 총점을 구한다.
- 문항분석: 문항 간의 내적 일관성과 상관성, 즉 신뢰도를 판단한다. 어떤 문항에 대한 응답들이 거의 동일하게 나온다면 이 문항은 제외한다. 또한 전체 점수와의 상관관계가 미약한 문항도 제거하도록 한다.
- 척도점수 산정: 척도문항으로 타당한 것으로 판명된 문항들에 응답한 응답자의 점수를 합산하여 총점을 구하면 그 점수가 그 사람의 태도에 대한 측정치, 즉 리커트 척도점수가 된다.

**② 리커트 척도화의 특징**

- 서열척도에 해당한다.
- 척도의 구성과 활용이 비교적 용이하다.
- 하나의 개념을 측정하기 위해 여러 문항들을 이용하는 척도로서, 각 문항들은 동일한 응답범주를 사용하며 모두 동등한 가치를 부여받는다(각 문항에 가중치를 부여하지 않는다).
- 응답범주가 동일한 5점 척도로 된 5문항으로 구성된 리커트 척도가 있을 때 각 문항의 점수를 단순 합계한 총점에 따라서 서열이 매겨진다. 이런 점으로 인해 문항들 사이에 존재하는 강도의 차이를 충분히 표현하지 못한다는 지적도 있다.
- 두 명의 응답자의 총점이 동일하더라도 각 문항에 대한 응답은 다를 수 있

기 때문에 총점으로 각 문항에 대해 어떻게 응답했는지는 알기 어렵다. 이런 점에서 재현성(reproducibility)이 부족하다.

**시설장애아동의 독립성에 관한 리커트 척도**

| 척도문항 | 응답 | | | | |
|---|---|---|---|---|---|
| | 전혀아니다 1 | 아니다 2 | 보통이다 3 | 그렇다 4 | 매우그렇다 5 |
| 1. 숟가락을 사용하여 음식을 흘리지 않고 혼자 먹는다. | | | | | |
| 2. 도와주지 않아도 컵으로 물을 흘리지 않고 마신다. | | | | | |
| 3. 낮이나 밤이나 대소변을 혼자서 모두 잘 가린다. | | | | | |
| 4. 얼굴을 비누와 수건으로 혼자서 잘 닦고 씻는다. | | | | | |
| 5. 혼자서 잘 걷는다. | | | | | |

**재현성**

20문항짜리 사회복지조사론 객관식 시험을 보고 100점을 만점으로 주었을 때, A와 B가 둘 다 80점이었다고 가정하자. 그런데 점수는 동일하지만, 각 문항에 응답한 패턴은 다를 수 있다. 이때 사회복지조사론 시험지는 재현성이 떨어진다고 하는 것이다.

### (4) 거트만 척도 꼭!

#### ① 거트만 척도의 특징

- 서열척도에 해당하며, 척도를 구성하는 문항들이 내용의 강도에 따라 일관성 있게 서열을 이루고 있어서 단일차원적이고 누적적인 척도를 구성하고 있다.
- 이 척도의 기본 전제는 “보다 강한 정도를 측정하는 문항에 긍정적인 응답자는 그보다 약한 정도를 측정하는 문항에 당연히 긍정적일 것이다”라는 가정이다. 따라서 응답자가 가장 강도가 높은 문항에 긍정적인 응답을 보였다면, 그보다 약한 강도의 문항에 긍정적인 응답을 보일 것이라고 예측할 수 있다.
- 단일차원성과 누적적인 구성이 경험적으로 검증되도록 설계되어 있다.
- 단일한 개념/변수를 측정하는 단일차원성(unidimensionality)을 특징으로 한다. 단일차원성이란 척도가 한 가지 혹은 단일한 개념, 차원만을 측정하고 있는 것을 의미한다. 다시 말해, 척도를 구성하는 문항, 항목들이 단일한 차원을 반영해야 한다는 것이다. 따라서 둘 이상의 개념/변수를 측정하는 다차원적인 척도로는 사용되기 어렵다.

**단일차원성 (unidimensionality)**

척도가 한 가지 혹은 단일한 개념/차원만을 측정하고 있는 것을 의미한다. 다시 말해, 척도를 구성하는 문항, 항목들이 단일한 차원을 반영해야 한다는 것을 의미한다. 예를 들어 키를 측정하는데 cm 눈금으로 이어지다가 kg 눈금으로 연결된다면 단일차원성에 맞지 않다. 또한 자존감을 측정하기 위한 척도에 우울증을 측정하는 척도에 사용되는 문항이 포함된다면 단일차원성에 맞지 않다. 보통 척도가 단일차원을 구성하고 있는가는 요인분석을 통해서 살펴볼 수 있다.

**난폭운전에 관한 거트만 척도**

| 질문문항 | 그렇다 | 아니다 |
|---|---|---|
| 1. 다른 운전자에게 총을 쏜다. | | |
| 2. 차에서 내려 다른 운전자를 때린다. | | |
| 3. 차에서 내려 다른 운전자와 언쟁을 한다. | | |
| 4. 차를 이용해 갑자기 위협적인 자세를 보인다. | | |
| 5. 주먹으로 폭력을 행사하는 모습을 보여준다. | | |
| 6. 자신의 차 옆을 지나는 운전자에게 소리내어 욕을 한다. | | |
| 7. 마음 속으로 다른 운전자를 비난한다. | | |

**② 재생가능성 계수**(CR, coefficient of reproducibility)

- 공식

$$\mathrm{CR} = 1 - \frac{\text{오류의 수}}{\text{전체 응답의 수}} = 1 - \frac{\text{오류의 수}}{(\text{응답자 수}) \times (\text{응답항목 수})}$$

- 재생계수가 1일 때는 완벽한 척도구성가능성(scalability)을 가지며, 보통 재생계수가 최소한 0.9 이상 되어야 바람직한 거트만 척도가 된다.
- "보다 강한 정도를 측정하는 문항에 긍정적인 응답자는 그보다 약한 정도를 측정하는 문항에 당연히 긍정적일 것이다"라는 전제가 실제 존재하는지를 경험적으로 검증하기 위해 이러한 응답 패턴에 맞지 않는 사례의 비율을 측정하는 것이다. 즉, 응답과 척도의 각 문항들의 서열이 일치하는지를 분석하는 것이다. 만약 응답자가 서열에 어긋나는 응답을 많이 하였다면 척도에 문제가 있는 것으로 간주할 수 있다.
- 현실적으로 재생계수가 높으면서 위계적으로 구성된 문항들을 구하기 어렵고, 척도를 구성하는 설문문항이 많을 경우 재생계수를 검증하는 절차가 복잡하고 많은 노력과 시간을 필요로 한다는 단점이 있다.

### (5) 보가더스의 사회적 거리 척도 꼭!

- 서열척도에 해당한다.
- 사회적 거리 척도(social distance scale)는 보가더스(Bogardus)가 인종적 편견의 강도를 측정하기 위해 제시한 척도이다.
- 개인 혹은 집단이 다른 인간이나 집단에 대하여 가지는 친밀감의 정도를 사회적 거리라는 개념으로 정의하고 이를 측정하기 위한 몇 개의 하위 문항으로 구성된다.
- 거트만 척도와 같이 누적적인 문항으로 구성되는 척도이다.
- 이 척도는 단순히 사회적 거리의 원근의 순위만을 표시한 것이지 민족 간의

친밀한 정도의 크기를 나타내지는 않는다. 논리적으로 본다면 혼인해서 인척관계로 받아들이겠다는 사람은 같은 직장에 근무하는 것에 반대하지 않는다.

보충자료

소시오메트리 척도

**보가더스의 사회적 거리 척도**

※ 응답요령: 각 항목에 대한 귀하의 첫 인상적인 반응을 응답에 나타내십시오. 각 국민에 대한 귀하의 일반적 생각을 토대로 해당 빈칸에 'O'표 하십시오.

| 점수 | 범주(관계를 맺을 용의도) | 일본인 | 중국인 | 필리핀인 | 미국인 |
|---|---|---|---|---|---|
| 7 | 혼인해서 인척관계를 갖겠다. | | | | |
| 6 | 친구로서 같은 클럽에 소속하겠다. | | | | |
| 5 | 이웃으로서 같은 동네에 살겠다. | | | | |
| 4 | 내가 종사하는 직장에서 함께 일하겠다. | | | | |
| 3 | 우리나라 국민으로 받아들이겠다. | | | | |
| 2 | 우리나라 방문객으로 받아들이겠다. | | | | |
| 1 | 우리나라에 들어오지 못하게 하겠다. | | | | |

### (6) 의미분화 척도 꼭!

- 의미분화(SD, semantic differential) 척도는 오스굳(Osgood), 쑤시(Suci) 그리고 탄넨바움(Tannenbaum)이 개발한 것으로, 어떤 개념에 대한 생각이나 느낌을 다양한 차원에서 평가하기 위해 그에 대한 형용사를 정하고 양극단에 서로 상반되는 형용사를 배치하여 그 속성에 대한 평가를 내리도록 하는 척도이다. 다차원적인 개념을 측정하는 데 유용하다.
- 가치와 태도와 같은 주관적인 개념 측정에 용이하다는 장점이 있다.
- 쉽게 만들 수 있고, 비교적 적은 수의 문항으로 신뢰도를 확보할 수 있다.
- 응답자가 간단하게 응답할 수 있는 장점이 있다.
- 주로 사용되는 측정차원으로는 평가차원, 권력차원, 그리고 활동차원을 들 수 있다. 첫째, 평가차원을 정의하는 척도들은 유쾌한–불쾌한, 좋은–나쁜, 달콤한–신, 도움이 되는–도움이 안 되는 등의 차원이다. 둘째, 권력차원을 정의하는 척도들은 큰–작은, 강력한–무력한, 강한–약한, 깊은–얕은 등이다. 셋째, 활동차원을 정의하는 척도는 빠른–느린, 살아있는–죽은, 시끄러운–조용한, 젊은–늙은 등이다.

**사회복지사에 대한 의미분화 척도**

**중요도** ★★★

등간-비율 수준의 대표적 유형인 써스톤 척도가 갖는 특징과 차이를 세밀하게 알아두자. 서열척도화와 마찬가지로 본문의 예를 통해 시각적으로 척도의 특징을 눈으로 익히고 그 차이를 내용별로 학습하는 것이 중요하다.

**써스톤 척도의 특징**

- 유사등간 척도(등간수준으로 간주됨)
- 문항별 척도치를 가짐
- 척도치 산출을 위해 사전 문항평가자를 둠
- 문항평가자의 주관적 편의가 작용할 수 있음

## 3. 등간 - 비율척도화

등간-비율척도화(interval-ratio Scaling)는 개별 값들 간에 일정한 거리(등간 측정)와 절대 영의 기준점을 가지고 비율측정을 할 수 있는 것으로 써스톤 척도(Thurstone scaling)와 요인분석(factor analysis) 등이 사용된다.[19)]

### (1) 써스톤 척도 ★꼭!

- 등간척도를 구성하기 위해 고안된 하나의 기법이 써스톤의 등현간(等現間) 방법(Thurstone's method of equal-appearing intervals)이다.
- 써스톤 척도화는 어떤 사실에 대하여 가장 긍정적인 태도와 가장 부정적인 태도를 나타내는 양 극단을 등간적으로 구분하여, 여기에 수치를 부여함으로써 등간척도를 구성하는 방법이다.
- 거트만 척도가 문항들의 서열성을 두어 척도 구성을 했다면, 써스톤 척도는 서열 문항들 간에 등간성까지 갖춘 척도이다.
- 좀 더 구체적으로, 문항평가자들을 통해 사전평가를 시행하고 그 결과를 분석하여 각 문항에 대한 중앙값을 척도치로 부여한다.
- 척도개발 연구 시 써스톤과 쉐이브(Thurstone & Chave)는 130개의 질문문항을 심사하기 위해 300명의 문항평가자들을 이용했는데, 각 문항평가자가 130개의 질문문항들을 긍정과 부정의 정도에 따라 1점에서 11점까지 척도점수를 부여하고 이를 바탕으로 척도값을 부여하고, 최종적으로 적절한 일부 문항을 선택하여 척도를 구성하였다.
- 장점: 유사등간 척도로서 등간-비율 척도 수준의 분석이 가능하다.
- 단점: 사회과학의 척도들이 엄격한 의미에서 등간-비율 척도인가에 대한 논란이 있다. 또한, 평가자에 의존하기 때문에 여러 평가자의 편견이 개입될 여지가 있다. 척도 개발에 상당한 시간과 노력이 소요된다.

**이타주의 평가에 대한 써스톤 척도**

| 문항 | 척도치 | 찬성 |
|---|---|---|
| 1. 사회 전체를 위해 개인의 행복을 희생시키는 것은 옳은 일이다. | 4.5 | |
| 2. 아동복지시설이 우리 동네에 신축되는 것은 반가운 일이다. | 5.4 | ○ |
| 3. 주말에 자원봉사하는 것은 그 시간에 돈 버는 것만큼 즐거운 일이다. | 9.2 | ○ |
| 4. 소득이 많을수록 높은 비율의 소득세를 내는 것은 바람직한 일이다. | 3.8 | |
| 5. 장애인의무고용제도는 사회를 발전시키는 데 기여한다. | 6.7 | ○ |
| 6. 건강보험 적자 분을 세금으로 메우는 것은 옳은 일이다. | 4.2 | |
| 7. 농어촌 출신 고등학생들의 대학 우선입학제도는 바람직한 일이다. | 5.6 | |

※ 응답자의 이타주의는 찬성한 문항의 척도치를 평균하여 산정한다.

### 요인분석(factor analysis)

요인분석은 척도를 개발하는 과정에서 활용되는 통계학적인 방법이다. 다수의 문항들을 보다 적은 요인(차원)으로 분류하는 기법이다. 구성타당도를 평가하는 작업에 활용되기도 한다. 요인분석은 척도를 구성하는 여러 개의 문항들 중 불필요한 문항을 제거하고 각 문항의 상대적 영향력을 비교하여 적절한 문항을 선택하는 과정에서 활용된다.

척도를 개발하는 과정에서 요인분석을 통해 동일한 개념을 측정하는 문항들은 동일한 요인(차원)으로 묶이는지를 평가한다. 이를 통해 문항들의 단일차원성을 확인할 수 있다. 요인분석의 기본원리는 문항들 간의 상관관계가 높은 것끼리 하나의 요인으로 묶어내며, 요인들 간에는 상호독립성을 유지하도록 하는 것이다.

하나의 요인으로 묶여진 측정 문항들은 동일한 개념을 측정하는 것으로 간주할 수 있고, 상이한 요인들 간에는 서로 상관관계가 없으므로 각 요인들은 서로 상이한 개념이라고 할 수 있다. 이러한 과정에서 다른 요인, 개념을 측정하는 문항들이 존재할 가능성이 있으며, 이러한 문항들이 하위척도로 존재하는 것을 확인할 수도 있다.

하나의 요인으로 묶여진 측정 문항들은 수렴타당도가 높은 것으로 판단하고, 서로 다른 요인들 간에는 판별타당도가 높은 것으로 해석할 수 있다.

# 9장 표집(표본추출)

| 한눈에 쏙! | | 중요도 | |
|---|---|---|---|
| ❶ 표집과 표본설계 | 1. 표집의 개념 | | |
| | 2. 표집의 장단점 | | |
| | 3. 표집 관련 용어 | ★ | 22회 기출 |
| | 4. 표본설계의 과정 | | |
| ❷ 표집방법 | 1. 확률표집방법 | ★★★ | 22회 기출 |
| | 2. 비확률표집방법 | ★★★ | 22회 기출 |
| ❸ 표본의 크기와 표본오차 | 1. 표본의 대표성 | | |
| | 2. 표본의 크기 | ★★★ | 22회 기출 |
| | 3. 표본오차 | ★★★ | 22회 기출 |

# 기출경향 살펴보기

## 이 장의 기출 포인트

표집방법에 관한 문제는 주로 사례제시형 문제로 출제되므로 각각의 표집방법별 주요 특징을 서로 비교하여 정리한 후 사례를 접목시켜 이해해야 한다. 특히, 최근 시험에서는 질적 연구의 표집방법에 관한 내용이 자주 다뤄지고 있다. 표본의 크기와 표본오차에 관한 내용은 각각의 개념과 관계들을 이해하는 데 있어서 통계적인 기초지식도 어느 정도 필요하다. 또한 기본적으로 내용을 이해하기 위해서는 표집 관련 용어에 관한 개념 정리가 필요하다.

## 최근 5개년 출제 분포도

연도별 그래프

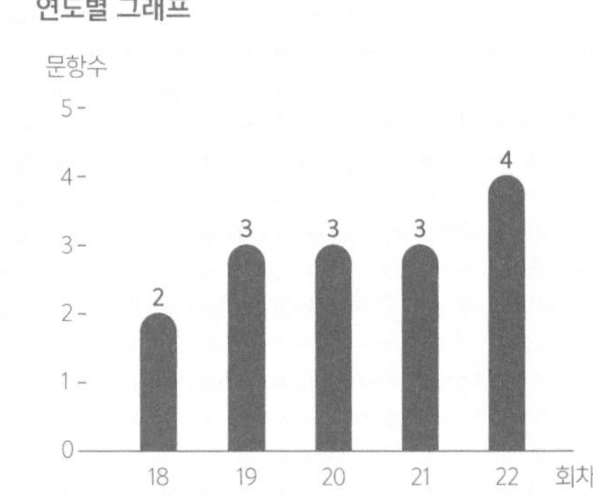


평균출제문항수

**3.0** 문항

## 2단계 학습전략

데이터의 힘을 믿으세요!
강의로 복습하는 **기출회독 시리즈**

3회독 복습과정을 통해
최신 기출경향 파악

## 최근 10개년 핵심 키워드

| | | |
|---|---|---|
| 기출회독 **048** | 표집방법 | 19문항 |
| 기출회독 **049** | 표본의 크기와 표본오차 | 9문항 |

**기본개념 완성을 위한 학습자료 제공**

기본개념 강의, 기본쌓기 문제, O X 퀴즈, 기출문제, 정오표, 묻고답하기, 지식창고, 보충자료 등을 **아임패스**를 통해 만나실 수 있습니다.

# 1 표집과 표본설계

기출회차
1 2 3 4 5
6 7 8 9 10
11 12 13 14 15
16 17 18 19 20
21 22
강의로 복습하는 기출회독 시리즈
Keyword 048

**표집(표본추출)**

- 모집단 가운데 자료를 수집할 일부 대상(표본)을 선택하는 과정
- 표본을 선택하여 연구하더라도 알고자 하는 것은 모집단 전체의 특성임

## 1. 표집의 개념

- 표집(표본추출, sampling)이란 모집단(연구대상) 가운데 자료를 수집할 일부 대상을 표본으로 선택하는 과정을 말한다.
- 알고자 하는 대상 전체(모집단)를 상대로 자료를 수집하는 전수조사가 가장 이상적이기는 하지만 현실적으로 많은 비용과 노력이 들기 때문에 전체 대상 중 표본을 선택하고 이 표본에 대한 자료를 바탕으로 모집단 전체의 특성을 추정하게 된다.

## 2. 표집의 장단점

**전수조사**

엄청난 조사비용, 조사 및 분석 시간, 숙련된 충분한 조사원 필요

예 통계청에서 5년마다 실시하는 인구 및 주택 총조사

### (1) 장점

- 경제성: 전수조사에 비해 적은 비용으로 신뢰할만한 정보를 확보할 수 있다.
- 신속성: 전수조사에 비해 신속하고 시의성 있는 결과를 얻을 수 있다.
- 가능성: 모집단 전체를 파악할 수 없는 경우가 있고, 수가 너무 많아서 조사가 현실적으로 불가능할 수 있으므로 표본을 사용한다.
- 정확성: 표본조사는 훈련된 면접자가 소수를 대상으로 조사하므로 다수를 대상으로 한 전수조사에 비해 자료수집 과정에서 발생할 수 있는 비표집오차를 줄여 정확도를 높일 수 있다.
- 응답률: 응답자로부터 높은 응답률과 협조를 받을 수 있다.
- 신뢰도: 전수조사를 하기 위해서는 상당수의 면접자 또는 조사자가 필요하기 때문에 조사자 간의 신뢰도 문제가 발생할 가능성이 높다.

### (2) 단점

- 모집단을 대표할 수 있는 표본을 찾기 어렵다. 표본은 모집단의 부분 집합으로서 대표성을 가져야 하는데, 표본이 모집단을 대표하지 못할 경우 일

반화 가능성이 낮아진다.
• 모집단의 크기가 작은 경우에는 표집의 큰 의미가 없다. 모집단이 작으면 모집단을 조사하면 되기 때문에 표집을 추출하여 조사하는 것이 의미가 없어진다.
• 표본설계가 복잡한 경우에는 시간과 비용이 더 소요될 수 있고, 표본설계가 잘못된 경우에는 오차가 발생할 수 있다.

## 3. 표집 관련 용어 22회 기출

중요도 ★

표집 관련 용어를 이해하는 것은 매우 중요하다. 용어 관련 문제가 출제되지 않더라도 용어를 알지 못한다면 9장의 표집에 관련된 모든 개념을 이해하기가 어렵기 때문이다. 특히, 표집 관련 용어에 해당되는 내용을 실제 사례에서 정확히 짚어낼 수 있는지를 묻는 문제가 종종 출제되고 있으므로 꼼꼼하게 살펴봐야 한다. 22회 시험에서는 사례를 제시하고 해당하는 표집용어를 찾는 문제가 출제되었다.

### (1) 요소/표집요소(sampling element)

• 자료나 정보를 수집하는 기본 단위로, 자료분석 시 분석단위와 일치하는 경우가 많다.
• 요소들의 총합이 모집단이다. 예를 들어 사회복지사에 대한 조사를 한다고 할 때 요소는 사회복지사 개인이고, 사회복지사 전체가 모집단이 된다.
• 개인이거나 가족, 사회모임, 기업, 집단 등이 요소가 될 수 있다.

### (2) 모집단(母集團, population) 꼭!

• 연구대상이 되는 집단 전체이다.
• 시간, 공간, 자격을 구체화시켜 정의한다. 모집단 가운데 표본이 실제로 추출되는 모집단을 연구 모집단(study population) 또는 조사 모집단(survey population)이라고 한다.

### (3) 표집틀/표본프레임(sampling frame)

• 표본을 추출하기 위한 모집단의 목록이다.
• 예를 들어, 한 고등학교 학생들 중 일부를 표본으로 추출한다면 학생들의 출석부나 학생명부 등이 표집틀이 될 수 있다.
• 표집틀에서 중요한 것은 표집틀이 모집단을 잘 대표할 수 있어야 한다는 것이다. 그러나 실제 연구조사를 수행할 경우 표집틀 마련이 표집이나 자료수집보다 더 어려운 경우가 많다.

### (4) 표집단위/표본추출단위(sampling unit) 꼭!

• 표본이 추출되는 각 단계에서 표본으로 추출되는 요소들의 단위이다.
• 일반적으로 표집단위는 분석단위와 일치하지만 표집방법에 따라 일치하지 않는 경우도 있다. 확률표집방법 중에서 집락표집은 분석단위와 표집단위

가 일치하지 않는다.

예 전국 단위조사를 집락표집의 방법으로 표본추출한다고 가정하면, 시 · 도를 1차 표집하고, 표집된 시 · 도에서 시 · 군 · 구를 다시 표집하고, 시 · 군 · 구에서 읍면동을 표집하고, 읍 · 면 · 동에서 개인을 표집한다. 이때, 시 · 도는 1단계의 표집단위, 시 · 군 · 구는 2단계의 표집단위, 읍 · 면 · 동은 3단계의 표집단위, 읍 · 면 · 동의 각 개인들은 4단계의 표집단위이다. 이 경우 마지막 단계의 표집단위인 개인은 분석단위와 일치하지만, 1~3단계의 표집단위는 분석단위와 일치하지 않는다.

### (5) **관찰단위**(observation unit) 꼭!

- 자료를 직접 수집하는 요소 또는 요소의 총합체를 말하는 것으로 자료수집단위라고도 한다.
- 대부분은 분석단위와 관찰단위가 일치하지만 항상 그런 것은 아니다. 예를 들어, 치매노인에 대한 조사를 위해 치매노인 수발인을 대상으로 면접조사를 하는 경우, 분석단위는 치매노인이지만 관찰단위는 치매노인 수발인이 된다. 영아의 애착행동을 조사하기 위해 어머니를 면접하는 경우도 분석단위는 영아이지만 관찰단위는 어머니가 된다. 그러나 영아의 애착행동을 조사하기 위해 영아를 직접 관찰했다면 이 경우는 분석단위도 관찰단위도 모두 영아가 된다.
- 분석단위와 관찰단위가 일치할 경우에 연구조사자의 작업은 상대적으로 쉽지만, 그렇지 않을 경우에 어떻게 정보를 수집할 것인가에 대해서 연구조사자의 고민과 창의력이 요구된다.

### (6) **모수**(parameter)

- 모집단의 변수를 요약하여 기술한 수치, 모집단의 특성을 수치로 표현한 것, 모집단의 속성을 나타내는 값이다.
- 전수조사가 이뤄졌다면 각 변수의 빈도나 평균 등과 같은 수치는 곧 모수이다. 하지만 대부분의 사회조사연구는 전수조사가 아니라 표본조사를 하기 때문에 모수는 표본의 수치(통계치)를 통해 예측된다. 예를 들어, 표본의 성별분포를 통해 모집단의 성별분포를 예측하는 것이다. 따라서 표본조사인 경우에는 표본이 얼마나 모집단을 잘 대표하는지가 중요하다.

### (7) **통계치**(statistics)

- 표본에서 변수의 특성을 요약하여 기술한 수치이다.
- 연구조사자는 표본조사를 통해 구한 통계치를 바탕으로 모수를 추정한다.

## 4. 표본설계의 과정

표본설계는 연구대상이 되는 모집단을 확정하고 적당한 표집틀을 선정한 후, 표집의 방법과 표본의 크기를 결정하고 실제로 표본을 추출하는 과정을 거친다.

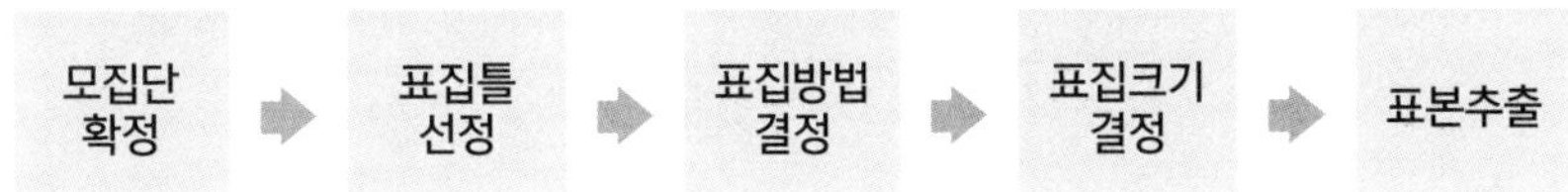


### (1) 모집단의 확정

연구목적에 부합되는 자료를 얻기 위해서는 가능한 한 정확한 모집단의 규정이 필요한데 이를 위해서는 연구대상, 표집단위, 범위, 시간의 네 가지 요소를 명확히 해야 한다.

**모집단의 규정**

| 연구대상 | 18세부터 30세까지의 여성 |
|---|---|
| 표집단위 | 18세부터 30세까지의 여성 |
| 범　　위 | 전국 |
| 시　　간 | 2024년 3월 1일 ~ 4월 1일 |

| 연구대상 | A기업에서 생산하는 전자제품 |
|---|---|
| 표집단위 | 백화점, 대형유통업체, 대리점 |
| 범　　위 | 전국 |
| 시　　간 | 2024년 4월 1일 ~ 4월 30일 |

### (2) 표집틀 선정

표집틀은 모집단의 구성요소 목록을 의미한다. 좋은 표집틀이란, 모집단의 구성요소 모두를 포함하면서 어떠한 요소도 이중으로 포함되지 않는 목록이다.

예 물리적인 형태의 표집틀: 서울특별시의 전화번호부
비물리적인 형태의 표집틀: 매 시간마다 상점 내에 머물고 있는 구매자를 표본으로 추출

### (3) 표집방법 결정

표집틀이 선정되면, 어떤 방법으로 모집단을 대표할 수 있는 표본을 확보할 것인지에 대한 검토가 있어야 한다. 확률표집방법과 비확률표집방법이 있다.

### (4) 표본의 크기 결정

적절한 표본의 크기는 신뢰구간 접근법과 통계적 기법에 의해 결정될 수 있으나 실제로는 표집방법, 모집단의 성격, 시간과 비용, 연구자 및 조사원의 능력 등을 고려하여 결정한다.

### (5) 표본추출

결정된 표집방법으로 표본을 수집한다.

| 기출회차 | | | | |
|---|---|---|---|---|
| 1 | 2 | 3 | 4 | 5 |
| 6 | 7 | 8 | 9 | 10 |
| 11 | 12 | 13 | 14 | 15 |
| 16 | 17 | 18 | 19 | 20 |
| 21 | 22 | | | |

강의로 복습하는 기출회독 시리즈

Keyword 048

# 2 표집방법

일반적으로 표집 유형은 확률표집방법과 비확률표집방법으로 나뉜다. 확률표집방법에는 단순무작위표집, 체계적 표집, 층화표집, 집락표집 등이 있고, 비확률표집방법에는 임의표집, 유의표집, 할당표집, 눈덩이표집 등이 있다. 확률표집방법을 통해 추출한 표본이 비확률표집방법을 통해 추출한 표본보다 모집단을 대표할 가능성이 더 높다.

**중요도** ★★★

초창기 시험에서는 확률표집방법과 비확률표집방법을 구분하는 기초적인 수준의 문제가 출제되었지만, 최근에는 확률표집방법의 개별 표집방법들을 실제 사례와 연결하여 구분할 수 있어야 하며, 개별 표집방법의 세부적인 특징들을 정확히 알고 있어야 해결할 수 있는 문제가 출제되고 있다. 22회 시험에서는 표집방법을 비교하는 문제에서 체계적 표집법과 집락표집법의 특징이 선택지로 출제되었다.

**확률표집방법**

- 단순무작위표집: 모집단에서 표본 수만큼을 로또 추첨하듯 한 번에 무작위로 추출
- 체계적 표집: 첫 표집간격 내에서 한 명만 무작위로 추출
- 층화표집: 모집단을 소집단으로 나누고 할당된 수만큼을 각 집단에서 각각 무작위로 추출
- 집락표집: 모집단을 소집단으로 나누고 그 중 몇 개의 소집단을 무작위로 추출

## 1. 확률표집방법 (22회 기출)

모집단의 각 표집단위가 모두 추출될 기회를 가지고 있고, 각 단위가 추출될 확률을 정확히 알고 무작위 방법에 기초하여 표집하면, 이를 확률표집이라고 하고 이 방법으로 추출된 표본을 확률표본이라고 한다.[20] 확률표집방법은 통계치로부터 모수치를 정확히 추정하는 방법을 제시해준다.

### (1) 단순무작위표집법(simple random sampling) 꼭!

- 가장 잘 알려진 무작위 표본으로, 모집단에 대한 사전지식이 없더라도 표집틀만 마련되면 적용이 가능하다. 모집단의 규모가 클 경우에는 현실적으로 적용하기 어렵다.
- 무작위 표본에서 모든 대상은 표본으로 선택될 동일한 확률을 가지고 있다.
- 무작위표집의 절차는 표집틀에서 각 사람이나 표집단위에 번호를 할당하여 조사자가 일정한 유형 없이 단순히 무작위로 뽑는 것이다.
- 그러나 사람마다 좋아하는 또는 싫어하는 숫자가 있기 때문에 순수하게 무작위인 경우는 매우 드물다.
- 이런 점을 보완하여 가장 보편적으로 사용하는 방법이 난수표 이용이다.

### (2) 체계적/계통표집법(systematic sampling) 꼭!

- 표집틀인 모집단 목록에서 일정한 순서에 따라 매 k번째 요소를 표본으로 추출하는 방법이다.

- 일련 번호를 붙인 표집틀을 마련하고 모집단 총수를 요구되는 표본 수로 나눠 표집간격(k)을 구하며, 첫 번째 표집간격 안에 들어 있는 숫자 가운데 하나를 무작위로 선택하여 추출된 최초의 표본으로 삼고 나머지 표본들은 기계적으로 정해진 표집간격(k)에 따라 추출한다.
- 모집단을 구성하는 요소들이 일정한 순서대로 배열되어 있다면 표본추출 과정에서 체계적인 오류가 발생할 수 있다.
- 표본추출 과정에서 시간과 노력을 절약할 수 있다.
- 체계적 표집방법에서는 표집틀에 편재(비슷한 특성의 사람들이 목록의 일정 부분에 몰려 있는 현상)유형이 존재하는지를 면밀히 검토해야 한다.

예 모집단의 총수가 400명이고 표본이 80명이라면 표집간격 k=5이다. 표집틀에서 최초의 표집간격인 다섯 사람 가운데 한 사람을 무작위로 뽑는다. 그 후 첫 번째 무작위로 뽑은 표본의 번호에 표집간격만큼을 더한 번호에 해당하는 모집단의 사람을 표본으로 선택한다. 그 후 계속 표집간격만큼 더해가면서 해당 번호의 요소를 표본으로 선정한다.

잠깐!

**표집간격(k) 계산**

모집단 수 ÷ 표본 수

예 400명 중 10명을 체계적 표집으로 뽑는 경우 표집간격 k = 400 ÷ 10 = 40

### (3) 층화표집법(stratified sampling) 꼭!

- 모집단을 먼저 서로 중복되지 않는 여러 개의 층(하위집단)으로 분류한 후, 각 층에서 단순무작위표집에 따라 표본을 추출하는 방법이다.
- 하위집단으로 분류할 때 기준을 잘 선택하는 것이 중요하다. 층화를 위한 기준으로 연구목적에 부합하는 변수(예 지역, 성별, 연령, 학력 등)를 사용한다. 이렇게 층화한 하위집단은 동질적인 특성을 갖는다.
- 층화표집에 적용되는 논리를 확률이론과 관련해서 설명하면 동질적인 집단에서 표본을 추출할 때 발생할 수 있는 표집오차가 이질적인 집단에서 표본을 추출할 때 발생할 수 있는 표집오차보다 적어지게 된다는 것이다.

예 한 종합대학교에서 정교수, 부교수, 조교수와 같이 계급 순으로 되어 있는 집단들에 관해 층화표집을 실시한다면, 모든 정교수를 함께 하나의 동질적인 집단으로 목록을 만들고, 모든 부교수를 하나의 동질적인 집단으로 목록을 만들고, 모든 조교수를 하나의 동질적인 집단으로 목록을 만든다. 이것이 실행된 이후 무작위로 표본을 추출한다.

잠깐!

**층화(stratification)**

층화표집을 적용하기 위해서는 먼저 모집단을 중복되지 않는 몇 개의 집단으로 나눠야 한다. 이렇게 구성된 집단을 층이라고 한다.

#### ① 비례층화표집

각 하위집단에서 동일한 비율로 표본을 추출하는 것이다.

예 모집단 300명 중에서 30명을 뽑는다고 하자. 모집단 남녀 성별분포가 9 : 1이라고 할 때, 표본의 크기 비율은 각 층에다 동일하게 적용한다. 그러면 남자 층에서 27명, 여자 층에서 3명을 추출하게 된다.

#### ② 비비례층화표집

각 하위집단에서 차등 비율로 표본을 추출(모집단에서 작은 비율을 차지하는 하위집단은 비례층화표집을 적용하면 적절한 표본수가 포함되지 않을 가능성이 있다)하는 것이다.

예 전체 1,000명의 학생 중 50명을 뽑는다고 할 때 모집단 내에서 남 : 여 = 9 : 1일 경우 비례층화표집은 남성 집단에서 45명, 여성 집단에서 5명을 추출한다. 이런 경우 전체 모집단에서 차지하는 비율이 극히 작은 하위 집단들은 비례적인 방법으로는 충분히 포함되지 않을 수 있는 경우 소수 하위집단에서 더 많은 수들이

보충자료

가중표집과 비비례층화표집

뽑힐 수 있도록 차등인 비율을 적용하여 여성을 10% 이상 추출할 수도 있고, 이런 경우는 비비례층화표집이 된다. 차등비율 적용으로 인해 발생할 수 있는 표본의 불균형 문제는 자료분석과정에서 수정한다.

### (4) 집락표집법/군집표집법(cluster sampling) 꼭!

- 모집단을 여러 개의 집락 또는 집단들로 구분하여, 이들 집락이나 집단 중 일부를 선택하고, 선택된 집락 또는 집단 안에서만 표본을 무작위 추출하는 방법이다.
- 대규모 서베이조사에서는 모집단 전체에 대한 표집틀을 확보하기가 어렵고 비용도 많이 들기 때문에 (모집단 전체 요소의 목록이 필요하지 않은) 군집표집을 적용한다.
- 조사단위들이 인접한 지역으로 묶여져 조사가 편리하고 비용을 줄일 수 있다.
- 집락 간의 동질성이 확보되지 않는다면 표집오차가 발생할 가능성이 커진다.

예 전국의 초등학교 학생들에 대해 조사한다고 하자. 이를 위해 초등학교 학생들의 표본을 선출하기 위해서 전국의 초등학교 학생들의 명부를 작성하여 모집단을 확인하는 것은 매우 힘들 것이다. 따라서, 군집표집방법을 사용하면 이러한 노력 없이도 유사한 효과를 얻을 수 있다. 먼저 전국의 시 · 도 단위의 교육구를 표집단위로 하여, 그 안에서 몇 개의 교육구를 추출한 다음, 각 교육구 내에서 다시 몇 개의 초등학교를 무작위로 선정한다. 각 초등학교 내에서 몇 개의 반을 무작위로 선발한 후, 각 반에서 최종적으로 조사연구의 단위인 초등학생을 무작위 추출할 수 있다.[21]

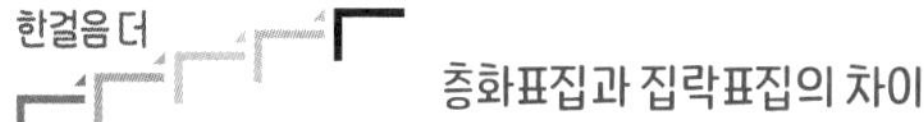


#### 층화표집과 집락표집의 차이

층화표집과 집락표집은 모두 하위 집단들에서 표본을 추출한다는 유사점이 있지만 다음과 같은 중요한 차이가 있다. 층화표집은 하위 집단 각각에서 모두 표본을 추출하지만, 집락표집은 하위 집단들 중 선택된 집단에서만 표본을 추출한다는 점이다. 예를 들어, 층화표집에서는 모집단을 남성집단과 여성집단으로 나누고 남성집단에서는 남성을, 여성집단에서는 여성을 몇 명씩 표집한다. 그런데 집락표집에서는 지역을 8개 권역으로 나눈 후 무작위로 2개나 3개의 권역을 선정하여 그곳에서만 표집한다. 만약, 8개 권역에서 각각 몇 명씩을 골고루 표집했다면 이것은 층화표집이 된다.

모집단을 남성집단과 여성집단으로 나눈 후, 각각의 집단에서 남성과 여성을 표집하는 층화표집의 예를 살펴보자. 남성집단과 여성집단은 서로 성별이 이질적이지만 남성집단 내에서는 성별이 모두 남성만 있고, 여성집단 내에서는 모두 여성들만 존재한다. 이것을 달리 표현하면 층화표집의 경우, 집단 간에는 이질적이지만 집단 내에서는 동질적이라고 할 수 있다. 층화표집은 남성은 남성집단에서 여성은 여성집단에서, 즉 동질적 집단에서 각각 표본을 뽑아야 표집오차를 줄일 수 있다는 원리에 입각한 표집방법이라고 볼 수 있다.

반면, 집락표집은 하위 집단 모두에서 표본을 추출하지 않고, 선택된 집단에서만 표본을 추출하기 때문에 집단 간 동질적인 것이 중요하다. 예를 들어, 서울 시민의 경제수준을 알기 위해 25개 구 중에서 강남구에 사는 주민만 조사한다고 하면 누구라도 '강남구는 다른 구와 경제수준이 다르기 때문에 그 결과를 서울 시민들의 일반적 경제수준으로 받아들일 수 없다'고 말할 것이다. 강남구가 다른 구들과는 이질적이기 때문에 문제가 되는 것이다. 따라서, 하위 집단들 중 몇 개 집단에만 국한해 조사가 이루어지는 집락표집이 모집단에 대한 대표성을 가지려면 집단들이 서로 동질적이라는 전제가 성립돼야 한다.

요약하면, 층화표집에서는 집단 간 이질성이 특징이지만, 집락표집에서는 집단 간 동질성이 특징이다.

## 2. 비확률표집방법 22회 기출

중요도 ★★★

비확률표집방법의 개별 표집방법들에 관한 사례를 제시하고 이에 해당하는 표집방법을 찾는 문제와 개별 표집방법의 특성을 묻는 문제가 주로 출제되고 있다. 22회 시험에서는 표집방법을 비교하는 문제에서 의도적 표집법, 할당표집법, 눈덩이표집법의 특징이 선택지로 출제되었다. 또한 질적 연구에서 사용하는 표집방법을 찾는 문제가 출제되었다.

- 모집단에 대한 지식 · 정보가 제한되어 있거나 모집단으로부터 선택될 확률이 미리 알려지지 않은 경우 사용한다.
- 이론적으로는 대표성과 오차의 추정가능성 등의 측면에서 확률표집이 보다 이상적이지만, 모집단 자체의 범위를 한정할 수 없거나, 시간, 비용, 인력이 충분치 못한 경우, 확률표집에 대한 대안으로 비확률표집법을 사용한다.
- 장점: 표집절차가 복잡하지 않으며 비용이 훨씬 적게 든다. 통계의 복잡성이 없으며 활용가능한 응답자를 즉석에서 활용할 수 있다.
- 단점: 비확률표집은 각 단위가 표본에 포함될 확률을 알 수 없고 표본오차를 산정할 수 없다. 어떤 사람이 선택될 확률이 알려지지 않기 때문에 표본이 모집단을 대표하고 있다고 말할 수 없고, 따라서 연구의 일반화에도 제한점이 있다(즉, 외적 타당도가 떨어진다).

### (1) 편의표집법(convenience sampling) 꼭!

- 임의표집법, 우발적표집법, 가용표집법이라고도 한다.
- 모집단에 대한 정보가 전혀 없는 경우, 모집단의 구성요소들 간의 차이가 없다고 판단될 때 표본 선정의 편리성에 기준을 두고 조사자 임의대로 확보하기 쉽고 편리한 표집단위를 표본으로 추출하는 방법이다.
- 모든 표본추출법 중 비용과 시간 면에서 가장 효율적이다. 그러나 표본의 대표성 문제와 표집의 편의 문제가 발생할 수 있다. 예를 들면, 길거리에서 만난 사람을 대상으로 표본조사를 하는 것이다.

예 백화점 앞에서 쇼핑을 마친 고객들을 대상으로 면접조사를 진행하는 경우를 예로 들 수 있다. 조사자가 쇼핑을 마친 사람들 중에서 주관적인 판단에 따라 일부를 조사대상자로 선정하여 조사한다.

### (2) 유의표집법(purposive sampling) 꼭!

- 판단표집법, 의도적 표집법이라고도 한다.
- 연구자/전문가의 판단으로 조사의 목적과 의도에 맞는 대상을 표본으로 선정하는 방법이다.
- 조사자가 조사문제와 모집단에 대한 지식이 충분히 많을 경우 유용하게 쓰일 수 있다. 예를 들어, 조사자가 경쟁사의 동태 파악을 하려는 목적에서 자신의 회사 판매원들에게 조사를 실시하려고 할 때, 조사자가 판매원들 개개인에 대한 지식이 있는 경우 유의표집이 더 적절하다.

**합격자의 한마디**

할당표집은 층화표집과 유사하지만 무작위 표집을 하지 않았다는 점이 다르죠. 층화표집과 할당표집은 이질적 집단보다 동질적 집단에서 추출한 표본의 표집오차가 작다는 논리에 기초한 표집방법입니다.

### (3) 할당표집법(quota sampling) 꼭!

- 모집단의 속성 중 조사내용에 영향을 주는 요소를 정해서, 이를 기준으로 몇 개의 범주로 구분하고 각 범주에 해당하는 표본을 모집단에서 차지하는 범주의 비율에 따라 할당하고 각 범주로부터 할당된 수의 표본을 임의적으로 추출하는 것이다.
- 할당표집은 비확률표집이지만 가능한 한 모집단을 대표하는 표본을 얻고자 하는 방법이다.
- 할당표집법은 층화표집법과 유사하지만 할당된 표본의 수를 무작위 표집이 아닌 임의표집한다는 점에서 층화표집과 다르다.

예 A복지관에서 이용자 200명의 표본을 할당표집할 경우 이용자 성별 비율(남 4: 여 6)을 고려하여 표본 수를 할당하면(남 80명, 여 120명) 할당표집이 된다. 층화표집과 유사하지만, 실제 표본 추출에 있어서 무작위 추출 방법을 사용하지 않는다는 차이가 있다.

### (4) 눈덩이표집법(snowball sampling) 꼭!

- 누적표집법, 연쇄의뢰표집법이라고도 한다. 눈덩이를 굴리는 것과 같이 처음에는 연구에 필요한 특성을 갖춘 소수의 표본을 찾고, 그 표본을 통해서 다른 사람을 소개받아 점차로 표본의 수를 늘려가는 표집방법이다.
- 주로 약물중독, 성매매, 도박 등과 같이 일탈적인 대상을 연구하거나 노숙인, 이주노동자, 불법이민자 등 모집단의 구성원을 찾기 어려운 대상을 연구하는 경우에 사용하며, 양적인 연구보다는 질적 조사연구 혹은 현장연구에서 많이 사용된다.

**확률표집방법과 비확률표집방법의 비교**

| 기준 | 확률표집방법 | 비확률표집방법 |
|---|---|---|
| 연구대상이 표본으로 추출될 확률 | 동등함, 알려져 있을 때 | 동등하지 않음, 알려져 있지 않음 |
| 표집(표본추출) | 무작위 표집 | 인위 표집 |
| 모수치 추정 가능성 | 추정 가능 | 추정 불가능 |
| 오차 측정 가능성 | 측정 가능 | 측정 불가능 |
| 시간과 비용 | 많이 소요 | 절약 |
| 모집단의 규모와 성격 | 명확히 규정 | 불명확 또는 불가능 |
| 종류 | 단순무작위표집, 체계적 표집, 층화표집, 집락표집 등 | 편의표집, 유의표집, 눈덩이표집, 할당표집 등 |

한걸음 더

## 질적 연구의 표집방법

질적 연구에서 표집방법은 연구자가 연구에 필요한 표본을 의도적으로 선택(의도적 표집)하는 것으로 연구자들은 하나 이상의 표집방법을 사용할 수 있다.

- 기준표집: 연구자가 연구의 초점에 맞추어 미리 결정한 어떤 기준을 충족시키는 사례들을 선정하는 것이다.
- 최대변화량 표집: 소규모 표본을 집중적으로 연구하면서 다양한 현상을 찾아내기 위한 목적을 가지고 있다. 즉, 적은 수의 표본이지만 다양한 속성을 가진 사례들을 골고루 확보하기 위한 방법이다. 예를 들어 사례수가 많은 지역, 사례수가 중간인 지역, 사례수가 적은 지역을 선정하는 방법 혹은 도시지역, 교외지역, 농촌지역의 지자체를 각각 선정하는 방법을 예로 들 수 있다.
- 동질적 표집: 최대변화량 표집과 대조적이며, 동질적인 사례들로 표본을 선정하는 방법이다.
- 결정적 사례: 어떤 상황이나 문제에 대한 구체적인 정보를 제공하는 결정적인 사례를 표집하는 방법이다. 여기서 결정적 사례란 이 사례에서 그러하다면 다른 대부분의 사례에서도 유사한 결과가 나올 것이라고 생각되는 사례를 의미한다.
- 예외사례 표집: 규칙적인 유형에 맞지 않는 극단적이거나 예외적인 사례를 검토하는 방법이다. 규칙적인 유형에 맞지 않는 사례를 검토하여 규칙적인 유형을 더 잘 이해할 수 있다는 가정. 이미 나타난 규칙 혹은 유형과 일치하지 않는 사례를 통해 기존의 결과를 수정할 수 있는 가능성을 열어놓는다. 예를 들어 사례관리 담당건수가 극단적으로 많다고 알려진 두 개의 프로그램과 담당건수가 극단적으로 적다고 알려진 두 개의 프로그램을 표본으로 선정한다.
- 극단적/일탈적 사례(extreme or deviant case): 연구자가 관심을 보이고 있는 현상이 전형적으로 나타나는 사례와 매우 특이하고 예외적인 사례를 표집하여 주요 현상에 대한 이해를 넓히는 방법이다.
- 준예외사례 표집: 예외사례표집의 경우처럼 극단적인 사례나 예외적인 사례가 너무 특이해서 연구하는 현상을 왜곡할 가능성을 우려하여 일상적인 것보다는 약간 예외적이지만 예외적이라고 할 수 있을 정도로 그렇게 특이하지는 않은 사례를 선정하는 방법이다. 약간 더 하거나 덜 한다고 알려진 표본을 선정한다.

# 3 표본의 크기와 표본오차

기출회차
1
2
3
4
5
6
7
8
9
10
11
12
13
14
15
16
17
18
19
20
21
22
강의로 복습하는 기출회독 시리즈
Keyword 049

합격자의 한마디

표본의 특성이 모집단의 특성과 유사할수록 대표성이 높은 표본으로 볼 수 있어요. 모집단이 가지고 있는 여러 요소들의 다양한 특성을 골고루 포함하고 있는 표본이 대표성 있는 표본이라고 할 수 있습니다.

## 1. 표본의 대표성

대표성(representativeness)은 추출된 표본의 특성이 모집단의 집합적 특성과 일치하는 정도에 의해 평가된다. 표본의 대표성 정도는 표본을 연구한 결과가 모집단 전체를 연구한 결과와 같음을 합리적으로 주장할 수 있는 근거를 제공한다.

중요도 ★★★

표본의 크기는 표본의 대표성, 표본오차와 밀접한 관련이 있다. 따라서 표본의 크기에 대한 개념뿐만 아니라 표본의 크기에 따른 표본의 대표성과 표본오차의 변화 및 관계에 대해서도 종합적으로 이해해야 한다. 22회 시험에서는 표집오차의 주요 내용을 묻는 문제에서 표본의 크기와 관련된 내용이 선택지로 출제되었다.

## 2. 표본의 크기 22회 기출

표본의 크기는 모집단으로부터 추출한 표집단위의 총 개수이다. 표본의 수는 모집단의 크기와 동질성 여부에 의해 좌우된다. 모집단의 크기가 작을 경우에는 전수조사를 하는 것이 좋고 동질적인 개체로 구성되어 있다면 어느 요소를 택하여 표본으로 하더라도 좋다. 단순무작위표집의 경우 다른 조건이 동일하다면 모집단이 크고 이질적일수록 표본의 수도 커야 한다. 타당한 표본설계에 따라 선정된 표본이라면 그 규모가 반드시 크지 않더라도 모집단을 효율적으로 대표할 수 있다.

### (1) 표본크기의 이론적 결정요인

- 표본의 크기는 통계적 기법에 의해 최적 표본의 수를 파악하는 이론적 결정요인과 조사의 적절성에 근거한 실제적 결정요인이 존재한다.
- 이론적 결정요인은 신뢰구간 접근법과 가설검증 접근법으로 나눌 수 있다.

#### ① 신뢰구간 접근법

표본의 크기는 조사자가 선택하는 신뢰수준에 따라 달라지는데, 신뢰수준이 높으면 표본의 크기도 커져야 한다. 즉, 신뢰수준을 95%에서 99%로 상향조정하려면 표본의 수도 늘려야 한다.

#### ② 가설검증 접근법

표본의 크기는 조사문제나 조사가설의 내용에 따라서도 달라진다. 일반적으로 연구하고자 하는 주요 변인의 수가 많으면, 각 변수 카테고리 별로 충분히 다양한 케이스를 확보하기 위해 더 많은 표본을 추출해야 한다.

### (2) 표본크기의 실제적 결정요인

실제상으로 표본크기를 결정함에 있어 표본추출방법, 모집단의 성격, 시간과 비용, 연구자 및 조사원의 능력 등을 고려하여 결정해야 한다. 표본의 크기를 실제적으로 결정할 때 고려해야 할 요인들을 살펴보면 다음과 같다.

#### ① 모집단의 동질성 정도

- 모집단의 동질성이란 모집단의 구성요소들이 연구자가 연구하고자 하는 어떤 속성들을 유사하게 가지고 있는 정도를 의미한다.
- 예비조사나 기존의 연구 등을 통해서 요소들의 속성을 조사하고, 조사한 결과 만일 모집단 요소들이 유사한 속성을 많이 가지고 있다면 표본의 크기는 작아도 될 것이다. 그러나 모집단의 이질성이 크다면 표본의 크기는 커야 한다.
- 예를 들어, 모집단이 서울지역에 거주하는 20대 남성들만으로 구성되어 있는 경우(이하 'A')와 모집단이 전국에 거주하는 20대에서 70대까지의 남녀로 구성되어 있는 경우(이하 'B'), A는 B보다 모집단이 보다 동질적으로 구성되어 있다고 볼 수 있다. 따라서 A는 B보다 표본의 수가 작아도 되지만, B와 같이 모집단이 거주지역, 연령대, 성별에서 상당한 편차가 있는 이질적인 요소들로 구성되어 있는 경우 표본의 크기가 클 필요가 있다.

**왜 층화표집을 할까?**

확률표집방법 중에서 층화표집을 하는 이유 역시 모집단의 이질성 혹은 동질성과 관련된다. 층화표집을 하는 이유는 상대적으로 이질적인 모집단에서 표집을 하기보다는 동질적인 하위 모집단으로 층화시키면(예 남자는 남자끼리 여자는 여자끼리) 다른 확률표집보다 상대적으로 적은 수의 표본으로도 모집단을 잘 대표할 수 있기 때문이다.

#### ② 표집방법 및 조사방법의 유형

- 확률표집의 구체적인 표집방법에 따라 요구되는 신뢰도와 정확도 수준이 달라지고 따라서 필요한 표본의 크기도 달라진다. 같은 크기의 표본일 때는 확률표집방법 중에서도 집락표집방법의 대표성이 가장 떨어진다.
- 조사방법의 유형에 따라서도 요구되는 표본의 크기가 달라진다. 실험연구나 사례연구, 또는 다른 질적 연구의 경우 그들이 가지고 있는 속성상 사례 수가 적을 수밖에 없는 반면, 서베이조사에서는 표본의 크기가 대체로 크다.

#### ③ 분석범주 및 변수의 수

- 표본의 수를 결정하려면 한 변수 내에서 분석되는 범주의 수를 고려해야 한다. 한 변수 내의 범주의 수가 많아질수록 각각의 범주에 일정한 수의 표본

을 확보해야 하기 때문에 전체 표본의 수는 증가하게 된다.

- 연구하고자 하는 변수의 수가 증가할수록 표본의 크기는 더욱 커져야 한다. 왜냐하면 각 변수에 일정 수의 표본이 있어야 그 변수가 통계적으로 유의미하게 분석되고 분석결과를 신뢰할 수 있기 때문이다.

#### ④ 이론에 기초한 표본설계

표본을 선정할 때 표본 그 자체만을 고려하기보다는 연구문제의 특성, 기존의 연구결과나 검증된 이론 등을 고려하여 표본을 선정하면, 비록 작은 크기의 표본이라 할지라도 의미 있는 정보를 충분히 제공할 수 있다.

#### ⑤ 소요되는 비용-시간-인력

- 표본의 크기를 결정하는 데 실제적으로 가장 큰 영향을 미치는 요인은 표집에 소요되는 시간과 비용과 인력이다. 표본 하나에 대한 소요비용이 일정하다고 간주한다면 표본의 크기가 클수록 비용이 증가하게 된다.
- 이러한 요인들은 설문지의 길이, 현지조사원의 수, 면접대상자의 지정 여부, 조사대상자의 지리적 집중도, 응답거절률, 표본추출방법, 설문지 적용방법 등에 따라 차이가 있으므로 표본의 크기를 결정할 때 이러한 요인들도 고려해야 한다.

**표본의 크기, 표집오차, 신뢰수준과 신뢰구간의 관계, 통계적 유의성**

보충자료

**통계치를 통한 모수의 추정방법**

**1. 표본의 크기와 표집오차와의 관계**

표집오차(표본오차)는 조사대상자가 모집단 전체가 아니기 때문에 초래되는 오차, 즉 전수조사가 아니기 때문에 일어나는 오차, 표본추출로 생기는 오차이다. 이러한 표본오차는 편의(bias)와 우연(chance)에 의해 발생한다. 우연에 의한 표본오차는 표본의 크기를 증가시킴으로써 감소시킬 수 있으며, 편의에 의한 오차는 표본 선택 방법을 엄격히 함으로써 줄일 수 있다.

**2. 표본의 크기, 신뢰수준, 신뢰구간의 관계**

신뢰수준이 95%라는 것은 모집단을 조사한 것이 아니기 때문에 정확한 평균값을 알 수 없고 평균값이 속할 수 있는 어떤 범위(신뢰구간)를 정하여 이 범위 내에 평균값이 존재하는 것을 95% 확신할 수 있다는 것이다. 신뢰구간, 신뢰수준과 표본의 크기의 관계는 다음의 식과 같이 정리할 수 있는데, 만약 분자인 신뢰수준을 높였을 때 같은 오차의 한계를 갖게 하고 싶다면 분모인 표본의 크기도 함께 커져야 한다.

$$\text{신뢰구간(오차의 한계)} \propto \frac{\text{(신뢰수준)}}{\sqrt{\text{표본크기}}}$$

**3. 통계적 유의성**

유의수준은 통계적 검정에서 가설을 기각할 때, 그 가설이 참인데도 불구하고 기각하는 확률의 허용 수준이다. 쉽게 말해 오류가 발생할 가능성을 의미한다. 일반적으로 유의수준은 95%의 신뢰도를 기준으로 한다면 (1-0.95)인 0.05가 유의수준이 된다. 이는 100번 정도 표본을 선정하여 조사하여도 95번 이상 같은 결과가 나올 수 있다고 확신할 수 있다면 조사결과가 통계적으로 유의하다고 본다는 것을 의미한다. 다른 말로 표현하면 우연히 관계가 있을 확률이 5% 미만이면 통계적으로 유의하다고 본다는 것이다. 또한 모집단으로부터의 표본 선정절차가 잘못되어, 즉 표본오차로 인해 우연히 관계가 있을 확률이 5% 미만이면 통계적으로 의미가 있다는 뜻으로 사용되기도 한다.

# 3. 표본오차 22회 기출

중요도 ★★★

표본오차에 관한 문제를 풀기 위해서는 표본의 크기, 표본의 대표성과의 관계에 대한 이해가 필요하다. 표본의 크기가 증가할수록 표본의 대표성은 증가하는 경향이 있으며, 표본의 대표성이 증가한다는 말은 그만큼 표본의 특성과 모집단 간의 차이, 즉 표본오차가 줄어든다는 말과 같다. 22회 시험에서는 표집오차의 주요 내용을 묻는 문제가 출제되었다.

## (1) 표본오차 꼭!

- 표집오차라고도 한다.
- 표본오차는 모집단 값과 표본의 값 간의 차이를 말한다.
- 실질적인 의미에서는 모집단 전체의 값을 알 수 없기 때문에 표본으로부터 얻어진 값을 토대로 연구자가 정한 일정한 신뢰수준(95% 또는 99%)에서 나타날 수 있는 오차의 범위를 추정하게 된다.
- 여론조사 결과에 대한 언론 보도를 예로 살펴보면, "전국의 성인남녀 1,000명에게 조사한 결과 ○○당에 대한 지지도는 25%인데, 이 조사의 오차는 신뢰수준 95%에서 ± 3%이다"라고 명시되어 있는 경우를 볼 수 있다. 이때의 ±3%는 모집단인 전체 국민의 지지율을 가지고 계산한 것이 아니라 표본의 값들을 가지고 추정한 확률적인 의미로, 모집단과 표본 간의 차이를 의미하며 이것이 표본오차이다.
- 일반적으로 표본오차는 표준오차(standard error)를 계산하여 표준오차에 일정한 신뢰수준에서의 Z값(모집단의 표준편차를 알 때)이나 t값(모집단의 표준편차를 모를 때)을 곱해서 추정한다.
- 표본오차를 추정할 때 영향을 주는 요인은 표본의 크기, 신뢰구간 등이다. 신뢰수준을 높게 잡으면 오차가 커지고, 표본의 크기가 커지면 표본오차는 작아진다. 앞서 살펴본 표본의 크기에 영향을 주는 요인들은 직 · 간접적으로 표본오차와 관련되어 있다. 즉, 모집단의 동질성, 표본추출방법 등도 표본오차와 관련되어 있다.

**표본오차(sampling error)**

- 표집오차와 같은 말
- 표집을 잘못해서 발생하는 오류
- 표집을 잘못해서 발생하는 모수(모집단의 실제값)와 통계치(표본의 값) 간의 차이

한걸음 더

### 표준오차(standard error)

표준오차는 표집분포상의 표준편차(Standard deviation)이다. 표집분포란 표본추출을 반복했다고 가정했을 경우 이렇게 추출된 표본으로부터 계산된 통계치가 어떻게 분포되어 있는지를 나타내는 것이다. 표준편차란 표본의 평균치와 개별 표본들의 값이 얼마나 떨어져 있는지를 평균적으로 나타낸 것이다. 모집단이 동질적이라는 것은 표준편차가 작다는 것을 의미하며 이럴수록 표준오차는 줄어들 수 있다.

표준오차는 모집단에서 정해진 크기 N의 표본을 무수히 많이 뽑아서 그 표본의 평균값들을 각각 구한 후 그 표본 평균값들 간에 계산한 표준편차를 의미한다. 예를 들어 10만 명의 학생들이 시험을 봐서 평균이 50점이라고 가정하자. 이때 우리가 10만 명의 평균을 구하기 어려워 이 중 100명의 표본을 추출하여 평균을 구한다면 100명의 평균점수가 모집단 평균인 50점과 완전히 일치하지 않을 수 있다. 또 다른 100명을 뽑아서 평균을 구하면 그것도 모집단 평균과 일치할 수 있고, 일치하지 않을 수도 있다. 이렇게 100명의 표본을 무수히 여러 번 뽑아서 각각의 평균값들을 구해 보면 그 값들은 50점에 근접한 값들이 많고 어떤 경우는 많이 떨어진 값이 나올 것이다. 이렇게 구해진 표본 평균들 사이의 표준편차를 표준오차라고 하며, 이는 표본 평균과 모집단 평균 간의 평균적인 오차(차이)라고 할 수 있다.

$$\text{표준오차(SD)} = \sqrt{\frac{(X_1-\mu)^2+(X_2-\mu)^2+\cdots+(\bar{X}n-\mu)^2}{N}}$$

Xn = n번째 표본의 평균값, μ = 모집단의 평균, N = 표본 수

### (2) 비표본오차 꼭!

- 비표집오차라고도 한다.
- 표본추출과정에서 유발되는 오차가 아니라 설문지나 조사자료의 작성, 또는 인터뷰과정에서 비롯되는 오류, 분석된 자료의 그릇된 해석, 자료집계나 자료를 분석하는 도중에 발생하는 요인들, 응답자의 불성실한 태도 등에서 야기되는 오차이다.
- 표본의 크기를 크게 하면 표본오차는 감소하지만, 비표본오차의 발생가능성은 높아진다.

한걸음 더

## 자료분석의 기초

보충자료

자료분석의 기초

### 1. 집중경향치

집중경향치는 어떤 변수의 범주 또는 값의 분포를 요약해서 나타내는 수치로, 최빈치, 중위수, 산술평균 등이 있다.

- 최빈치: 한 변수의 분포에서 가장 빈번히 나타나는 범주 또는 수치로, 주로 명목변수에 사용된다.
- 중위수: 중위수는 한 변수의 값을 가장 작은 것에서 큰 순서로 배열하였을 때, 전체를 양분하는 중앙(50%)에 놓이게 되는 값으로 주로 등간, 비율 변수에 사용된다.
- 평균: 한 변수의 분포에 속한 모든 사례의 점수를 합하여 전체 사례수로 나눈 값으로, 주로 등간 및 비율변수에 사용되는 가장 기본적인 통계이다.

### 2. 산포도

어떤 변수값의 분포를 전반적으로 명확히 이해하기 위해서는 집중경향치를 중심으로 변수값들이 얼마나 밀집, 분산되어 있는가를 알아보는 것이 필요한데, 이를 산포도라고 한다. 산포도를 파악하기 위해 사용하는 통계로는 범위, 사분위범위, 변량(분산), 표준편차 등이 있다.

- 범위: 어떤 한 변수의 최저값과 최대값의 차이를 말하는 것으로, 계산이 쉬운 것이 장점이나 극단치가 존재할 경우 의미 있는 수치를 제공해주지 못하는 단점이 있다.
- 사분위범위: 분포에서 하위 25%와 75%에 해당되는 값의 차이로, 중앙 50%의 분포에 초점을 두고 있기 때문에 양쪽 극단치의 영향을 배제할 수 있다.
- 변량(분산): 변수의 각각의 값에서 평균을 뺀 값을 제곱하여 합한 것을 다시 사례수로 나눈 것으로, 변수의 값들이 평균으로부터 얼마나 떨어져 있는가를 알아보기 위한 통계이다.
- 표준편차: 변량(분산)의 제곱근으로 변량(분산)을 구하는 과정 중 제곱으로 인해 왜곡된 수치를 원래의 상태로 환원하여 평균에서 떨어진 거리의 개념을 명확히 한다는 의미에서 의의가 있다.

### 3. 정규분포곡선

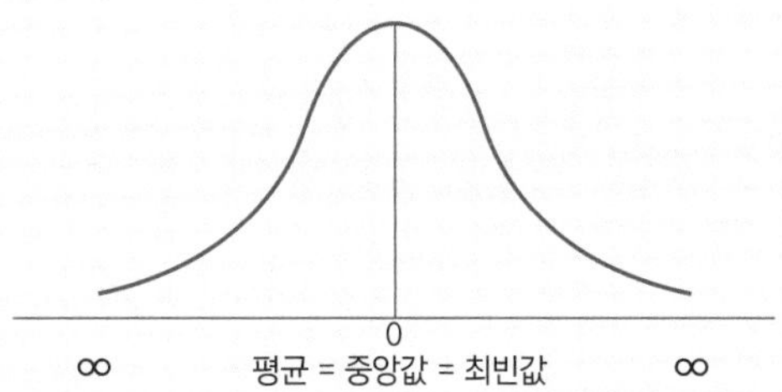


- 무한히 큰 표본을 선정하여, 그 표본의 어떤 특성(예: 평균)의 분포를 나타낸 형태의 곡선을 정규분포곡선이라고 한다.
- 정규분포곡선은 1) 좌우대칭형이고, 종모양이며, 2) 평균과 중앙값, 최빈치가 분포의 중앙에서 일치하며, 3) 정규분포곡선 면적의 합은 1이며, 4) 평균선은 종 모양의 분포를 완전히 절반으로 나눈다는 특징이 있다.
- 정규분포곡선은 실제로는 나타나지 않는 이상적인 분포곡선이지만, 사회조사를 위해 적절한 크기의 표본을 확률표집으로 선정하면 정상분포 곡선에 가까운 분포를 보인다고 가정한다.
- 정규분포곡선이면서 평균이 0이고, 표준편차가 1인 곡선을 특별히 표준정규분포곡선이라고 부른다.

# 10장 자료수집방법 I: 서베이(설문조사)

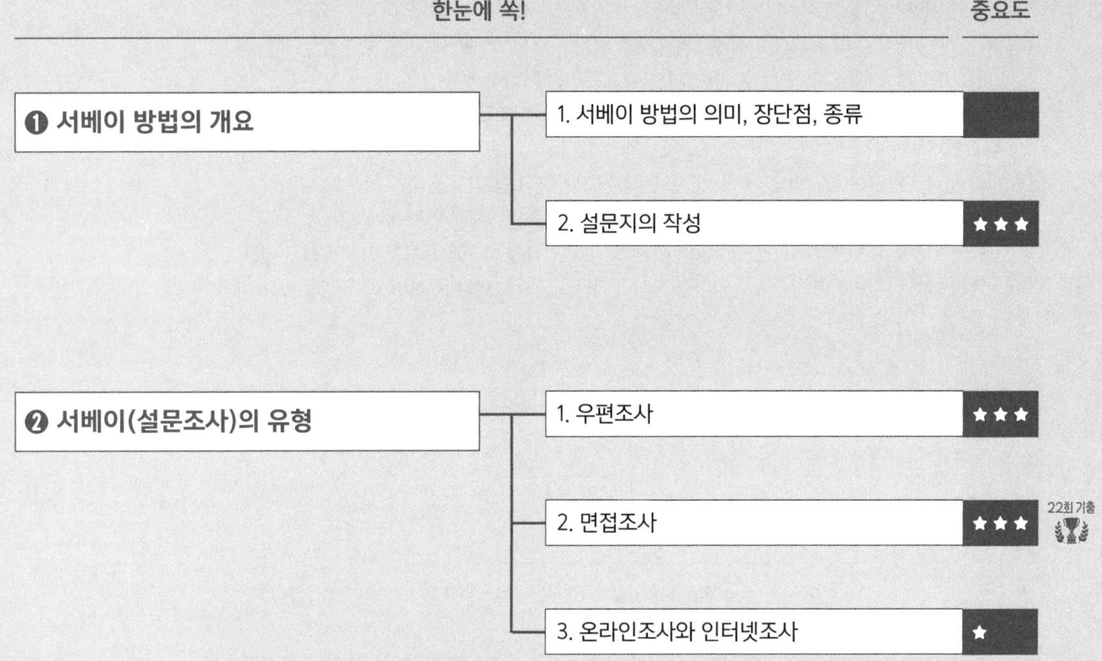

| 한눈에 쏙! | | 중요도 |
|---|---|---|
| ❶ 서베이 방법의 개요 | 1. 서베이 방법의 의미, 장단점, 종류 | |
| | 2. 설문지의 작성 | ★★★ |
| ❷ 서베이(설문조사)의 유형 | 1. 우편조사 | ★★★ |
| | 2. 면접조사 | ★★★ 22회 기출 |
| | 3. 온라인조사와 인터넷조사 | ★ |

# 기출경향 살펴보기

## 이 장의 기출 포인트

매회 비슷한 유형과 내용으로 어렵지 않게 출제되고 있다. 특히, 서베이 방법의 장단점, 설문지 작성과 관련한 내용은 매회 빠짐없이 출제되고 있으며, 이 외에 설문지 작성과정, 질문의 어구구성, 질문문항의 배열 등의 내용도 자주 출제되고 있다. 서베이의 유형과 관련해서는 우편조사, 면접조사 등 개별 유형의 장단점을 묻는 문제와 유형 간에 비교하는 문제가 출제되었다.

## 최근 5개년 출제 분포도

연도별 그래프

| 회차 | 18 | 19 | 20 | 21 | 22 |
|---|---|---|---|---|---|
| 문항수 | 2 | 2 | 2 | 1 | 1 |

평균출제문항수

**1.6** 문항

## 2단계 학습전략

데이터의 힘을 믿으세요!
강의로 복습하는 **기출회독 시리즈**

3회독 복습과정을 통해
최신 기출경향 파악

## 최근 10개년 핵심 키워드

| | | |
|---|---|---|
| 기출회독 **050** | 서베이 방법의 특징 | 9문항 |
| 기출회독 **051** | 서베이의 유형 | 7문항 |

기본개념 완성을 위한 **학습자료 제공**

기본개념 강의, 기본쌓기 문제, O X 퀴즈, 기출문제, 정오표, 묻고답하기, 지식창고, 보충자료 등을 **아임패스**를 통해 만나실 수 있습니다.

기출회차

| 1 | 2 | 3 | 4 | 5 |
|---|---|---|---|---|
| 6 | 7 | 8 | 9 | 10 |
| 11 | 12 | 13 | 14 | 15 |
| 16 | 17 | 18 | 19 | 20 |
| 21 | 22 | | | |

강의로 복습하는 기출회독 시리즈

Keyword 050

## 1. 서베이 방법의 의미, 장단점, 종류

**서베이조사**

- 서베이조사 = 표본조사 + 설문조사
- 표본을 잘 선정하는 것과 설문지를 잘 구성하는 것이 서베이조사의 핵심이다.

### (1) 서베이 방법의 의미

- 모집단의 특성을 파악하기 위해 일정 수의 표본을 추출하여 설문조사를 실시하는 것을 서베이조사라 한다.
- 서베이 방법은 설문지, 면접, 전화 등을 이용하여 응답자로 하여금 연구주제와 관련된 질문에 답하게 함으로써 체계적이고 계획적으로 실증적 자료를 수집, 분석하는 연구조사방법이다.
- 서베이 방법은 대학에서는 물론 사회 각 분야에서 가장 많이 활용되는 사회조사방법으로서 위상을 차지하고 있다. 하지만 질적 조사방법의 도전과 더불어 조사기술상 해결해야 할 많은 과제에 직면해 있기도 하다.
- 서베이 방법은 일정한 시점에서 다수의 조사대상자로부터 직접 자료를 수집하는 방법을 말한다. 구체적으로 어떤 수단을 활용하여 자료를 수집하느냐에 따라 우편조사, 면접조사, 온라인조사 등으로 분류할 수 있다. 우편조사와 면접조사는 서베이 방법에서 가장 많이 사용되는 방법이고, 통신기술의 발전으로 다양한 방법들이 개발되고 있다.

### (2) 서베이 방법의 장단점 꼭!

#### ① 장점

- 대규모 모집단의 특성을 기술하는 데 유용하다.
- 연구결과를 일반화하기가 상대적으로 용이하다.
- 표준화된 설문지를 사용함으로써 객관적으로 측정할 수 있다.

#### ② 단점

- 외생변수의 통제가 불가능하기 때문에 변수들 간의 인과관계를 규명함에 있어 내적 타당도가 결여될 수 있다.
- 한 시점에서 끝나는 경우가 많아 시계열적인 정보를 얻기 어렵다.

### (3) 서베이(설문조사) 방법의 종류

#### ① 자기기입식 설문조사

- 설문지의 응답을 조사대상자가 직접 작성한다.
- 우편조사, 온라인조사/인터넷조사 등이 있다.
- 별도로 다수의 조사원을 모집, 교육할 필요가 없다.
- 응답률이 낮아질 가능성이 있다.
- 면접설문조사와 비교하여 상대적으로 비용이나 시간이 적게 소요된다.
- 민감한 쟁점을 다루는 데 더 효과적이다.

#### ② 조사원기입식 설문조사

- 면접 등을 통해 조사원(면접원)이 직접 질문하고 응답자의 대답을 기록하는 방식이다.
- 면접설문조사 등이 있다.
- 응답자가 이해하기 어려운 내용이나 질문에 대한 설명을 제공할 수 있다. 이런 점에서 복잡한 쟁점을 다루는 데 더 효과적이다.
- 응답률이 높은 편이다.
- 조사원 모집과 교육에 비용이 소요된다.

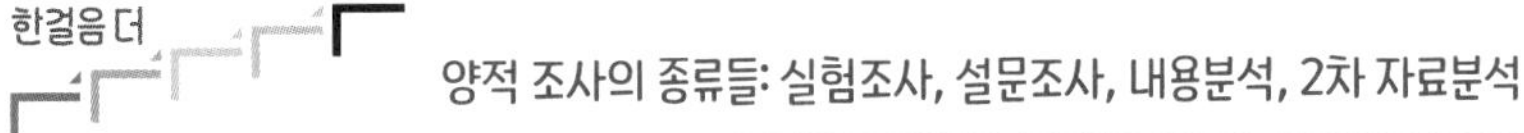

한걸음 더

**양적 조사의 종류들: 실험조사, 설문조사, 내용분석, 2차 자료분석**

연구에 주로 이용되는 자료의 특성이나 자료수집방법에 따라 연구는 크게 양적 연구와 질적 연구로 구분된다. 양적 연구는 주로 수치화된 자료를 수집하여 분석하는 연구로, 구체적인 자료수집방법에 따라 실험조사, 설문조사, 내용분석, 2차 자료분석 등으로 구분될 수 있다.

실험조사는 자연과학에서 발전된 방법으로 인과관계를 명확히 파악하기 위한 설명적 연구에 사용된다. 실험조사는 연구대상을 실험집단과 통제집단으로 분류한 후 연구의 관심이 되는 원인변수(독립변수)에 일정한 조작을 가하고 이에 의해 영향받을 것으로 예측되는 결과변수(종속변수)를 관찰하는 과정을 거친다.

설문조사는 대규모 사회조사에서 가장 널리 사용되는 방법으로 모집단을 잘 대표할 수 있는 표본을 대상으로 미리 준비된 설문지를 배포하여 응답자가 스스로 작성하게 하거나 면접자가 응답자를 면접하면서 정보를 기록하는 방식으로 자료를 수집한다. 실험조사와 달리 설문조사로 수집된 자료들은 시간적 우선성을 경험적으로 나타내지 못한다. 원인과 결과 변수들의 자료가 동시에 획득되기 때문에, 수집된 자료 전체로는 시간적으로 어떤 변수가 앞서고 어떤 변수가 뒤에서는가를 검증해보일 수 없다. 따라서 이렇게 획득된 자료를 통해 경험적으로 직접 증명이 가능한 것은 대부분 상관관계(공변성)에 국한된다.

내용분석은 직접 사람을 대상으로 하는 것이 아니라 사람에 의해 만들어진 서적, 그림, 사진, 신문기사, 영화, 음악 등의 내용을 분석하는 방법이다. 2차 자료분석 방법은 연구자가 직접 자료를 수집하거나 원자료를 직접 분석하지 않고 기존에 이미 정리되어 있는 통계자료를 이용하는 방법이다.

중요도 ★★★

설문지를 잘 구성하는 것은 서베이조사에서 가장 중요한 작업이라고 할 수 있다. 설문지에서 질문의 어구를 구성하고 문항을 배열할 때 지켜야 할 원칙들은 출제빈도가 매우 높은 영역이다. 이 원칙들을 지키지 않은 잘못된 문항들에 대해 어떤 원칙을 위배하고 있는지를 묻는 문제가 주로 출제되고 있다.

## 2. 설문지의 작성

### 1) 설문지 작성의 이유와 중요성

#### (1) 설문지를 이용하는 이유

- 설문지를 통해 조사하고자 하는 내용을 표준화할 수 있다.
- 조사결과의 비교가능성을 높일 수 있다.
- 빠른 시간 내에 핵심적인 정보만 선별하여 객관적이고 정확한 정보를 얻을 수 있다.
- 불필요한 내용은 설문지에서 삭제할 수 있고, 응답자가 무기명으로 응답을 기록하는 경우 솔직한 응답이 가능하며, 응답의 용이성과 정확성을 높일 수 있다.

#### (2) 설문지 작성의 중요성

- 설문지는 언어적 표현을 통해 응답자에게 질문을 하기 위한 도구이다.
- 설문지 작성을 위해서는 측정하고자 하는 개념을 명확하게 정의하고, 이를 현상과 연결시켜 줄 수 있도록 조작적 정의를 적절히 해야 하며, 타당도와 신뢰도가 높은 설문을 구성해야 한다. 또한 가설검증에 필요한 분석기법을 고려하여 적합한 형태의 척도를 이용하여야 한다.
- 설문지는 조사방법의 모든 단계와 밀접한 관련이 있다. 특히 연구결과가 잘못되는 큰 이유 중에 한 가지는 바로 연구에 사용된 측정도구인 설문지가 잘못됨으로써 일어나는 경우기 때문에 신중히 고려해야 한다.

### 2) 설문지의 구성요소

- 설문표지: 대부분의 응답자들은 설문지를 받았을 때 설문표지를 먼저 읽기 때문에 설문표지의 구성이 응답률에 영향을 미칠 수 있다. 연구목적을 대략적으로 설명하여 응답자의 관심을 유도하고, 응답자 선정과정에 대해서도 간략하게 언급할 필요가 있다. 연구후원자나 후원기관에 대해서도 명시해야 한다. 연구결과의 유용성에 대해서도 설명할 필요가 있다. 또한 익명성과 비밀보장에 대해서도 명시해야 한다.
- 응답자에 대한 협조요청: 조사자나 조사기관의 소개, 조사취지 설명, 개인적 응답항목에 대한 비밀보장
- 식별자료: 일련번호, 응답자 이름, 조사자 이름, 조사일시 등
- 지시사항: 보다 분명하고 명확한 응답을 얻기 위해 응답방법 등에 대해 지

침 제공
- 문항: 필요한 정보를 획득하기 위한 가장 중요한 부분
- 응답자의 분류를 위한 자료: 학력, 연령, 성별, 주거, 종교, 직업 등 인구통계학적 혹은 사회경제적 자료(질문할 때에는 응답자의 인격이나 프라이버시가 침해되지 않도록 주의해야 함)

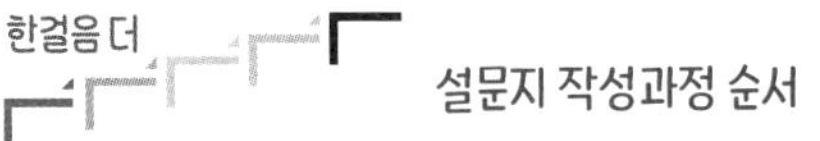


설문지 작성과정 순서

1. 설문지 작성의 목적과 적용범위 확정
2. 질문내용 결정
3. 질문의 형태와 응답범주 형식 선정
4. 질문의 어구구성 및 문항배열
5. 설문지의 외형 결정
6. 사전검사(사전조사)
7. 편집 및 인쇄

## 3) 설문지 작성과정

### (1) 설문지 작성의 목적과 적용범위 확정

설문지를 작성하기 전에 왜(연구목적), 누구(연구대상자), 어떻게(연구방법)에 대한 고민이 필요하다. 또한 설문지를 통해 수집하고자 하는 내용과 범위를 정해야 한다. 단지 많은 정보를 얻기 위해서 연구목적과 직접적으로 관련이 없는 내용까지 설문지에 포함할 경우 구성이 복잡해질 수 있다.

### (2) 질문내용 결정

| 사실을 알아내기 위한 질문 | 인구통계학적, 사회경제적 상태 예 학력, 연령, 성별, 주거, 종교, 직업 등 |
|---|---|
| 의견과 태도에 관한 질문 | • 태도: 경향, 신념, 편견, 두려움 등<br>• 의견: 태도를 말로 나타낸 것 |
| 감정이나 느낌에 대한 질문 | 정서적 반응(공포, 불신, 혐오, 동정, 열망 등)을 직접적으로 나타내는 문항을 포함 |
| 행위의 표준에 대한 질문 | 다양한 사회적 상황에서 어떤 행위가 적절한 것인가에 대한 문항은 같은 상황에서 개인의 행동을 예측할 수 있음 |
| 현재 또는 과거의 행위에 대한 질문 | 현재나 과거의 행위에 대한 정보는 미래행위를 예측하는 데 가치있는 지식이 됨 |
| '왜'에 대한 질문 | 믿음, 감정, 행동에 대한 의식적 이유를 묻는 질문 |

## (3) 질문의 형태와 응답범주 형식 선정 꼭!

### ① 질문의 형태

질문의 형태에는 개방형 질문과 폐쇄형 질문이 있는데, 특징 및 장단점은 다음과 같다.

• 개방형 질문(주관식 질문)

| | |
|---|---|
| **정의 및 특징** | • 미리 정해진 응답범주를 제공하는 것이 아니라 응답자의 생각, 느낌, 의견 등을 자유롭게 기록할 수 있는 형태이다.<br>• 응답할 수 있는 응답범주를 모두 파악하기 힘든 경우나 응답범주가 너무 많아 열거하기 힘든 경우에 적절하다. |
| **장점** | 조사자의 의도나 질문형식에 구애받지 않고 응답자가 자유롭게 답할 수 있어 다양한 정보를 얻을 수 있다. |
| **단점** | • 응답에 시간이나 노력이 많이 소요되기 때문에 응답률이 낮은 편이다.<br>• 자료의 분석 및 해석에 많은 시간이 소요된다.<br>• 통계적으로 처리하기가 어렵다.<br>• 응답의 해석에 연구자의 편견이 개입될 수 있다. |

• 폐쇄형 질문(객관식 질문)

| | |
|---|---|
| **정의 및 특징** | • 응답자에게 미리 정해진 응답범주를 제시하여 특정한 응답 범주를 선택하도록 하는 형태이다.<br>• 가능한 응답범주가 제한적일 경우에 적절하다.<br>• 폐쇄형 질문의 응답범주는 포괄적(가능한 응답을 모두 포함하고 있어야 함)이고 상호배타적(응답범주 간에 중복이 되어서는 안 된다. 예를 들어 "귀하가 살고 있는 동네에 쓰레기 매립장이 들어오는 것에 찬성하십니까?"라는 질문에 대한 응답범주로 ① 매우 찬성 ② 가끔 찬성이라는 범주가 있다면 매우는 강도를 나타내고 가끔은 빈도를 나타내기 때문에 매우 찬성하면서 가끔 찬성하는 경우도 존재하기 때문에 상호배타적이지 않음)이어야 한다. |
| **장점** | • 응답자가 질문에 응답하기 용이하다.<br>• 응답결과를 입력하고 분석하기가 상대적으로 용이하다. |
| **단점** | • 주어진 응답범주가 응답자의 생각과 달라서 응답하기 곤란한 경우도 있다.<br>• 응답자가 가진 원래의 생각이나 태도를 제대로 반영하지 못할 수 있고, 중요한 정보를 누락할 수도 있다. |

### ② 응답범주의 형식

<table>
<tr><td>찬반형/<br>이분형 질문</td><td>"예-아니오", "찬성-반대"와 같이 간단한 찬반양론을 묻는 질문에 적당한 형태이다. "모르겠다"와 같은 중간 응답을 제공할 수 있다.</td></tr>
<tr><td>다항선택형<br>질문</td><td>여러 개의 응답 범주 중에서 하나 혹은 그 이상의 범주를 선택하도록 하는 질문으로 보통 3~5개의 선택항목으로 구성된다. "기타"라는 범주도 포함시켜야 하는데, "기타"란에도 구체적으로 답을 기입하도록 하는 것이 좋다.<br>예 절대빈곤을 타파하기 위한 책임은 누구에게 있다고 생각하십니까?<br>1. 정부 2. 종교기관 3. 기업 4. 지역사회 5. 기타 ( )</td></tr>
<tr><td>서열형<br>질문</td><td>일련의 응답범주들에 대한 중요성, 선호나 우선순위 등에 따른 순서에 따라 선택하는 질문이다.<br>예 교회의 사명 가운데 가장 중요하다고 생각하는 우선순위를 표시하세요.<br>(1=가장 중요, 3=보통 중요, 5=가장 중요하지 않음)<br>전도( ) 예배( ) 교육( ) 봉사( ) 친교( )</td></tr>
<tr><td>평정형<br>질문</td><td>강도를 달리하는 응답범주들 중 하나를 선택하는 것이다.<br>예 귀하는 현 정부의 복지정책에 대해 만족하십니까?<br>1. 매우 만족한다 2. 만족한다 3. 보통이다 4. 불만이다 5. 매우 불만이다</td></tr>
<tr><td>행렬식<br>질문</td><td>여러 개의 질문들이 동일한 응답 범주를 가지고 있는 경우에 사용한다. 질문지를 효율적으로 사용할 수 있고 응답하는 데 걸리는 시간을 줄여주는 장점이 있지만, 유사한 질문들이 인접하여 배치되기 때문에 고정반응이 발생할 수 있는 단점이 있다.<br>예 귀하가 근무하는 직장은 어떻습니까?<br>
<table>
<tr><th>문항</th><th>매우 그렇다<br>5</th><th>그렇다<br>4</th><th>중립<br>3</th><th>그렇지 않다<br>2</th><th>전혀 그렇지 않다<br>1</th></tr>
<tr><td>1. 일한 만큼 임금을 준다.</td><td></td><td></td><td></td><td></td><td></td></tr>
<tr><td>2. 상사는 고충을 잘 해결해준다.</td><td></td><td></td><td></td><td></td><td></td></tr>
<tr><td>3. 편의시설이 잘 되어 있다.</td><td></td><td></td><td></td><td></td><td></td></tr>
</table>
</td></tr>
</table>

## (4) 질문의 어구구성 및 문항배열

질문의 어구구성 및 문항배열에 대해서는 뒤에서 자세히 설명한다.

## (5) 설문지의 외형 결정

자발적 협조를 할 수 있도록 질문지의 형태를 결정한다.

## (6) 사전검사(사전조사, pretest)

- 본 조사를 수행하기 전에 동일한 절차와 방법으로 일정한 수의 사람들을 대상으로 질문지가 잘 구성되었는지를 시험하는 것이다.
- 사전검사는 반드시 한 번 이상 해야 하고, 연구할 표집대상을 제외한 다른 사람으로 구성하되(사전조사의 대상자는 본조사의 표본이 될 수 없음) 20~50명 정도가 적당하다.
- 사전검사의 목적과 필요성
  - 질문지 형식과 내용 전반에 대하여 검토한다.

- 본조사를 수행하는 데 필요한 정보를 수집할 수 있다.
- 질문지의 언어구성상 문제를 수정하는 데 도움이 될 수 있다.
- 질문 내용의 중복, 누락 여부, 표현의 명확성, 질문 배열의 적절성, 용어 선택 등에 대해서 검토한다.
- 응답내용 간에 모순 또는 합치되지 않는지를 확인할 수 있다(응답 내용의 일관성 검토).
- 응답이 한쪽으로 치우치지 않는지 확인할 수 있다.
- 질문 순서가 바뀌었을 때 응답에 실질적 변화가 일어나는지를 확인할 수 있다. 질문의 순서가 바뀌었을 때 응답에 실질적인 변화가 일어나면 그 질문의 어구구성이 잘못되었다고 보아 검토해야 한다.
- 무응답, 기타 응답이 많은 경우를 확인할 수 있다. 모른다는 응답이 너무 많거나 무응답이 너무 많으면 질문에 문제가 있을 가능성이 있으므로 질문을 수정한다.

• 예비조사(pilot study)와의 차이점은 다음과 같다.
  - 예비조사는 탐색적 조사이며, 질문지 작성의 사전단계에서 이루어진다.
  - 사전검사는 예비조사보다 형식적으로 더 완성된 형태를 가진다.
  - 사전검사는 모든 절차가 본조사 때와 똑같은 방법으로 진행된다.

### 사전검사를 실시하는 이유

본조사에 들어가기에 앞서 작성된 설문지 초안을 이용하여 사전조사를 실시하는 것을 사전검사(pretest)라고 한다. 이러한 사전검사는 작성된 설문지 초안을 이용해 소수의 응답자들에게 직접 조사를 수행해본 뒤 미처 생각하지 못했던 설문지 초안이나 설문조사 과정상의 문제를 찾아 수정하기 위해서 실시한다. 사전검사를 하다 보면 예상하지 않았던 문제가 발생할 수도 있고, 설문지에서 사용된 용어가 너무 어려워 응답자들이 이해를 못해 답하지 않는 경우도 생길 수 있어서 본조사를 실시하기에 앞서 이런 것들을 체크하고 수정하려면 직접 설문지를 이용해 조사를 수행해 보는 것이 가장 좋다.

보통은 사전검사를 통해 발견된 문제를 수정하고 난 후 설문지 수정이 완벽하게 이뤄져 본 조사에 사용해도 무리가 없을지를 판단하기 위해 다시 한 번 사전검사를 하는 것이 좋다. 만약, 이러한 꼼꼼한 과정을 거치지 않고 바로 본 조사에 들어가면 연구자가 얻고자 하는 자료를 수집하는 데 문제가 생기거나 실패하기 쉽다. 특히, 설문조사는 면접설문이 아닌 이상 익명으로 이뤄지기 때문에 무응답이 많은 설문 응답자의 경우 누구였는지를 추적할 수가 없어 결국은 분석에서 제외시켜야 하는 경우가 많다.

사전검사를 예비조사(pilot study)와 혼동하는 경우가 종종 있다. 예비조사는 자기가 조사하려고 하는 문제의 핵심적인 요소들이 무엇인가를 분명히 알지 못할 때 수행하는 것으로 설문지를 작성하기 전 단계에 필요한 조사이다. 반면 사전검사는 질문지의 초안을 만든 후에 설문지의 질문내용, 언어구성, 응답형식, 문항의 배열 등에서 오류가 있는지를 체크하고 수정하기 위해서 이뤄지는 조사이다. 둘 사이를 명확히 구분해야 한다.

사전검사를 통해 질문 어구상의 오류가 있는지를 체크할 때는 먼저 응답내용에 일관성이 있는지를 검토해야 한다. 그리고 만일 어느 한 방향의 응답범주로 대다수의 응답자가 비슷하게 체크했다면 그 질문은 응답대상들의 특성에 대한 변별력이 떨어지는 것이니 좋은 질문이라고 볼 수 없다. '모르겠다'는 응답이 너무 많거나 무응답이 너무 많은 경우도 질문에 문제가 있을 가능성이 있으니 재검토해야 할 것이다.

이러한 과정을 꼼꼼히 거친 후 최종 설문지를 완성하면 그것을 이용하여 본 조사를 실시하게 된다.

#### (7) 편집 및 인쇄

설문지를 편집하고 인쇄한다.

### 4) 질문의 어구구성 및 문항배열

#### (1) 질문의 어구구성 ★꼭!

**① 질문의 내용을 응답자가 정확하게 파악할 수 있도록 작성한다.**

애매성과 모호성을 예방하기 위한 가장 좋은 방법은 각 질문에 사용하는 용어를 주의 깊게 취사선택하고 실제 조사에 들어가기에 앞서 모든 질문을 사전검사하여 배경, 집단 그리고 계층이 다양한 사람들에게 분명한 것인지를 확인하는 것이다.

**② 가급적 짧게 질문한다.**

긴 질문은 무응답의 가능성이 높다. 금방 이해할 수 있도록 짧고 쉬운 문장으로 질문한다.

**③ 언어구성을 적절한 수준에서 유지한다.**

용어의 난이도, 언어의 형식, 속어, 구어의 사용 등 응답자의 능력과 특성을 고려하여 적절하게 구성하고 유지한다. 조사자의 의도에만 충실해서는 안 되고, 응답자의 능력과 수준에 적합하도록 만들어야 한다.

**④ 추상적으로 질문하기보다는 구체적으로 질문한다.**

질문이 확고하고 구체적이면 대답도 명확하다. 개념과 응답범주가 명확하도록 질문을 구체적이고 경험적인 용어로 서술한다.

**⑤ 유도질문(혹은 편향적 질문)을 피한다.**

유도질문이란 조사자가 어떤 응답을 기대하는 것처럼 느껴지도록 질문문항을 구성한 질문을 말한다. 그러나 질문에 사용되는 용어가 이러한 편향적 성격을 띠게 되면 올바른 측정을 하기 어렵다. 따라서 중립적인 용어를 선택하려는 노력이 중요하다. 유도질문의 예로, "서구 복지국가에서는 인구고령화가 심각하여 공적 노령연금의 소득대체율을 낮추어야 한다는 주장이 많습니다. 선생님은 우리나라 국민연금의 소득대체율을 낮추어야 한다는 주장에 대하여 찬성하십니까?" 등을 들 수 있겠다.

**⑥ 직접 질문과 간접 질문을 적절히 사용한다.**

- 사실적 내용을 알기 위한 질문은 직접 질문으로, 응답자의 가치, 의식, 과거의 경험 등 밝히기 꺼리는 질문은 간접 질문이 효과적이다.
- 직접 질문: 귀하의 성별은?, 귀하는 ○○○ 해보신 적이 있습니까? 등
- 간접 질문: 귀하에게 만일 ○○○이 일어난다면 귀하는 어떻게 하시겠습니까?, 다음 상황에서 당신이 사회복지사라면 어떤 선택을 하겠습니까? 등

**⑦ 부정적 문항은 피한다.**

예를 들면, '정부는 의료보험을 통합해서는 안 된다'라는 문항보다는 '정부는 의료보험을 통합해야 한다'라는 문항을 사용해야 한다.

**⑧ 이중질문을 피한다.**

이중질문이란 두 가지 이상의 질문을 포함하는 질문을 말한다. 이중질문의 예로는 "귀하는 국민건강보험과 국민연금의 보험료를 인상시키는 것을 어떻게 생각하십니까?", "당신은 술이나 담배를 좋아하십니까?" 등이 있겠다. 전자의 질문의 경우 응답범주가 찬성, 반대로 되어 있다면 응답자가 건강보험료 인상에는 찬성하고 연금보험료 인상에는 반대한다면 대답하기가 곤란할 것이다.

**⑨ 질문 내에 어떤 가정이나 암시가 있어서는 안 된다.**

**⑩ 편견을 내포하는 용어나 서술은 피해야 하며 가치중립적인 표현을 사용한다.**

**⑪ 응답 범주에 애매하거나 막연한 내용이 포함되지 않도록 한다.**

**⑫ 기타**

질문은 긍정적이거나 부정적인 어느 한 방향으로 치우쳐서는 안 되며, 응답구성에 있어서도 찬반 응답의 선택 수가 균형 잡히도록 해야 한다. 시간의 흐름에 따른 문항 배열은 최근의 것 또는 오래된 것의 순으로 한다.

### (2) 질문문항의 배열 꼭!

보충자료

설문지 질문문항의 순서

**① 흥미롭고 답하기 쉬운 질문을 먼저 한다.**

의견이나 믿음에 대한 것보다는 사실에 관한 것, 깊은 생각을 요하지 않는 것을 먼저 배치한다. 그리고 흥미를 유발하는 것은 앞쪽에, 위협적인 것은 뒤쪽에 배치한다.

**② 민감한 질문이나 개방형 질문은 뒷부분에 배치한다.**

수입, 성행위와 같은 민감한 질문은 뒤로 배치한다. 처음부터 이런 질문이 나오면 설문 자체에 거부감을 갖기 쉽다. 또한 개방형 질문은 깊은 생각과 시간을 필요로 하기 때문에 다른 질문에 응답할 시간이 없게 할 수 있고 응답하기 어렵다는 생각을 심어주어 질문 전체를 거부할 가능성이 있으므로 뒤쪽에 배치한다.

**③ 질문을 논리적으로 배치한다.**

무작위로 배치된 질문은 응답자에게 무질서하고 가치가 없다는 인상을 줄 수 있다. 또한 한 주제에서 다른 주제로 전환이 계속 이루어져 응답을 하는 데 어려움이 생길 수 있다. 따라서 질문을 논리적으로 배치할 필요가 있다.

**④ 응답군(response set, 고정반응)이 조성되지 않도록 문항을 적절히 배치해야 한다.**

응답군이란 응답자가 질문내용이나 정확한 응답유형들을 깊이 고려하지 않은 채 질문 내용과 상관없이 일정한 방향으로 응답해 버리는 경향을 말한다. 동질적 내용의 질문을 계속 묻거나, 같은 형식의 문항을 한데 모아둘 때 응답군 조성가능성 있다. 응답군을 막기 위해서는 유사한 질문내용을 가진 문항들을 떼어놓는 등 변화감 있게 질문 문항들을 배치하는 것이 좋다. 특히 행렬식 문항의 경우 응답군 형성 가능성이 높은데, 응답항목이 많은 경우 문항을 절반 정도 나누어 몇 개의 질문을 한 후 다시 나머지 문항의 질문을 배치할 수 있다.

**⑤ 신뢰도를 검사하는 질문은 서로 떨어지게 배치한다.**

한 질문지 내에 표현은 각기 다르지만 동일한 질문 목적을 가진 문항 짝들을 배치하는 경우가 있다. 이것은 신뢰도를 측정하기 위한 목적인데, 이런 문항들은 되도록 서로 멀리 떨어져 있게 하는 것이 좋다.

**⑥ 일반적인 것을 먼저 묻고 특수한 것을 뒤에 묻는다.**

일반적인 것을 질문하여 알고자 하는 내용의 전체적인 윤곽을 설정한 후에 보다 세부적인 사항을 질문한다.

**⑦ 질문지에는 표지, 응답지침 등을 포함한다.**

표지의 모양과 구성이 보기 좋아야 하고 고유번호, 연구제목, 안내서신, 그리고 면접 시에는 면접일자, 시간, 면접자의 이름 등을 포함해야 한다.

**⑧ 여과형 질문(filter question), 수반형 질문(contingency question)들은 그에 적합한 순서대로 정리한다.**

여과형 질문, 수반형 질문을 사용하는 경우, 응답자가 쉽게 확인하고 이동할 수 있도록 문항들을 시각적으로 적절히 배치하는 등의 노력을 기울인다.

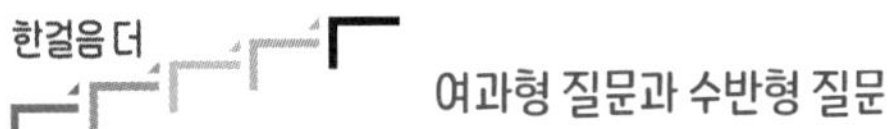

한걸음 더 여과형 질문과 수반형 질문

- 여과형 질문(filter question)/거르기 질문: 응답자가 다음 질문에서 어떤 문항에 응답해야 하는가를 결정하기 위한 첫 번째 질문. 응답자의 일부를 구분하기 위해 사용하는 질문
- 수반형 질문(contingency question)/개연성 질문/부수 질문: 여과형 질문에 대한 응답결과에 따라 응답해야 할 내용이 다른 질문. 해당하는 일부만이 대답하도록 하는 질문

※ 교재에 따라 여과형 질문과 수반형 질문을 동일한 의미로 사용하는 경우도 있고, 반대로 사용하는 경우도 있기 때문에 이런 점을 감안해서 이해할 필요가 있다.

(여과형 질문) 1. 귀하는 국회의원 선거에서 투표한 적이 있습니까?

□ 예 (1-2번 질문에 답해 주십시오)

□ 아니오 (1-2번 질문을 건너뛰고 4번 질문으로 바로 가십시오)

(수반형 질문) 1-2. 투표한 후보자가 당선된 적이 있습니까?

□ 예

□ 아니오

# 2 서베이(설문조사)의 유형

| 기출회차 | | | | |
|---|---|---|---|---|
| 1 | 2 | 3 | 4 | 5 |
| 6 | 7 | 8 | 9 | 10 |
| 11 | 12 | 13 | 14 | 15 |
| 16 | 17 | 18 | 19 | 20 |
| 21 | 22 | | | |

강의로 복습하는 기출회독 시리즈

Keyword 051

## 1. 우편조사

중요도 ★★★

서베이조사의 유형과 관련해서는 개별 유형의 장단점을 묻는 형태뿐만 아니라 유형 간에 비교하는 형태로도 자주 출제되고 있다. 따라서 먼저 우편조사의 장단점을 정리한 후 면접조사, 온라인조사 및 인터넷조사의 장단점과 비교하여 살펴볼 필요가 있다.

우편조사(mail survey)란, 우편 설문방법으로, 설문지를 우편으로 우송한 후 응답을 받는 조사방법이다. 우편조사는 자기기입식 설문조사에 해당한다.

### (1) 우편조사의 장점 꼭!

- 비용절약: 대면조사에 비해 비용이 적게 소요되며 최소의 노력과 경비로 광범위한 지역과 대상을 표본으로 삼을 수 있다.
- 시간의 절약: 우편설문은 동시에 모든 응답자들에게 보낼 수 있고, 응답의 대부분을 약 일주일 내에 회수할 수 있다.
- 응답자가 편리할 때 설문지를 완성할 수 있다.
- 익명성의 보장: 응답자가 자신의 신분을 알리는 면접이 없기 때문에 공개하기 어려운 응답도 가능하다.
- 표준화된 어법의 사용: 모든 응답자들이 똑같은 어법에 노출되기 때문에 응답을 보다 쉽게 비교할 수 있다.
- 면접자의 편견 배제: 면접자가 응답자에 대해 편견을 가질 기회가 없다.
- 면접조사와 비교하여 면접자와 응답자 간의 상호교류 과정에서 생길 수 있는 오류를 방지할 수 있다.
- 접근성: 지리적으로 널리 퍼져 있는 응답자들에게 모두 접근할 수 있다.

### (2) 우편조사의 단점 꼭!

- 융통성의 결여: 응답자가 질문을 잘못 이해하고 있더라도 교정할 수 없다.
- 응답률, 회수율이 낮다.
- 비언어적 행동의 조사는 불가능: 언어적 행동만 조사가 가능하다.
- 환경에 대한 통제불능: 응답자 자신이 직접 하지 않고 다른 사람이 대신하는 등의 경우가 있으므로 응답을 확신할 수 없다.
- 많은 질문들이 응답되지 않음: 응답자가 질문지 일부에 응답을 하지 않아도 통제할 수가 없다.

- 무의식적인 의견에 대한 정보가 없음: 응답자가 무의식적으로 응답하고 다시 고칠 경우 처음의 무의식적 응답은 알 수가 없다.
- 응답날짜에 대한 통제불능: 설문지가 완성되는 시간을 통제할 수 없다.
- 복잡한 질문지 구성체제를 사용할 수 없다.
- 불확실한 응답에 대한 추가질의가 어렵다.

### (3) 우편조사의 회수율을 높이기 위한 전략

#### ① 응답동기를 높이기 위해 할 수 있는 일

- 이해할 수 있는 용어로 설문조사의 목적과 중요성을 설명한다.
- 설문지 표지에 연구의 후원자를 표기하여 응답률을 높이는 데 도움을 준다.
- 응답자가 관심을 갖고 있는 문제를 해결하는 데 응답자의 응답이 왜 중요한지를 설명한다.

#### ② 응답거부감을 낮추기 위해 할 수 있는 일

- 익명성이 보장됨을 밝힌다.
- 표본을 어떻게 추출했는지 설명함으로써 조사대상자가 어떻게 선정되었는지를 이해시킨다.
- 설문을 작성하는 데 소요되는 시간을 표시한다. 응답 소요시간은 짧을수록 좋다.

#### ③ 우편분배와 회수

- 최대한 반송이 용이하도록 하는 방법을 고안한다.
- 설명하는 편지, 설문지, 우표가 붙은 반송봉투(풀칠이 필요하지 않은 접착테이프 부착, 반송주소지 기입) 등을 함께 보낸다. 설문지 회수 시에는 반송봉투에 우표를 붙여 보낼 수도 있고, 수취인 후납으로 처리할 수도 있다.
- 봉투겸용 우편설문지를 이용할 수도 있다.

#### ④ 설문지 회수의 감독관리

- 회수된 설문지를 그때그때 검토하고 일련번호를 부여하여 설문지 회수율의 변화에 주의를 기울인다.
- 설문지 회수율을 모니터링하여 추가설문지 발송시기를 예측한다.
- 여러 시점에서 회수된 설문지를 분석하면 표본추출의 편향을 추정할 수 있다.
- 그래프로 일일 회수빈도와 누적빈도를 기록한다.

- 이러한 설문지 회수율 모니터링은 비응답자들의 추가응답률을 높이는 데 활용될 수 있다.

#### ⑤ 후속 독촉(follow-up)

- 응답하지 않은 사람들에게 독촉 엽서 또는 전화를 이용하여 회수율을 높여 나가는 것이다.
- 1회 이상의 후속 독촉이 필요(보통 3회까지), 2회 이상부터는 설문지 자체를 재발송해야 할 필요성도 고려해보아야 한다.

## 2. 면접조사 22회 기출

중요도 ★★★

면접조사는 구조화 수준에 따른 면접조사의 유형들, 즉 구조화된 면접, 반구조화된 면접, 비구조화된 면접의 특징 및 장단점들을 이해하는 것이 중요하다. 또한 설문조사의 다양한 유형과 대인면접법을 비교하는 형태로도 자주 출제되고 있다. 22회 시험에서는 질문 내용 및 방법의 표준화 정도에 따른 면접 유형에 관한 문제가 출제되었다.

### 1) 면접조사의 성격

면접조사는 연구에 필요한 자료를 얻기 위해 면접자와 피면접자가 질문과 응답의 대화를 통해 자료를 수집하는 방법이다. 면접은 변수를 확인하고 가설을 도출하기 위한 탐색적 조사나 관찰이나 설문지 등 다른 자료 수집방법의 타당성 여부를 검토하거나 예견하지 못한 결과를 추적하는 데 사용하기도 한다. 면접조사의 성패 여부는 이러한 상호작용의 어떤 측면을 고려하는가에 달려있다.

- 상호작용과 응답자의 열성: 면접은 대화를 통한 상호작용을 의미하는 것으로 피면접자의 열성이 연구목적에 기여한다.
- 면접자와 피면접자가 질문과 응답의 의미를 명확히 파악하는 능력: 상대방의 행동이나 질문이 무엇을 의미하는지 인식할 수 있는 능력이 있어야 한다.
- 융통성 있는 면접의 운영: (구조화 정도에 따라 다르지만) 면접의 흐름을 중단하지 않는 범위에서 질문 순서 등은 융통성 있게 변경할 수 있다.
- 피면접자의 동화: 면접과정에서 일정 시점이 지나면 피면접자의 경계나 의심이 자연스럽게 풀리고 동화된다.

#### (1) 면접조사의 장점 꼭!

- 융통성: 응답자의 면접 분위기에 맞춰 정확한 답변을 얻을 수 있다. 재질문이나 추가질문도 가능하다.
- 우편설문조사에 비해 응답률이 높다.
- 비구조화된 면접조사의 경우 불명확한 응답은 그 자리에서 확인이 가능하며 상황에 따라 질문의 순서도 조절이 가능하다. 질문이 모호하거나 복잡할

경우 면접자가 추가적인 설명을 제공하여 보다 적절한 응답이 가능하다.
- 면접상황에 대한 통제가 가능하다.
- 읽고 쓰는 능력이 부족한 사람들을 대상으로 조사를 실시할 수 있다.
- 면접자가 응답자의 비언어적 행위나 표정 등을 통해 추가적인 정보를 얻을 수 있다.
- 질문순서의 통제: 응답자가 규칙을 벗어나거나 질문구조를 훼손하는 것을 막을 수 있다.
- 무의식적인 응답을 기록할 수 있으며, 이는 더 많은 정보를 제공한다.
- 보다 복잡한 질문을 사용할 수 있다.

#### (2) 면접조사의 단점 꼭!

**면접자에 의한 오류**

면접과정에서 면접자가 응답자에게 여러 측면에서 영향을 미쳐 응답자가 사실과는 다른 응답을 하게 되는 오류를 말한다. 면접자는 응답자의 반응을 일정한 방향으로 유도해서는 안 된다. 면접조사의 종류 중에서 구조화된 면접조사가 면접자에 의한 오류가 적고, 비구조화된 면접조사의 경우 면접자에 의한 오류가 발생할 가능성이 높다.

- 우편 설문조사에 비해서 비용이 많이 든다. 면접원에 대한 교육과 교통비 등 조사과정에서 시간과 비용이 많이 소요된다.
- 비구조화 면접의 경우 면접자에 의한 오류가 발생할 가능성이 높다.
- 면접자가 응답자의 응답을 잘 이해하지 못하거나 오기(誤記)할 가능성이 있다.
- 기록을 참고할 기회가 없음: 일반적인 조사나 기록, 대답을 곰곰이 생각할 시간을 주지 않는다.
- 불편함: 응답자가 피곤해하거나 다른 요인들 때문에 면접에 집중하지 못할 수 있다.
- 자기기입식 설문조사에 비해 익명성 보장이 미약하기 때문에 민감한 질문에 응답자가 응답을 꺼려할 가능성도 있다.
- 표준화된 질문어법의 부족: 응답을 캐묻거나 응답자에 따라 질문을 다르게 표현하는 것과 같이 융통성은 있으나, 표준화된 질문어법이 부족하여 응답자의 해답을 비교하는 것이 어렵다.
- 낮은 접근성: 응답자가 여러 지역에 퍼져 있는 경우 이들의 면접에 애로사항이 있다.

### 2) 면접조사의 종류

#### (1) 구조화에 따른 분류 꼭!

**구조화**

계획이나 문항이 사전에 결정되는 정도

- 구조화된 면접: 질문문항, 순서 내용이 정해져 있는 표준화된 면접으로 주로 폐쇄형 질문으로 구성
- 반구조화된 면접: 질문의 주요 내용만 정해져 있는 면접
- 비구조화된 면접: 연구문제 범위만 정하고 질문의 순서나 내용은 미리 정

하지 않은 면접

#### ① 구조화된 면접(표준화 면접)

| | |
|---|---|
| 의미 | • 질문 내용과 순서, 표현 등이 자세하고 구체적으로 규정된 면접계획표에 따라 면접을 진행한다. 모든 면접 조사자는 응답자들에게 이를 동일하게 적용한다.<br>• 면접자가 임의로 질문을 변형해서 활용하는 것을 제한한다. |
| 장점 | • 대부분의 질문은 폐쇄형 질문으로 구성된다. 따라서 비구조화된 면접에 비해 응답내용을 기록하는 것이 상대적으로 용이하다.<br>• 비교적 훈련이 덜 된 면접자도 활용할 수 있다. |
| 단점 | • 응답자의 특성이나 상황에 따라 면접이 융통성 있게 수행되지 못한다.<br>• 응답을 확대하거나 탐색할 수 있는 면접자의 자율성이 없다. |

#### ② 반구조화된 면접

| | |
|---|---|
| 의미 | • 일정한 수의 주요한 질문은 구조화 면접으로 나머지는 비구조화 면접으로 실시한다.<br>• 구조화된 면접보다 더 숙련된 면접자를 필요로 한다.<br>• 어느 정도 융통성을 발휘하며 면접하는 방법이다. |

#### ③ 비구조화된 면접(비표준화 면접)

| | |
|---|---|
| 의미 | • 미리 구체화된 질문 내용이나 질문 순서를 정하지 않고 상황에 따라 조절이 가능하다.<br>• 숙련된 면접자를 필요로 한다.<br>• 면접조사표를 사용하지 않는다. |
| 장점 | • 융통성이 있다.<br>• 비언어적 행위나 표정 등을 통해 추가적인 정보를 얻을 수 있다. |
| 단점 | • 개방형 질문이 많고, 응답이 긴 경우가 많아서 응답 내용을 기록하는 데 상대적으로 어려움이 있다.<br>• 면접자에 따라 면접조사의 결과가 달라질 수 있다.<br>• 응답자료의 일관성이 훼손될 우려도 있다. |

### (2) 면접조사의 기타 유형

#### ① 전화면접조사

전화면접의 장점은 신속성, 저비용, 면접자의 영향을 받지 않으면서 응답할 수 있다는 점과 민감한 이슈에 대해서도 솔직한 답변을 들을 수 있으며, 대인면접에 비해 익명성이 존재한다는 점이다. 또한 우편조사보다 응답률이 높다. 단점으로는 첫째, 전화번호부에 미등재되어 있거나 전화통화가 되지 않는 경우 표본추출에서 제외되어 표집에 있어서 편의가 발생할 수 있다. 둘째, 비언어적인 자료는 수집할 수 없다. 또한 시간의 제약으로 다양하고 심도 있는 질문을 하기 어려운 점이 있다.

② **집단면접조사**

의도적으로 조성된 집단에서 발생하는 역동성을 통하여 집단구성원들이 보여주는 다양한 모습들에 관해 자료를 수집하는 방법이다. 비구조화된 면접조사 방법을 주로 사용한다. 면접대상자들을 한자리에 불러 모아 놓고, 응답요령을 알려준 후 질문하고 응답하도록 한다.

③ **아동과의 면접**

아동과의 면접일 경우, 언어적 표현이 불충분하므로 장난감이나 인형을 통한 놀이, 그림 등을 이용하는 방법이 있다. 면접자는 중립적인 역할을 유지해야 하며 아동은 상상력이 크기 때문에 어떠한 암시도 주어서는 안 된다.

④ **투사법**(projective method)

인형놀이, 그림해석 등 투사적 자료수집방법은 응답자의 내적인 감정을 끌어내려는 수단으로, 직접적인 질문이 부적절하거나 조사의 참된 목적이 드러날 수 없을 때 유용하다. 응답자에게 제시된 그림과 같은 종류의 자극을 제외하고는 개방형 질문이며 비구조화되어 있다.

**심층규명**(probing)

면접조사를 진행하는 과정에서 면접원이 의견 교환을 활성화하고 보다 많은 정보를 획득하기 위해 사용하는 기법이다. 어떤 질문에 대해 응답자가 불충분하게 대답하거나 질문과 연관성이 없는 부적절한 대답을 할 수도 있다. 이러한 경우에 추가적인 정보를 획득하기 위해 심층규명 기법을 활용한다. 응답자로 하여금 보다 명확하고 구체적이며 완전한 대답을 하도록 만들거나 대답에 대한 이유를 설명하도록 만든다. 또한 질문과 응답 내용이 구체적인 주제에서 벗어나지 않도록 하는 데 사용된다. 개방형 질문에 대한 답을 끌어내기 위해서도 필요하다.

# 3. 온라인조사와 인터넷조사

중요도 ★

온라인조사와 인터넷조사에 관한 문제는 단독으로 출제될 확률은 높지 않지만, 우편조사, 면접조사와의 장단점을 비교하는 문제에서 선택지로 자주 등장하므로 특성과 장단점을 정리해둘 필요가 있다.

## 1) 온라인조사

### (1) 온라인조사의 의미

온라인조사는 네트워크, 인터넷 등에 컴퓨터가 연결된 상태에서 이뤄지는 조사이다. 온라인조사는 일반 면접보다 시간적, 공간적으로 비용절감의 효과가 있다.

### (2) 온라인조사의 유형

#### ① 회원조사(member survey)

사전에 회원 DB를 가지고 있는 경우 전자우편이나 전화 등으로 조사 참여를 공지하고 웹문서 형식의 질문을 통해 조사하는 방법이다. 회원조사의 성패는 회원 DB의 포괄성과 충실성에 달려 있으며, 따라서 이용자들의 실제적인 특성을 대변할 수 있는 포괄적인 DB가 구축되어 있어야 한다. 조사의 장점은 응답자에 대한 정확한 신분의 확인이 가능하며 비응답자에 대한 자세한 분석이 이뤄질 수 있지만, 단점은 가입자 DB가 방대할 경우 시간과 비용이 소모되고 다량 이용자층이 과잉대표가 될 가능성이 높아져서 모집단의 특성을 대표하고 있다고 보기 어려울 수 있다.

#### ② 방문조사

인터넷상에 특정한 사이트를 개설하고 설문지를 게시하여 광고를 통해 방문자를 모집하여 자발적으로 설문 사이트를 방문한 사람을 대상으로 조사하는 방법이다. 질문의 길이가 짧고 관심이 큰 이슈일수록 의사가 뚜렷한 사람이 응답할 가능성이 높은 반면 중복 응답자에 대한 식별이 어려워 신뢰성 있는 통계를 얻기가 쉽지 않다.

#### ③ 전자우편조사

설문지를 전자우편 형태로 작성하여 다수의 사용자들에게 발송하고 응답자들이 다시 완성된 설문지를 전자우편으로 보내주는 방법이다. 문자중심이기 때문에 설문지 작성이 용이하고 단순하지만, 반면 온라인상에서 가능한 다양한 기법을 제대로 활용하지 못한다는 한계를 가지고 있다.

④ 전자설문조사

회원조사와 방문조사의 중간 유형으로, 가입자 DB에 있는 사람을 대상으로 하는 것은 회원조사와 비슷하고 설문지를 게시하여 응답자를 모으는 것은 방문조사와 비슷하다.

## 2) 인터넷조사

### (1) 인터넷조사의 의미

1990년대 인터넷의 사용이 확대되면서 여러 가지 인터넷조사방법이 연구되기 시작했다. 인터넷 상에서 이뤄지는 통계조사의 총칭으로 인터넷은 공간적 · 시간적 제한이 없다는 점에서 장점이 있다.

### (2) 인터넷조사의 장점

- 표본 수가 많아져도 추가비용이 들지 않는다.
- 고수입 집단이나 고도의 기술전문가 집단에 쉽게 접근할 수 있다.
- 인터뷰 비용 없이 사용자와 상호작용할 수 있다.
- 자료의 수집과 정리, 입력에 드는 비용을 절감할 수 있다.
- 설문 발송, 회수에 있어서 상대적으로 비용이 거의 들지 않는다.
- 설문응답이 편리하다.
- 24시간 조사가 가능하다.
- 응답하기 민감한 질문에 대해서도 다른 방법에 비해 조사가 용이하다.

### (3) 인터넷조사의 단점

- 인터넷 사용인구에 한해서만 조사할 수 있다.
- 표본의 대표성을 확보하는 데 어려움이 있다.
- 자기 선택의 오류: 조사의 참가 여부를 자발적으로 자신이 선택함으로써 조사에 참여하는 사람과 그렇지 않은 사람들 간의 차이에 의해 오류가 발생할 수 있다.
- 동일인의 복수응답: 인터넷조사의 경우 이미 응답한 사람이 재응답을 하게 되는 경우 오류가 발생할 수 있다.
- 조사에 참여하기를 원하지 않는 사람에게는 인터넷조사 참여를 권유하는 메일이 스팸 메일(수신자의 의사와 상관없이 일방적으로 전송되는 불필요한 광고성 메일)로 인식될 수 있다.

한걸음 더

### 조사유형별 장단점 비교

• 우편설문법은 비언어적 행위의 관찰이 불가능하지만, 대인면접법은 응답자의 비언어적 행위에 대한 관찰을 통해 추가적인 정보를 얻을 수 있다.
• 우편설문법에 비해 대인면접법은 면접을 진행하는 조사원의 선발, 훈련, 관리에 많은 비용이 소요되며 이들에 대한 보수 및 교통비 등으로도 많은 비용이 소요된다.
• 우편설문법은 대인면접법에 비해 응답자가 시간적 여유를 갖고 응답할 수 있다.
• 우편설문법은 설문을 보낸 대상자가 응답했는지 아니면 대리인이 응답했는지를 확인할 수 없다. 반면에 대인면접법은 직접 조사자와 대상자가 얼굴을 맞대고 자료를 수집하기 때문에 대리응답의 가능성은 낮다.
• 우편설문법에 비해 대인면접법은 질문과정에서 유연성이 높다. 비구조화면접의 경우 상황에 따라 질문의 순서를 변경할 수 있고, 깊이 있게 파고 들어가는 대화가 가능하며 불명확한 응답의 경우 그 자리에서 확인이 가능하다.
• 우편설문법에 비해 대인면접법은 (종류에 따라 구조화 정도에는 차이가 있지만) 응답환경에 대한 통제와 구조화가 용이하다. 여기서 구조화란 사전에 미리 규정해놓는 것을 의미한다. 가장 구조화된 형태인 구조화면접의 경우 질문내용과 순서, 응답 장소와 시간, 상황 등을 미리 고정하고 통일하여 모든 응답자들에게 동일하게 적용한다.
• 자기기입식 설문조사는 대인면접법에 비해 응답자의 익명성이 더 잘 보장되며, 응답자가 응답을 꺼려할 수 있는 민감한 질문에 대한 응답에 있어서도 응답자의 부담을 줄일 수 있다.
• 우편설문법과 인터넷조사는 응답자가 지리적으로 광범위하게 분포되어 있어도 응답이 가능한 장점이 있다.

# 11장 자료수집방법 Ⅱ: 관찰과 내용분석법

| 한눈에 쏙! | | 중요도 |
|---|---|---|
| ❶ 관찰법 | 1. 관찰법의 장단점 | ★★ |
| | 2. 관찰법의 유형 | |
| | 3. 관찰법의 내용 | |
| | 4. 관찰법의 신뢰도와 타당도 | |
| ❷ 내용분석법 | 1. 내용분석법의 의미 | |
| | 2. 내용분석법의 특징과 장단점 | ★★★ 22회 기출 |
| | 3. 내용분석법의 범주와 분석단위 | ★ |
| | 4. 내용분석법의 절차 | |

# 기출경향 살펴보기

## 이 장의 기출 포인트

내용분석법과 관련해서는 내용분석법의 특징 및 장단점, 내용분석법의 분석방법, 범주와 분석단위, 표본추출방법 등을 묻는 문제가 출제된 바 있다. 2차 자료분석, 비반응성 연구, 비관여적 연구 등의 특성을 묻는 형태로도 출제되므로 주의해야 한다. 최근 시험에서 관찰법에 관한 문제는 출제비중이 높지는 않다. 주로 관찰의 장단점을 묻는 문제가 출제되었다.

## 최근 5개년 출제 분포도

연도별 그래프

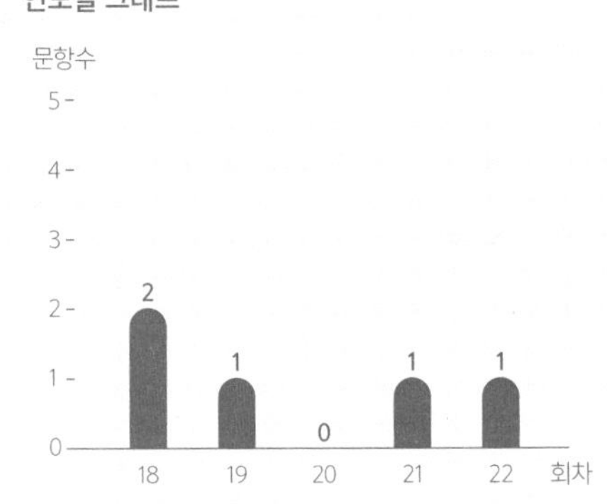


평균출제문항수

**1.0** 문항

## 2단계 학습전략

데이터의 힘을 믿으세요!
강의로 복습하는 **기출회독 시리즈**

3회독 복습과정을 통해
최신 기출경향 파악

## 최근 10개년 핵심 키워드

| | | |
|---|---|---|
| 기출회독 **052** | 내용분석법 | 8문항 |
| 기출회독 **053** | 관찰법 | 2문항 |

기본개념 완성을 위한 **학습자료 제공**

기본개념 강의, 기본쌓기 문제, O X 퀴즈, 기출문제, 정오표, 묻고답하기, 지식창고, 보충자료 등을 **아임패스**를 통해 만나실 수 있습니다.

| 기출회차 | | | | |
|---|---|---|---|---|
| 1 | 2 | 3 | 4 | 5 |
| 6 | 7 | 8 | 9 | 10 |
| 11 | 12 | 13 | 14 | 15 |
| 16 | 17 | 18 | 19 | 20 |
| 21 | 22 | | | |

강의로 복습하는 기출회독 시리즈

Keyword 053

# 1 관찰법

관찰법은 감각기관을 활용하여 자료를 수집한다. 관찰법은 관찰대상, 관찰결과의 기록, 관찰의 정확성 확보, 관찰자와 비관찰자의 관계형성에 유의해야 한다.

중요도 ★★

관찰법의 특징 혹은 관찰법의 장단점을 묻는 문제가 주로 출제되었다. 관찰법의 특징을 묻는 문제라고 해도 실제 지문들은 장단점으로 제시되는 경우가 대부분이다. 따라서 관찰법의 장점과 단점을 꼭 숙지하자.

## 1. 관찰법의 장단점

아래에서 관찰법의 장단점으로 언급한 내용은 서베이(설문조사)나 면접조사 등의 방법과 비교해서 관찰법이 갖는 특징을 일반적으로 설명한 것이며, 관찰법의 하위유형에 따라 차이가 있을 수 있다.

### (1) 관찰법의 장점 꼭!

**① 비언어적 행동에 관한 자료수집이 용이**

비언어적 행동이나 사회적 상호작용도 관찰대상에 포함된다. 언어적 의사소통이 어려운 아동, 노인, 장애인 등을 대상으로 할 수 있다는 장점이 있다.

**② 장기간의 종단 분석이 가능**

서베이조사는 주로 일정한 시점을 정해서 그 시점에 이루어지는 변수들 간의 관계를 조사하는 횡단 분석을 위한 자료를 수집한다. 관찰법은 자연스러운 상황에서 장기간에 걸친 자료수집이 가능하다.

**③ 즉각적인 자료수집**

조사대상자의 행동이 발생하는 현장에서 즉각적으로 자료를 수집할 수 있다.

### (2) 관찰법의 단점 ★꼭!

**① 통제의 어려움**

자연적 환경에서 조사하기 때문에 외생변수를 통제하기가 현실적으로 어렵다.

**② 계량화의 어려움**

관찰법은 관찰자의 비계량화된 인식의 형태를 취하기 때문에 어떤 특성을 미리 열거하고 측정할 정도를 미리 준비하기보다는 사건이 발생될 때 단순히 관찰하고 기록한다. 계량화를 하더라도 빈도나 백분율 정도만이 가능하다.

**③ 표본 크기의 제한**

관찰법은 관찰자가 직접적인 자료수집의 도구가 되므로, 관찰대상이 되는 표본의 크기를 확대하는 데 뚜렷한 한계가 있다.

**④ 관찰자 주관이나 편견 개입**

조사과정에서 관찰자의 추리나 주관이 개입되어 얻어진 자료는 신뢰도와 타당도가 낮기 때문에 다른 자료수집방법과 병행하는 것이 좋다.

**⑤ 익명성의 부재**

관찰은 관찰자와 관찰대상 간의 신분 노출로 인해서 익명성이 보장되기 어려운 경우가 많다.

## 2. 관찰법의 유형

| 분류 유형 | 구분 기준 |
|---|---|
| 조직적/체계적 · 비조직적/비체계적 | 관찰법의 통제 또는 구조화, 체계화 여부 |
| 자연적 · 인위적 | 상황이 인공적인지 여부 |
| 직접 · 간접 | 관찰시기가 행동발생과 일치하는지 여부 |
| 공개적 · 비공개적 | 응답자가 관찰 사실을 아는지 여부 |
| 인간 · 기계 | 관찰도구가 인간인가, 기계인가 여부 |

### (1) 조직적 관찰과 비조직적 관찰

- 조직적/체계적 관찰: 관찰대상, 내용, 도구, 방법 등을 사전에 결정하고 진행하는 방법이다. 관찰대상이 분명하고 관찰방법이 표준화되어 있는 경

우가 많다.

- 비조직적/비체계적 관찰: 관찰대상, 내용, 도구, 방법 등이 명백하게 규정되지 않은 상태에서 관찰이 진행되는 경우가 많다.

### (2) 자연적 관찰과 인위적 관찰

- 자연적 관찰: 일상적인 환경에서 일어나는 자연적 행동을 관찰하는 방법으로 행동이 일어나는 시점까지 기다려야 하는 단점이 있다.
- 인위적 관찰: 인공적으로 행동을 유발시켜 관찰하는 방법으로 기계 등을 이용한 관찰이 가능하고, 실험효과의 측정이 가능하며, 시간이 절약될 수 있다는 장점이 있다.

예 음료수 선호도 조사
자연적 관찰: 일반 슈퍼에서 불특정 소비자의 음료수 구매를 관찰
인위적 관찰: 슈퍼와 비슷한 매장을 만들어 표본으로 뽑은 소비자의 음료수 구매를 관찰

### (3) 직접 관찰과 간접 관찰

- 직접 관찰: 조사대상자를 직접 보고 관찰하는 방법으로 행동이 실제로 일어난 때에 관찰하는 방법이다.
- 간접 관찰: 과거 행동의 결과로 나타난 문헌이나 물리적인 흔적을 관찰하는 방법(조사대상자의 흔적을 관찰)이다.
  - 마모측정: 물건의 마모 정도를 기초로 관찰(책이 닳은 흔적, 전시회 작품)
  - 첨증측정: 물건이 쌓여진 정도를 기초로 관찰(빈 집의 신문, 지역자원재고조사)

예 음료수의 선호도 조사
직접 관찰: 소비자들이 음료수를 선택하는 순간을 관찰하여 선호도 조사
간접 관찰: 팔린 양이나 남은 재고를 파악해서 선호도 조사

### (4) 공개적 관찰과 비공개적 관찰

- 공개적 관찰: 응답자가 자신이 관찰되고 있다는 사실을 아는 상태에서 조사하는 방법으로 응답자에게 미리 알려주고 관찰하므로 관찰자 효과가 나타날 수 있다.
- 비공개적 관찰: 응답자가 자신이 관찰되고 있다는 사실을 모르는 상태에서 조사하는 방법으로 완전히 모르게 한다는 것에 한계가 있으며 윤리적인 측면에서 문제가 될 수 있다.

### (5) 인간의 관찰과 기계적 관찰

관찰도구가 무엇인가에 따라 구분되는 방법으로 자료의 특성에 고도의 정확도를 요구한다거나 인간이 관찰하기 어려운 것이나 인간이 관찰하는 것보다

비용이 덜 드는 경우 기계적 관찰이 이뤄진다. 기계적 관찰의 도구로는 일반 녹음기, 동작 영상카메라, 오디메터, 동공카메라, 퓨필로메터, 싸이코겔버노메터 등이 있다.

**관찰법도 비관여적 자료수집 방법에 해당할까?**

비관여적 자료수집 방법이란 반응성(연구대상자들이 자신들이 연구대상임을 알고, 연구자/관찰자에 의해서 지속적으로 관찰되고 있다는 사실을 아는 경우 평소와는 다르게 행동할 가능성)으로 인한 오류를 피하기 위한 자료수집 방법을 의미한다. 관찰법의 경우 유형에 따라 관여적 자료수집 방법에 해당하는 경우도 있고, 비관여적 자료수집 방법에 포함되는 경우도 있다. 관찰법을 크게 참여관찰과 비참여관찰로 구분한다면, 참여관찰의 경우 연구대상자에게 관찰사실을 알리지 않는다고 하더라도 집단의 구성원으로 참여하면서 연구대상자들과 상호작용하는 과정에서 자신들의 집단에 새롭게 결합한 연구자에게 거부감을 느끼는 경우 있는 그대로의 생활을 드러내지 않을 가능성도 있다. 이런 점을 고려할 때 참여관찰은 관여적 자료수집 방법에 해당하는 것으로 볼 수 있다. 반면에 비참여관찰의 경우에는 연구자가 관찰사실을 알리지 않고 외부에서 관찰대상자를 관찰하며, 관찰대상집단의 구성원과 상호작용도 하지 않고 전적으로 관찰자의 역할만 수행하는 유형을 의미한다. 카메라를 설치하여 학생들의 행동을 관찰하는 경우를 예로 들 수 있다. 이러한 유형의 경우 대상자의 자연스러운 행동을 관찰할 수 있다는 장점에도 불구하고 실제 연구의 윤리성이라는 문제와 실현 가능성에 있어서 한계가 존재하기도 한다. 어쨌든 비참여관찰은 비관여적 자료수집 방법으로 분류할 수 있다. 또한 간접관찰은 문헌이나 물리적인 흔적을 관찰하는 방법이기 때문에 비관여적 자료수집 방법에 해당한다고 볼 수 있다.

## 3. 관찰법의 내용

### (1) 관찰목록

관찰자는 자료수집에 앞서 관찰목록을 작성하게 되는데, 관찰목록의 내용으로는 연구대상(인구통계학적 · 사회경제적 특성)과 환경적 배경(어떤 행위는 격려하고 어떤 행위는 억제하는가?), 목적(참여목적, 긍정적인가 부정적인가?), 사회적 행위(연구대상자가 무엇을 하고 어떻게 누구와 하느냐?), 빈도와 지속도(얼마나 자주 일어나고 계속되었는가?)이다.

### (2) 관찰 패러다임

- 상세하게 구조화된 관찰의 틀을 가지고 관찰할 수 있는 내용을 말한다.
- 관찰 패러다임은 언어적 지표, 언어외적 지표, 신체적 움직임의 지표, 공간적 지표가 있다.

### (3) 관찰자의 기록

관찰한 것을 어떻게 기록할 것인가도 매우 중요하다.

## 4. 관찰법의 신뢰도와 타당도

측정과 마찬가지로 관찰에서의 타당도란, 관찰대상의 본래 속성을 얼마나 잘 관찰하였는가이고, 신뢰도는 대상을 여러 번 관찰하거나 여러 사람이 관찰했을 때 일관된 결과가 나오는 정도를 말한다.

### (1) 신뢰도와 타당도 관련 요인

#### ① 관찰대상

관찰대상인 행위, 사건, 현상 등이 지속적인 것인가, 반복되는 것인가 하는 문제이다. 관찰대상이 지속적이고 반복되는 것으로 관찰되면 신뢰도가 높다.

#### ② 관찰기구

자료를 수집하고 부호화하기 위한 수단인 관찰기구는 신뢰도와 타당도에 관련이 있다. 관찰기구가 모호하거나 명확하지 않으면 문제가 될 수 있다.

#### ③ 관찰자

관찰자의 선호, 가치 등에 기반하여 특정 상황에서 관찰자가 기대하는 행위만을 관찰하는 경우 타당도에 영향을 미칠 수 있다.

**관찰자의 질**

관찰자의 경험이나 훈련 등의 숙련 정도를 말한다.

### (2) 신뢰도와 타당도를 높이기 위한 방법

- 관찰자에 대한 훈련으로 관찰자에 대한 질을 높인다.
- 하나의 관찰대상을 여러 명의 관찰자가 동시 관찰한 후 결과를 비교하여 편견을 제거한다.
- 기록을 철저히 하고, 제3자의 검토를 받는다.
- 관찰을 기록할 때 사실과 해석을 명백히 구분하여 해석의 편견개입 여부를 검토한다.
- 관찰의 신뢰도를 높이기 위해 같은 형태나 유사한 형태에 대해서는 동일한 용어로 기록 및 평가하도록 한다.
- 조직적 관찰의 경우, 질문문항을 정확히 기록하며, 윤리적 · 법적 문제가 없는 경우는 녹음기 등을 사용하여 사실을 기록한다.

• 관찰과 기록방법에 대한 구체적인 지침을 제공할 필요가 있다.

### 2차 자료분석

연구자가 직접 자료를 수집하는 1차 자료수집 방법과는 달리 문헌에 나와 있는 데이터, 국제기구, 정부나 공공기관, 연구기관에서 제공하는 통계자료, 조사자료 등 기존 자료를 2차적으로 분석하는 방법이다. 이러한 2차 자료분석은 자료수집과정에서 조사대상자의 반응성으로 인해 발생하는 오류를 피할 수 있다는 점에서 비반응성/비관여적 자료수집에 해당한다.

기존 자료를 활용하는 방법이기 때문에 상대적으로 비용이 적게 들며, 설문조사와 같은 방법에 비해 상대적으로 자료수집에 소요되는 시간과 노력을 줄일 수 있다. 또한 자료수집이 용이한 편이며, 시간과 공간의 제약을 적게 받는 편이다. 하지만, 기존 자료의 신뢰성에 문제가 있을 수 있으며 생태학적 오류(2차 자료는 개인보다는 지역별 또는 인구집단별로 통계자료를 제공하는 경우가 많으며, 이처럼 집단을 분석단위로 한 자료에 기반한 결과를 개인에게 적용해서 해석하는 경우 오류가 발생할 수 있다)의 가능성이 있다. 또한 연구자가 관련 변수를 통제하기 어렵다.

# 2 내용분석법

기출회차

| 1 | 2 | 3 | 4 | 5 |
|---|---|---|---|---|
| 6 | 7 | 8 | 9 | 10 |
| 11 | 12 | 13 | 14 | 15 |
| 16 | 17 | 18 | 19 | 20 |
| 21 | 22 | | | |

강의로 복습하는 기출회독 시리즈

Keyword 052

## 1. 내용분석법의 의미

- 내용분석법(content analysis)은 인간과 사회의 의사소통 기록물인 신문, 서적, 잡지, TV, 라디오, 영화, 일기, 녹음테잎, 녹화테잎, 연설, 편지, 일기, 상담기록서 등을 체계적으로 분석하는 방법이다. 이 자료들을 체계적 · 객관적 · 양적으로 분석하고 연구하는 연구방법이다. 나아가 내용분석법은 의사전달의 동기, 원인 및 결과나 영향을 체계적으로 추리해 나가고자 한다.[22)]
- 내용분석법은 질적인 내용을 양적 자료로 전환하는 방법인데, 연구목적에 따라 변수를 측정할 수 있도록 의사전달의 내용을 객관적이며 계량적으로 전환하는 연구방법이다.
- 예를 들어, 어떤 사회복지정책에 대한 언론의 태도를 알기 위해, 각 언론사가 일정 기간 동안 보도한 자료들에서 긍정적인 기사의 양과 부정적인 기사의 양을 비교한다거나, 대통령이 사회복지에 대해 중요도를 얼마나 부여하는가를 알기 위해, 대통령의 연설문에서 사회복지가 언급된 횟수, 언급된 위치 등을 조사하여 분석하는 경우가 내용분석법에 의한 연구라 할 수 있다.

중요도 ★★★

내용분석법의 특징과 장단점을 묻는 문제가 주로 출제되었다. 최근 시험에서는 내용분석 연구의 사례를 제시한 후 해당 연구방법의 특징을 묻는 형태로도 출제되고 있다. 내용분석법의 특징 중에서 시험에 가장 자주 제시되는 표현은 '비관여적' 혹은 '비반응적' 조사라는 점을 꼭 기억하자. 22회 시험에서는 내용분석법의 전반적인 특징을 묻는 문제가 출제되었다.

## 2. 내용분석법의 특징과 장단점 22회 기출

### (1) 내용분석법의 특징 꼭!

**① 의사전달의 내용(메시지)이 분석대상이다.**

어떤 메시지를 누가, 언제, 무엇을, 왜, 어떻게 의사전달을 했느냐의 문제에 대해 답을 찾아가는 연구방법이다.

**② 문헌연구의 일종이다.**

문헌이란 문자로 기록된 자료로서 방송, 영화, 그림, 사진, 만화 등도 내용분석의 대상이 될 수 있다.

③ **의사소통의 드러난 내용뿐만 아니라 숨은 내용도 분석대상이 된다.**

**코딩(coding)**

코딩이란 분석대상 자료들을 분류하고 범주화하는 것을 의미한다.

내용분석에서는 드러난 내용(눈에 보이는 내용, 표면적인 내용)과 숨은 내용(저변에 깔려 있는 의미)을 모두 코딩할 수 있다. 예를 들어 보편적 복지에 대한 한국사회의 인식변화를 알아보고자 과거 10년간 한국의 주요 일간지 보도자료를 분석한다고 가정해보자. 보도자료에서 보편적 복지와 관련된 단어가 사용된 횟수를 세어보는 것은 드러난 내용을 코딩하는 것에 해당한다. 반면에 숨은 내용, 즉 바탕에 깔려 있는 의미를 코딩한다는 것은 보도자료 전체나 문단을 읽고 그 보도자료가 복지에 대하여 어떤 인식을 기반으로 하는지를 평가하는 것이다.

④ **객관성, 체계성, 일반성 등 과학적 연구방법의 요건을 갖춰야 한다.**

- 객관성이란 연구자의 개인적인 특성이나 편견이 개입돼서는 안 되며, 다른 연구자가 반복적으로 연구해도 동일한 결과가 나와야 한다는 것이다.
- 체계성이란 분석대상을 선정하고 평가하는 과정에서 적절한 절차와 동일한 방식을 적용하여야 한다는 것이다.
- 일반성이란 연구결과가 이론적인 관계성을 가져야 한다는 의미이다.

⑤ **내용분석은 양적인 분석방법과 질적인 분석방법 모두를 사용하고 있다.**

내용분석은 양적인 분석방법뿐 아니라 질적인 분석방법도 함께 사용한다. 내용분석에서는 메시지의 잠재적인 내용에 대한 분석도 이뤄지기 때문에 양적인 정보만을 기술하고 분석하는 것은 진정한 의미의 내용분석이라 보기 어렵고, 자료의 질적인 내용에 대한 분석방법도 함께 사용하는 경향이 있다.

### (2) 내용분석법의 장단점 꼭!

① **장점**

- 직접적으로 자료를 수집하는 방법에 비해 상대적으로 시간과 비용이 절감된다. 내용분석은 많은 조사원이나 특별한 장비가 필요하지 않고 다만 분석하고자 하는 자료에 접근할 수만 있으면 된다.
- 비관여적인 연구방법이다. 즉, 연구조사자가 연구대상의 반응에 영향을 미치는 조사방법이 아니기 때문에 반응성이 생기지 않는다.
- 조사에 융통성이 있다. 설문조사나 실험의 경우 한 번 실수가 생기면 다시 조사를 해야 하지만 반복하는 것이 불가능한 경우가 많다. 그러나 내용분

석에서는 자료를 다시 검토하여 실수를 상대적으로 쉽게 보완할 수 있다. 즉, 내용분석은 자료의 수정이나 반복이 가능하다.

- 장기간에 걸친 종단연구가 가능하다. 예를 들어 해방 이후의 사회복지에 대한 의식 변화에 대해 연구하고자 한다면, 이러한 주제를 설문조사를 통해 연구하기는 어렵지만, 해방 이후 신문 등의 자료에 나타난 사회복지에 대한 의식 변화를 살펴봄으로써 연구가 가능하다.
- 다른 연구방법과 함께 사용하는 것이 가능하며, 가치, 태도, 성향, 창의성, 인간성 등 다양한 심리적 변수를 효과적으로 측정할 수 있다. 특히 관찰이나 현지조사 등 다른 자료수집방법의 적용이 불가능하거나 실험연구의 결과나 개방형 질문의 응답내용을 분석할 때도 내용분석은 매우 적절하고 유용하게 사용된다.

#### ② 단점

- 기록된 의사전달 자료에만 의존하므로 기록으로 남아 있지 않은 것은 분석하기 어렵다.
- 이미 기록된 자료를 바탕으로 추상적 개념을 측정하고자 하기 때문에 타당도를 확보하기 어려운 점도 있다.
- 분석하고 싶은 자료에 접근하거나 구하는 것 자체가 어려운 경우가 있다.

**내용분석의 신뢰도와 타당도**

내용분석에서 신뢰도라고 할 때는 주로 서로 다른 연구자가 동일한 내용을 얼마나 같은 범주로 분류하는가의 문제와 관련된다. 내용분석에서 신뢰도는 분류자의 기술과 능력, 분석하고자 하는 내용이 얼마나 명료하게 표현되어 있는가, 분류의 방법과 범주 등 여러 가지 요소에 따라 달라진다. 내용분석의 신뢰도를 검증하기 위해서는 다른 연구자로 하여금 동일한 자료를 가지고 내용을 분류하도록 하고 그 결과가 자신이 분류한 것과 얼마나 일치하는지를 확인하는 방법을 적용할 수 있다.

한편, 내용분석의 타당도는 내용분석을 통해 측정된 지표가 원래 측정하고자 의도했던 개념과 의미를 얼마나 잘 반영하고 있는가를 의미한다. 이는 측정에서 타당도의 개념과 마찬가지이며, 따라서 내용타당도, 기준관련 타당도, 개념타당도 등이 내용분석에서 모두 사용될 수 있다.

중요도 ★

자주 출제되는 영역은 아니지만 내용분석에 관한 전반적인 내용을 묻는 문제에서 선택지로 출제될 가능성이 있다. 최근 시험에서는 연구사례를 제시하고 내용분석의 분석단위, 추출단위, 연구과정 등에 관해 종합적으로 묻는 문제가 출제되었다. 따라서 구체적인 내용을 반드시 정리하고 넘어가야 한다.

## 3. 내용분석법의 범주와 분석단위

### (1) 범주(categories of analysis)

- 내용분석법에서 분석범주는 분석하고자 하는 내용의 전체를 분석하고자 하는 기준 또는 분류기준을 말한다. 예를 들어, 대통령의 연설문을 분류하고

연구하는 데 있어 '경제성장'과 '사회복지'를 범주로 나눠 주제나 내용에 따라 연설문의 내용을 경제성장, 혹은 사회복지 범주로 분류하여 각 범주별로 양적 · 질적 차이를 연구할 수 있다. 또는 신문 기사를 분석하고자 할 때, 어떤 주제나 내용들을 가진 기사는 '복지증진에 대해 찬성하는 기사', 어떤 것은 '복지증진에 대해 중립적인 기사', '복지증진에 대해 반대하는 기사' 등으로 유형을 정해 기사들을 각 유형별로 분류할 수 있다.

- 범주설정의 유의점: 내용분석의 분석범주는 연구목적에 적합해야 하고, 포괄적이어야 하고, 상호배타적이어야 한다. 적절한 범주설정을 위해서는 문헌 주제에 대한 사전 지식이 중요하다.

### (2) 분석단위(unit of analysis)

- 분석단위는 연구문제와 관련해서 내용 범주에 넣어서 집계하고, 기술적 또는 설명적으로 진술할 수 있는 의사소통의 단위를 말한다.
- 분석단위로는 단어, 주제, 인물, 문장이나 단락, 항목, 공간 또는 시간 등이 사용된다.[23)]
  - 단어: 단어는 가장 작은 분석단위이다. 단어는 경계가 명확해서 구분이 쉽다는 장점이 있는 반면, 표본이 방대하면 양이 많아 다루기 어렵고 맥락에 따라 그 의미가 달라지는 단점이 있다.
  - 주제: 주제는 문헌기록이 주장하는 내용이거나 도덕적 목적을 말한다. 주제는 유용한 분석단위이지만, 단위의 경계를 정하는 것이 어렵고 주관적이며, 한 문장 또는 한 본문에 여러 주제가 내포되어 있을 수도 있다. 대량의 자료를 다룰 때 유용한 분석단위가 될 수 있다.
  - 인물: 주로 희곡, 소설, TV드라마, 영화 등의 자료를 다룰 때 사용된다. 기록단위는 특정한 사람이며, 범주들의 각각에 해당하는 사람의 수가 기록된다. 예를 들어, TV 드라마에서 백인, 흑인, 동양인 등의 범주에 속하는 인물이 각각 얼마나 등장하는가를 분석단위로 기록할 수 있다.
  - 문단(문장)과 단락: 문장이나 단락은 형태적으로 구분하기 쉽다는 장점이 있지만, 하나 이상의 주제를 담은 문장이 있을 수 있기 때문에 어느 하나의 범주에 명확하게 속하기 어려운 단점이 있다.
  - 사항(항목/품목): 사항은 어떤 의사소통 전체의 단위로서 예를 들면, 책 한 권, 수필 한 편, 드라마 한 편, 논문 한 편 등을 분석단위로 사용할 수 있다.
  - 공간 또는 시간: 인쇄물의 지면이나 방송의 시간도 분석단위가 된다. 예를 들면, 신문기사의 경우 사회면에 실렸는지 정치면에 실렸는지, 방송이 저녁 시간대인지 낮 시간대인지 등이 분석단위가 될 수 있다.

## 4. 내용분석법의 절차[24)]

**① 연구문제의 설정**

**② 가설설정 및 개념정의**

**③ 문헌자료의 모집단 규정**

모집단은 연구자가 분석대상으로 하고자 하는 모든 자료를 말한다. 예를 들어, 1960년부터 2000년까지의 대통령 연설문 전체, 1990년부터 2000년까지의 주요 일간지 전체 등이 그러하다.

**④ 문헌자료의 표본추출**

문헌자료에 있어서도 모집단이 너무 방대할 경우 모집단을 모두 분석하는 데 시간과 경제적 어려움이 있다. 이 경우 모집단 중에서 일부의 자료를 표본으로 추출하여 연구대상으로 삼을 수 있다. 내용분석에서도 다른 자료수집 방법에서 활용되는 표집방법이 적용될 수 있다.

**⑤ 분석내용의 범주설정**

**⑥ 분석단위의 규정**

**⑦ 계량화의 체계 규정(내용분석의 코딩)**

분석단위가 정해지면 실제로 자료의 내용분석 작업을 진행한다. 분석단위의 특성에 따라 일정한 차이가 있는데, 분석하고자 하는 내용이 자료에 있는지 없는지(출현 유무), 분석단위가 자료에 몇 번이나 나타나고 있는지(빈도), 분석단위가 출현하는 방송시간의 길이(시간), 신문지면의 크기(공간), 태도나 가치 등(강도)을 기록하여 수량화하는 방식이 있다.

**⑧ 신뢰도 및 타당도 검증**

**⑨ 자료의 분석 및 해석**

한걸음 더

## 내용분석의 활용

보충자료

**내용분석의 심리적 변수 측정**

내용분석은 커뮤니케이션의 내용을 객관적 · 수량적으로 분류, 일정 기준에 입각하여 체계적으로 분석하는데 활용되기도 한다. 예를 들어, 메시지로서 표현되는 특정 상징, 명제, 인물 등을 분석단위로 하고 그들에 대한 출현 빈도의 계산, 출현 공간의 계측 및 평가 등, 미리 설정한 카테고리와 판단기준에 따라 분석한다. 이러한 연구는 1920년대에 미국에서 시작하여, 처음에는 신문기사를 분야별로 분류하고 행수를 세어 그 신문의 경향을 파악하는 식의 매우 단순한 것이었다. 그러나 제2차 세계대전 중 H. D. 라스웰 등이 미국 의회도서관 내에 설치한 '전시 커뮤니케이션 연구 프로젝트'의 업적에 의해 내용분석은 비약적으로 발전하여, 이후 커뮤니케이션 분야에서 내용연구는 주요 연구 방법 중 하나로 자리매김하게 되었다. 사실 대규모의 분석에서는 노력과 경비가 막대하여 기대했던 만큼의 성과를 거둘 수 없다는 한계 때문에 한동안 퇴색 경향을 보였으나, 근래에는 컴퓨터 등이 이용되면서 재평가되고 있다. 내용분석의 용도는 메시지 내용 자체의 구조분석(신문기사, 방송 프로그램 등) 외에, 메시지 제공자의 분석, 메시지 수신자의 심리 분석 등에 이르기까지 활용도가 매우 다양하다.

방법론적으로는 양적 분석과 질적 분석으로 대별되는데, 전자의 경우는 나치스 독일의 신문이나 뉴스영화 및 공산주의 선전에 관한 연구를 하여 양적 분석의 방법론을 확립한 라스웰의 업적이 유명하며, 대표적인 질적 분석으로는 미국 전기물의 주인공에 관한 L. 로웬털의 연구와 라디오 연속극 등장인물의 주인공에 관한 R. 아른하임의 연구 등이 있다.

# 12장 욕구조사와 평가조사

# 기출경향 살펴보기

## 이 장의 기출 포인트

초창기 시험에서는 자주 출제되었으나 최근 시험에서는 출제비중이 높지 않다. 욕구조사와 관련해서는 특정 욕구조사 방법의 특징을 묻는 문제, 한 문제에서 욕구조사의 유형별 특징을 비교하는 문제가 출제되고 있다. 평가조사와 관련해서는 평가조사의 유형별 특징, 평가의 기준 등을 묻는 문제가 출제되었다.

## 최근 5개년 출제 분포도

연도별 그래프

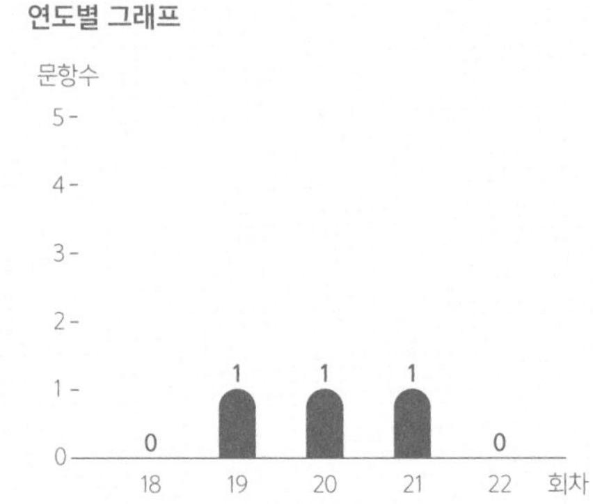


평균출제문항수

0.6 문항

## 2단계 학습전략

데이터의 힘을 믿으세요!
강의로 복습하는 **기출회독 시리즈**

3회독 복습과정을 통해
최신 기출경향 파악

## 최근 10개년 핵심 키워드

| | | |
|---|---|---|
| 기출회독 **054** | 욕구조사 | 6문항 |
| 기출회독 **055** | 평가조사 | 2문항 |

**기본개념 완성을 위한 학습자료 제공**

기본개념 강의, 기본쌓기 문제, O X 퀴즈, 기출문제, 정오표, 묻고답하기, 지식창고, 보충자료 등을 **아임패스**를 통해 만나실 수 있습니다.

# 1 욕구조사

| 기출회차 | | | | |
|---|---|---|---|---|
| 1 | 2 | 3 | 4 | 5 |
| 6 | 7 | 8 | 9 | 10 |
| 11 | 12 | 13 | 14 | 15 |
| 16 | 17 | 18 | 19 | 20 |
| 21 | 22 | | | |

강의로 복습하는 기출회독 시리즈

Keyword 054

## 1. 욕구

### 1) 욕구의 의미

욕구란 무엇인가 결핍되어 불편한 상태며, 충족과 발전을 필요로 하는 상태로서 현재의 결핍된 상태와 원하는 상태 사이에 존재하는 격차를 의미한다. 이러한 욕구를 개인이 가지고 있을 때는 개인적 욕구가 되고, 사회구성원 다수가 이러한 욕구를 가지게 되면 사회적 욕구가 된다.

### 2) 욕구유형

#### (1) 매슬로우(Maslow)의 욕구 5단계

인간의 욕구는 강한 것에서부터 약한 것으로, 위계를 가진 보편적이고 선천적인 동기에 의해 유발되며, 그 강도는 순서에 따라 위계적 · 계층적 단계로 배열된다. 매슬로우는 욕구를 '생리적 · 신체적 욕구 – 안전에 대한 욕구 – 소속과 애정에 대한 욕구 – 자아존중의 욕구 – 자아실현의 욕구'의 순으로 5단계로 제시하였다. 욕구단계는 낮은 단계의 욕구가 어느 정도 충족되어야 더 높은 단계의 욕구를 의식하거나 동기가 부여된다고 가정한다. 그러나 상위 욕구가 출현하기 전에 하위 욕구가 100% 충족되어야 하는 것은 아니다.

| 욕구단계 | 내용 |
|---|---|
| 자아실현의 욕구 | • 가장 상위 차원의 욕구로서 4가지 욕구가 충족된 후 일어남<br>• 인간의 잠재적인 능력에 대한 실현의 욕구 |
| 자아존중의 욕구 | • 다른 사람으로부터 인정받고, 존중받고 싶어하는 욕구<br>• 충족되면 자신감이 생기지만 결핍되면 열등감이 생기는 욕구 |
| 소속과 애정에 대한 욕구 | • 정서적인 만족을 얻고 싶어하는 욕구<br>• 집단에 소속되어 관계를 맺고, 사랑받고 싶어하는 욕구 |
| 안전에 대한 욕구 | 물리적, 심리적 위협으로부터 벗어나려는 욕구 |
| 생리적 · 신체적 욕구 | • 인간의 가장 기본적이고 필수적인 욕구<br>• 의식주와 관련된 생존의 욕구 |

### (2) 브래드쇼(Bradshaw)의 욕구유형

**① 규범적 욕구(normative need): 전문가의 판단에 의해 규정된 욕구**

- 관습이나 권위, 일반적 여론의 일치로 확립된 표준을 의미하는 이 욕구는 기존의 자료나 유사한 지역사회 조사나 전문가들의 판단에 의해 제안된 욕구다.
- 장점은 이 욕구의 목표가 기존의 서비스 수준과 비교가능한 비율로 표시되는 데에 있으며, 실제 비율이 특정 기준에 미치지 못하면 욕구가 존재한다고 본다. 따라서 계량화가 쉽고 구체적인 변화의 표적을 만들어낼 수 있다는 것이며, 단점은 여러 욕구 단계가 지식, 기술, 가치 변화에 따라 변화하기 쉽다는 것이다.

**② 인지적 욕구(felt need): 감지된 욕구, 감촉적 욕구, 체감적 욕구, 개개인이 느끼는 욕구**

- 사람들이 욕구로 생각하는 것, 선호(want)하는 것을 말한다.
- 주로 사회조사를 통해 응답자에게 그들이 선호하는 것을 물어보는 방식으로 욕구를 파악한다.

  예 일반인구 서베이조사, 표적집단 서베이조사, 지역사회공개토론회 등
- 장점: 당사자의 정확한 욕구파악이 용이하며, 필요한 서비스 내용과 정도에 대한 정보를 확보할 수 있다.
- 단점: 사람의 기대에 따라 각각 기준이 불안정하고 수시로 변경될 수 있다. 실제 욕구보다 과대추정될 가능성이 있다. 조사대상 선정을 어떻게 하느냐에 따라 대표성에 문제가 있을 수 있다.

**③ 표출적 욕구(expressed need): 표현된 욕구, 서비스 수요에 기초한 욕구**

- 느껴진 욕구가 행동으로 표출되어 수요(demand)로 드러난 것을 말한다.
- 개인이 서비스를 얻기 위해 실제로 노력을 했는가의 여부가 핵심적인 변수이다.
- 사회복지 서비스에 가장 많이 이용되는 욕구 개념이다.
- 장점: 인지한 욕구를 실제로 행동에 옮기게 되는 상황을 강조한다.
- 단점: 욕구를 가진 모든 사람이 서비스에 대한 수요를 행동으로 드러내는 것은 아니다. 따라서 표현하지 않은 잠재적 클라이언트가 무시되거나, 전달체계상 장애가 있는 클라이언트를 배제하게 될 수 있다.

**④ 상대적 욕구(relative need): 다른 사람이나 타지역과 비교해서 정해지는 욕구**

- 이 욕구는 특정한 기준에 의해 발생하는 것이 아니라 한 지역의 욕구와 유

사한 다른 지역에 존재하는 서비스와의 차이에서 측정되는 비교욕구로서, 비슷한 다른 지역에서 서비스가 제공되지만 해당 지역에서는 제공받지 못했을 때 욕구를 파악하는 데 도움이 된다.

• 지역 특성을 고려한 상태에서 두 집단의 욕구를 비교하는 것이 바람직하다.

욕구조사와 관련해서는 자료수집방법을 묻는 문제가 주로 출제되고 있다. 따라서 각각의 자료수집방법의 장단점과 특징들을 비교해보면서 상황에 따라 적절한 자료수집방법을 연결시켜보는 연습을 하자. <지역사회복지론>이나 <사회복지행정론>에서도 자주 출제되는 내용이니만큼 확실히 정리해둘 필요가 있다.

## 2. 욕구조사

### 1) 욕구조사(needs assessment)의 의미

욕구조사(needs assessment)는 특정 지역사회주민이나 특정 집단들을 위한 새로운 정책대안이나 프로그램을 개발하기 위해 또는 기존의 정책대안이나 프로그램을 보완하기 위해 대상집단의 욕구의 종류와 수준을 파악하는 조사이다.

• 주민들이 필요로 하는 각종 서비스 또는 프로그램을 식별해 우선순위를 정한다.
• 프로그램 운영에 필요한 예산 할당 기준을 마련한다.
• 현재 수행 중인 프로그램 평가에 필요한 보조자료를 마련한다.
• 프로그램을 수행하는 지역사회 내에 기관들 간의 상호의존 및 협동상황을 파악한다.
• 욕구조사를 통해 기관의 정체성을 확인한다.
• 욕구조사를 통해 기관의 활동과 프로그램을 대상집단이나 지역사회에 홍보한다.

### 2) 욕구조사의 필요성

#### (1) 정보의 획득

클라이언트의 욕구나 문제를 판단할 수 있는 정보의 획득과 클라이언트 자신의 변화를 위한 욕구와 가능성에 대한 정보의 획득이 중요하다.

**생태학적 오류와 개체주의적 오류: 분석단위 관련 오류**

• 생태학적 오류: 집단단위의 정보를 기초로 개인단위의 결론을 내리는 오류
• 개체주의적 오류: 개인단위의 정보를 기초로 집단단위의 결론을 내리는 오류

#### (2) 객관성의 확보

정보의 획득과정은 체계적이고 과학적인 조사방법을 적용하여 객관성을 인정받아야 한다. 이때 설득력 있는 정보는 생태학적 · 개체주의적 오류에 의해 왜곡되지 않도록 획득해야 한다.

### (3) 실증적 방법

욕구조사는 실제 상태를 측정하여 욕구를 증명하는 것이므로 계량화, 자료화될 수 있는 실증적 방법으로 측정돼야 한다.

### (4) 이용자 중심의 비전 및 프로그램 개발

욕구조사의 궁극적인 목적은 이용자의 욕구를 파악하여 이용자 중심의 프로그램을 개발하는 데 있으며, 이를 통해 조직의 중 · 장기적인 사업비전을 마련할 수 있다.

### (5) 체계적이고 전문적인 기관운영 수행

프로그램을 집행하기 전에 욕구를 파악하고 얼마나 충족시켰는지 평가함으로써 기관운영의 체계를 확립하고 전문성을 제고할 수 있다.

### (6) 자원의 효율적인 운영

욕구의 우선순위를 파악하고 상대적 우선순위를 정하여 인력과 예산을 배정함으로써 기관의 자원을 효율적으로 운영할 수 있다.

### (7) 환경변화에 적극적인 대응

욕구조사를 통해서 대상집단의 욕구변화를 파악하고 정책운영에 반영함으로써 다변화하는 사회적 환경과 클라이언트 욕구에 부응한다.

### (8) 책임성에 대한 평가와 발전의 기초

욕구조사와 평가의 상관관계를 통해 프로그램의 효과성을 검증할 수 있으며, 욕구조사의 결과는 서비스의 필요성에 대한 객관적인 자료가 되므로 사회복지 서비스의 책임성 평가와 관련된다.

### (9) 정보 공유와 네트워크로서의 기능

클라이언트의 복합적인 문제를 해결하기 위해 문제에 다각적인 접근이 가능할 수 있도록 지역사회 네트워크가 형성돼야 하며, 이를 위해서는 클라이언트 정보의 공유가 필요하다.

### (10) 홍보와 참여의 기회 제공

욕구조사는 서비스 제공 기관과 지역 주민의 직접적인 접촉이 가능한 점을 이용하여 사업과 프로그램에 대한 홍보는 물론이고 참여를 유도할 수 있는 좋은 기회가 된다.

### 3) 욕구조사에 포함해야 할 내용

#### (1) 기초자료

기초자료는 지역적 특성, 소득수준, 가족 수, 성별분포, 연령, 혼인, 거주형태, 종교분포, 주택보급률, 국민기초생활보장 대상자 수 등이다.

#### (2) 욕구파악을 위한 자료

**① 현재 삶의 상태를 파악하는 자료**

사회, 경제, 교육, 고용, 건강 등 개인적인 현재 상태를 파악하는 자료로서 욕구수준과 효과성을 평가하는 기준이 된다.

**② 기존의 프로그램이나 정책대안 평가를 위한 자료**

기존 프로그램의 인지도, 이용도, 장단점, 서비스 태도, 자격조건, 경제적 부담 등을 파악하고 프로그램 개선에 사용할 정보를 제공한다.

**③ 신규 프로그램이나 정책대안 개발을 위한 자료**

대상집단의 구성원들이 가지고 있는 욕구를 확인하고 상대적 중요성을 파악하여 새로운 프로그램이나 정책대안을 얻는 토대가 된다.

#### (3) 사회자원을 활용하기 위한 자료

**① 의사소통망에 관한 정보**

프로그램이나 정책대안의 존재 여부와 내용을 클라이언트에게 알려줄 수 있는 공식적 · 비공식적 의사소통망과 매체를 파악해야 한다.

**② 지역사회자원에 관한 정보**

프로그램이나 정책대안을 계획할 때 활용할 수 있는 지역사회 내 인적 · 물적 자원을 파악해야 한다.

**③ 정치적 자원에 관한 정보**

프로그램 정책대안이 성공적으로 집행되기 위해 지역사회주민과 지역사회를 대표할 수 있는 사람들이나 지도자들의 지지가 필요하다.

## 4) 욕구조사의 종류

### (1) 수혜자 중심적 욕구조사

아동, 청소년, 노인, 장애인, 여성 등 특정 인구집단을 대상으로 서비스를 제공하거나 프로그램을 운영하는 기관에 의해 실시되는 조사이다.

### (2) 서비스 중심적 욕구조사

의료서비스, 고용서비스 등과 같은 특정 서비스를 제공하는 기관에 의해 실시되는 조사이다.

### (3) 지역사회 중심적 욕구조사

수혜자 중심의 욕구조사와 서비스 중심적 욕구조사의 통합모델로서 지역사회 주민의 전반적인 욕구와 서비스에 대한 욕구를 파악하는 방법으로서, 사회복지 욕구에 대해 포괄적이고 많은 정보를 얻을 수 있지만, 조사대상이 광범위할 경우 어려움이 있다. 이런 경우 모집단을 대표하는 표본을 통해 전체 모집단(지역사회)의 욕구를 추정할 수 있다.

## 5) 욕구조사의 자료수집방법

보충자료
자료수집방법에 따른 욕구유형


### (1) 직접적인 자료수집방법 꼭!

조사를 위해 조사자가 설문조사나 면담, 관찰 등을 통해 직접 수집하는 자료를 1차 자료라고 하고, 기존에 존재하는 자료를 수집하여 조사목적을 위해 분석하는 경우 분석대상이 되는 '기존에 존재하는 자료'를 2차 자료라고 한다. 욕구조사의 자료수집방법에는 욕구파악 및 추정을 위해 1차 자료를 조사자가 직접 수집하는 직접적인 자료수집방법과 2차 자료의 분석을 통해 욕구를 파악하고 추정하는 간접적인 자료수집방법이 있다.

#### ① 일반인구 조사방법(general population survey)

지역주민들 가운데 추출된 표본을 대상으로 면접이나 설문조사를 통해 욕구를 측정하는 방법으로서, 지역 내 일반적인 특성을 묻는 기초 자료와 기존 서비스의 평가 및 새로운 서비스의 개발을 위한 자료가 될 질문, 지역사회의 가용자원에 관한 항목을 포함해야 한다.

- 얻을 수 있는 정보
  - 주민 개인이 인지하고 있는 문제
  - 다수의 개인이 느끼는 욕구, 즉 사회문제

- 문제를 가진 개인들의 특성
- 개인이 이용할 수 있는 서비스
- 서비스를 이용할 의사나 장애가 되는 요인
- 지역사회에서 원조받고 있는 기관(개인)의 정보

• 갖춰야 할 조건
  - 욕구의 명확한 규정
  - 표본(대표집단)의 신중한 선택
  - 조사하고자 하는 욕구와 관련된 설문지 작성
  - 필요한 서비스와 관련된 설문지 작성

• 장점
  - 사용된 조사방법과 도구는 다른 지역에서도 융통성 있게 사용이 가능하다.
  - 다른 조사기법의 보완도구로서 기능한다.
  - 조사도구는 수정이 가능하며 신축성이 있다.
  - 비교적 타당한 결과를 얻을 수 있다.

• 단점
  - 높은 비용과 오랜 시간, 많은 인력을 필요로 한다.
  - 전문적 조사기술이 필요하다.

② **표적인구 조사방법**(target population survey)

프로그램 제공을 통해 문제해결의 대상으로 삼는 표적집단에 설문조사를 실시하여 욕구와 서비스 이용상태를 파악하는 기법이다.

• 얻을 수 있는 정보
  - 표적집단이 갖는 문제나 욕구
  - 표적집단이 이용할 수 있는 서비스의 파악

• 갖춰야 할 조건: 표본이 전체를 대표할 수 있는 타당성을 가지려면 표본이 확률적 표집방법으로 선정돼야 하고 표본의 크기가 적당해야 한다.

• 장점: 표본을 통해 전체 표적인구의 욕구를 알 수 있다.

• 단점
  - 시간적 · 비용적 측면에서 경제적이지 못하다.
  - 질문지의 경우 회수율이 낮다.
  - 사회적으로 요구하는 '바람직한 응답'만을 얻을 수 있다.
  - 표적인구로부터 얻은 정보는 그 집단 이외에는 적용할 수 없다.

③ **델파이기법**(delphi technique)

전문가들에게 우편으로 의견이나 정보를 수집하여 분석한 결과를 다시 응답자들에게 보내 의견을 묻는 식으로 만족스러운 결과를 얻을 때까지 계속하는 방법이다. 어떤 불확실한 사항에 대한 전문가들의 합의를 얻으려고 할 때 적용될 수 있다.

- 장점
  - 전문가를 한 자리에 모으는 수고를 덜고 응답자의 시간을 효율적으로 사용할 수 있다.
  - 전문가가 자유로운 시간에 의견을 말할 수 있다.
  - 익명이므로 참가자의 영향력을 줄일 수 있다.
- 단점
  - 반복하는 데 시간이 많이 걸린다.
  - 반복하는 동안 응답자의 수가 줄어드는 문제가 있다.
  - 극단적인 판단은 의견일치를 위해 제외되는 경향이 있어 창의적인 의견들이 손상될 수 있다.

**④ 초점집단기법(포커스그룹 면접법, 심층면접법)**

- 조사대상 집단 중에서 중요한 정보를 얻을 수 있는 사람을 추출하여 심층적으로 면접하는 방법으로 집단의 크기는 6~12명 사이 정도가 적당하다.
- 지역의 집단들을 대표해서 그들의 문제나 관심 또는 욕구를 가장 잘 나타낼 수 있는 대표들을 선출하여 하나의 초점집단을 형성하며, 이 초점집단의 성원들을 사회복지사가 인터뷰한다.
- 단순하게 그들이 해결하기를 원하는 욕구나 문제에 대한 진술에서 벗어나 어떻게 그 일이 벌어졌고 왜 벌어지게 되었는지에 대해 상세하게 진술할 때 가장 큰 효과를 발휘한다.
- 초점집단을 통한 욕구조사의 실시과정
  - 문제 확인 및 주제 선정
  - 표본틀의 선정
  - 집단 및 회기의 수 결정
  - 토의지침서 개발
  - 진행자 또는 사회자와 보조원의 훈련과 역할 규정
  - 예비조사 실시
  - 초점집단 참여자 선정
  - 집단활동의 시행
  - 자료의 분석과 해석
  - 보고서 작성

한걸음 더

### 초점집단조사와 델파이조사

초점집단조사와 델파이조사 모두 집단의 상호작용을 통해 견해와 자료를 도출하는 유형에 해당하지만 구체적인 방법에서는 차이가 있다. 초점집단조사가 대면(face to face), 즉 얼굴을 맞댄 집단의 상호작용을 강조하는 데 반해, 델파이조사는 익명 집단이 서로 대면하지 않고 상호작용하게 한다는 점에서 차이가 있다. 델파이조사는 전문가 패널의 견해를 구하는 방법에 많이 활용되어 왔다. 델파이조사는 구조화된 방식으로 정보의 흐름을 제어하는데, 조사에 참여하는 집단의 조정자는 개별 참여자들로부터 설문지를 통해 자료를 수집하고, 수집한 자료들을 정리하여 참여자에게 회신하고 참여자들은 그 자료들을 검토한 후에 수정된 의견을 다시 설문지를 통해 발송한다. 초점집단조사는 집단 구성원 간의 활발한 토론과 상호작용을 강조하며 진행조정자의 역할이 결정적으로 중요하다. 진행조정자는 논의를 활발하게 만드는 역할을 수행하며, 참여자들의 논의가 초점에서 벗어나지 않도록 조정한다.

#### ⑤ 관찰법

대상자의 행동이나 사회현상을 직접 관찰하는 방법과 사람들에게 자신과 타인의 행동에 대하여 질문하여 직접 들어서 알아내는 방법이 있다.

#### ⑥ 직접 경험법

조사자가 실제로 대상자의 생활 속으로 들어가서 조사하는 방법이다.

#### ⑦ 포럼(지역사회 공개토론회, community forum)

지역사회의 사람들이 함께 모여 자신들의 욕구에 대해 자유롭게 의견을 교환하고 상호작용을 할 수 있는 토론회를 통해 욕구를 조사하는 방법이다.

- 장점
  - 비용이나 시간적인 측면에서 매우 효율적이다.
  - 광범위한 계층의 의견을 수집할 수 있다.
  - 서베이조사를 위한 사전 준비작업이 될 수 있다.
  - 프로그램이나 정책 실행 시, 주민의 지지나 협조를 얻을 수 있는 계기가 된다.
- 단점
  - 관심 있는 소수의 사람만 참여할 수 있으므로 표본의 편의현상이 나타날 수 있다.
  - 토론과정을 적절히 통제하지 않을 경우 도출되는 의견이 방만하거나 지엽적일 수 있다.

### ⑧ 프로그램 운영자 조사

서비스를 직접 제공하는 사람을 만나 조사하는 방법이다.

- 장점
  - 사회적으로 잘 알려지지 않은 문제들을 파악할 수 있다.
  - 지역사회의 자원에 대한 정확한 정보를 알 수 있다.
  - 전문적인 욕구를 바탕으로 욕구조사를 할 수 있다.
- 단점
  - 서비스 제공자가 밝힌 문제가 제공자 개인의 주관에 의해 판단된 편견일 가능성이 있다.
  - 이들은 주로 클라이언트를 대상으로 하므로 광범위한 욕구를 파악하기 어렵다.
  - 제공자가 소속된 기관의 프로그램에 유리한 욕구에 대해 언급할 가능성이 있다.

### ⑨ 주요 정보제공자 조사(key informant survey)

- 지역사정을 잘 알고 그들을 대변할 수 있는 주요 정보제공자들을 대상으로 하는 조사를 말한다.
- 장점
  - 상대적으로 비용과 인력이 적게 들어 경제적이다.
  - 표본을 쉽게 선정할 수 있다. 즉, 표본추출이 용이하다.
  - 지역의 전반적인 문제를 쉽게 파악할 수 있다.
  - 양적 정보뿐만 아니라 질적 정보도 파악할 수 있다.
  - 기존의 조사방법을 이용할 수 있어 융통성이 있으며 신축적이다.
- 단점
  - 정보제공자들이 가지고 있는 정보의 양과 질에 의존하게 된다.
  - 주요 정보제공자를 선정하는 기준이 모호하며, 표집자 편의현상이 나타날 수 있다. 주요 정보제공자 조사의 표집방법은 일종의 의도적 표집(유의표집)에 해당되므로 표본의 편의현상이 나타나 대표성은 떨어질 수 있다.
  - 주요 정보제공자들이 지적하는 문제들이 일반주민들의 욕구와는 다른 특정집단의 욕구에 국한되는 경우도 있다.
  - 지역대표자나 지도자가 주민의 의견을 대변할 수 있느냐는 의문이 있다.

### ⑩ 명목집단기법

- 명목집단기법(nominal group technique)은 소수의 그룹이 공동의 문제나 질문에 대해 우선 각자 나름대로 제안이나 해결책을 제시하고 나중에 그들

의 제안을 공유하는 기법이다.

• 해결해야 하는 욕구나 문제에 대한 공유된 이해를 형성 또는 조장하기 위해 사용되는 기법이다.

**명목집단기법의 사례**

| 제기된 문제 | 영희의 순위 | 철수의 순위 | 민호의 순위 | 철현의 순위 | 지태의 순위 | 평균 점수 | 최종 순위 |
|---|---|---|---|---|---|---|---|
| 청소가 제대로 이루어지지 않음 | 4 | 1 | 3 | 5 | 3 | 3.2 | 3 |
| 높은 범죄율 | 1 | 3 | 2 | 2 | 1 | 1.8 | 1 |
| 실업자 수의 증가 | 3 | 2 | 1 | 4 | 5 | 3.0 | 2 |
| 주택에 근접한 유흥업소의 증가 | 2 | 4 | 4 | 3 | 4. | 3.6 | 5 |
| 노숙인의 증가 | 5 | 5 | 5 | 1 | 2 | 3.4 | 4 |

**델파이기법과 명목집단기법의 차이**

• 델파이기법에서는 참가자들이 서로를 전혀 모르지만, 명목집단기법에서는 참가자들이 서로 누구인지 알 수 있다.
• 델파이기법에서는 참가자들이 물리적으로 떨어져 있어서 직접 대면이 없지만, 명목집단기법에서는 참가자들이 책상에 둘러앉아서 모임을 갖는다.
• 델파이기법에서는 참가자 사이의 의사전달은 설문지나 모니터 요원들로부터의 피드백으로 하지만, 명목집단기법에서는 참가자들끼리 의사전달을 직접 할 수 있다.

### (2) 간접적인 자료수집방법 ★꼭!

#### ① 사회지표분석(social indicator analysis)

정부기관이나 연구기관의 관련 전문가가 정기적 또는 비정기적으로 발표한 자료를 활용하여 지역사회의 욕구를 파악하는 방법이다. 자료로부터 얻은 정보는 해당 지역의 조사대상 집단들의 특정한 실태를 파악하고 변화 후의 차이를 확인하는 데 유용하나, 해당 지역에 알맞은 지표를 찾아내는 일이 쉽지 않다.

예 소득수준, 빈곤인구비율, 실업률, 주택보급률, 공공부조 수혜자 수 등

#### ② 행정자료 조사(2차적 자료분석)

지역사회의 사회복지기관이나 협회, 연구소 등 사회단체에서 행정 및 관리를 위해 수집한 자료를 분석하여 욕구를 파악하는 방법이다. 사회복지기관에서 제공된 서비스 이용 현황 등 서비스 통계를 이용하여 욕구를 파악하는 방법도 행정자료 조사에 속한다.

### 욕구조사를 위한 자료수집방법 비교

| 조사유형 | 욕구유형 | 자료원 | 자료수집방법 | 장점 | 유의점 |
|---|---|---|---|---|---|
| 사회지표조사 | 비교 | 이차자료 | 문헌자료수집 | 신속/저렴, 장기적 변화의 파악 가능 | 특정 상황에 부합되는 자료의 부재 가능성 |
| 자원재고조사 | 표출 | 서비스 기관 | 설문지/면접 | 지역서비스자원에 대한 정보 획득 | 공급자 중심의 욕구사정 위험성 |
| 지역주민서베이 | 인지/표출 | 지역주민 | 면접/설문지 | 수요자 중심의 욕구 사정 가능 | 시간과 비용/전문지식/측정의 타당성 문제 |
| 지역사회포럼 | 표출/인지 | 참가주민 | 기록과 분석 | 집단적 요구의 이해와 파악 | 소수 참가집단의 의견에 편향될 위험 |
| 전문가집단조사 | 규범/비교 | 전문가 | 포커스그룹면접/델파이 | 문제의 원인론, 대안 파악에 유리 | 조사대상집단의 편향성 위험 |
| 주요 정보제공자 조사 | 규범/표출/인지 | 주민대표 등 | 면접/설문지 | 저렴, 고급정보 획득 | 간접적 주민 욕구/정보제공자의 편향성 |

※ 욕구유형: 브래드쇼가 구분한 4가지 욕구유형 중 어떤 유형의 욕구를 조사하는지를 나타냄
※ 출처: 김영종, 사회복지조사론: 이해와 활용, 학지사, 2007, p.420

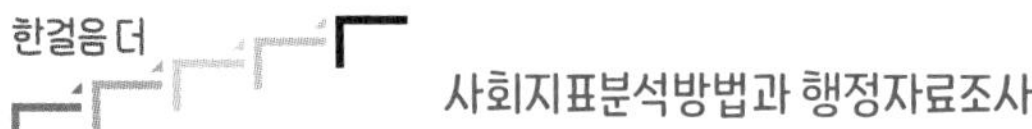

한걸음 더

### 사회지표분석방법과 행정자료조사

욕구조사를 위해 조사자가 설문지를 사용하거나 인터뷰 및 관찰 등을 통해 직접 자료를 수집하는 것이 아니라 기존 자료를 분석하여 욕구를 추정하는 방식으로 사회지표조사(사회지표분석)방법이나 행정자료조사(행정자료분석)방법 등이 있다.

지역주민의 연령분포, 가구당 가족 수, 평균 거주기간, 주민의 직업구성, 지역의 평균소득, 출산률, 주택보급률이나 범죄율 등과 같이 지역사회의 특징을 수치로 나타내주는 지표를 사회지표(social indicator)라고 하는데, 사회지표조사는 사회지표를 분석하여 지역사회의 욕구를 추정하는 방법이다. 예를 들어, 비슷한 조건과 규모의 다른 지역에 비해 A지역의 범죄율이 높거나 주민들의 평균연령이 높다면 A지역에는 치안과 관련된 욕구나 노인복지 서비스 등의 욕구가 높다고 추정할 수 있다.

이와 달리, 행정자료는 지역사회 내의 복지기관 등에서 행정관리 목적으로 수집해놓은 클라이언트 관련 정보를 말하는 것으로, 접수면접 자료, 면접상황 기록표, 기관의 부서별 업무일지, 면접기록표, 서비스 대기자명단 등이 여기에 해당된다. 행정자료조사는 이러한 행정자료 분석을 통해 클라이언트의 욕구를 파악하는 조사기법이다. 예를 들어, 행정자료를 통해 기존에 클라이언트들의 참여도가 높았던 서비스가 무엇이었는지를 확인한다면 해당 서비스에 대한 클라이언트들의 수요 혹은 욕구가 높음을 알 수 있을 것이다.

참고로, 많은 조사론 교재에서 행정자료조사를 '2차 자료조사(분석)'와 같은 의미로 표현하고 있으나, 엄밀하게 말하면 사회지표 또한 2차 자료에 속한다고 볼 수 있다. 즉, 행정자료와 사회지표 모두 2차 자료에 속하므로 행정자료조사는 2차 자료조사에 포함되는 개념이라고 봐야 한다.

# 2 평가조사

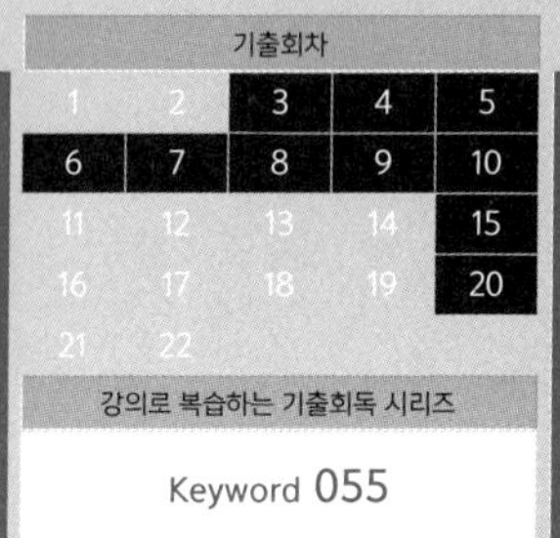

기출회차
1 2 3 4 5
6 7 8 9 10
11 12 13 14 15
16 17 18 19 20
21 22
강의로 복습하는 기출회독 시리즈
Keyword 055


## 1. 평가조사의 개요

### (1) 평가조사의 의미

- 프로그램 평가조사(program evaluation research)는 프로그램의 효과성, 효율성, 적절성, 만족도 등을 체계적으로 분석하여 결정권자로 하여금 합리적인 결정을 내릴 수 있도록 정보를 산출하는 사회적 과정이다.
- 평가조사의 대상은 프로그램의 효과성, 프로그램의 운영과정, 프로그램의 효율성, 프로그램의 내용, 프로그램 운영자의 전문성 등이다.

### (2) 평가조사의 목적

#### ① 프로그램 과정상 환류(feedback)적 목적

평가결과의 환류를 통해 프로그램의 성공 여부와 프로그램을 중단할 것인지, 축소 또는 확대할 것인지에 대한 합리적인 판단의 근거가 된다.

#### ② 기관운영의 책임성을 이행

예산을 포함, 인적 · 물적 자원의 사용과 기관의 목적을 얼마나 달성하였는지 등에 대한 효율성과 효과성을 평가하여 책임성 이행의 근거를 마련한다.

#### ③ 이론 형성

프로그램 실시 전후의 차이를 측정하여 프로그램의 실시가 어떤 영향을 미쳤는지 평가함으로써 인과관계를 검증하여 이론화할 수 있다.

#### ④ 프로그램 진행과정의 개선

형성평가는 프로그램 진행과정을 평가하여 프로그램의 저해요인을 개선시키고 환류하여 보다 나은 프로그램이 될 수 있는 근거를 제공한다.

**⑤ 설계적 목적**

새로운 프로그램 개발을 검토하기 위해 평가를 실시한다.

**⑥ 합리적인 자원배분**

프로그램 평가 결과에 따라 효과적인 프로그램과 단기적인 효과만이 존재하는 프로그램을 선별하여 차등적인 자원할당이 이뤄져야 한다.

**⑦ 서비스 전달체계의 개선**

서비스가 전달되는 과정을 평가하여 서비스가 지체되거나 클라이언트의 접근성이 어렵거나 본래 목적과 다르게 진행될 경우 시정하여 서비스 전달이 원활하게 이뤄지도록 한다.

### (3) 프로그램 평가조사의 중요성

**① 사회복지 분야의 책임성 요구**

사회복지 분야에 투입된 공적자원과 민간자원의 투명성과 서비스의 효과성, 효율성 등에 대한 책임성이 지속적으로 요구되고 있다.

**② 사회복지 기관의 정체성**

사회복지 기관들이 자신이 수행하는 프로그램이 기관의 목적에 얼마나 적합한지를 객관적으로 평가하고, 정체성을 확립하는 데 기여할 수 있다.

**③ 내부적으로 효과적이고 효율적인 기관 운영**

프로그램을 수행하는 데 사용되는 인적 자원과 물적 자원을 보다 효과적이고 효율적으로 사용하는 데 중요한 역할을 한다.

**④ 전문성 형성**

프로그램들이 복잡 다양한 사회적 욕구와 문제를 체계적이고 통합적으로 충족시키고 있는지를 평가함으로써 전문성 형성에 기여할 수 있다.

**⑤ 수혜자 중심적 프로그램 운영**

프로그램의 내용이나 운영이 수혜자 욕구에 적극 부응하여 수혜자에게 편의를 제공하고 있는지를 평가하여 수혜자 중심적인 운영을 꾀할 수 있다.

⑥ **운영방향의 일관성**

프로그램의 평가지표가 미리 제시되는 경우, 기관 운영자는 평가지표에 따라 일정한 방향으로 프로그램을 운영할 수 있다.

⑦ **객관적 이론의 정립**

객관적인 이론을 정립하는 데 있어서 평가의 자료가 논리적인 이론 형성에 기여하게 된다.

중요도 ★

평가조사의 다양한 유형에 따른 특징을 이해할 필요가 있다. 주로 제시된 사례에 적합한 평가유형을 고르는 형태의 문제가 꾸준히 출제되고 있으므로 각 유형을 비교해보는 연습이 필요할 것이다. 특히, 효과성 평가와 효율성 평가의 개념은 많이 헷갈리는 내용이기 때문에 명확하게 개념을 정리해야 한다.

## 2. 평가조사의 종류

### (1) 목적에 따른 분류 꼭!

① **형성평가**(formative evaluation)

- 프로그램 운영 도중에 프로그램의 개선과 발전을 위해 이뤄지는 평가이다.
- 프로그램의 형성에 초점을 둔 평가이다.
- 서비스 전달체계 향상 및 서비스의 효율성 증진을 도모한다.

② **총괄평가**(summative evaluation)

- 프로그램 종료 후에 실시한다.
- 프로그램의 지속, 중단, 확대 등에 관한 총괄적인 의사결정을 해야 할 때 실시한다.
- 여러 개의 대안적인 프로그램들 중 어느 것을 선택해야 하는지 결정해야 할 때 실시한다.

③ **통합평가**

- 형성평가와 총괄평가를 합쳐 놓은 평가이다.
- 총괄평가적 접근으로 평가를 한 후 과정 평가적 접근을 통해 평가한다.

### (2) 평가대상에 따른 분류

① **프로그램 평가**(program evaluation)

프로그램의 효과성, 효율성, 영향, 질, 클라이언트 만족도 등에 관심을 두고 평가가 이뤄진다.

② **기관평가**(agency evaluation)

- 기관의 프로그램을 평가하고 서비스 전달의 진행상황을 확인한다.
- 기관평가에는 프로그램 평가가 포함되지만, 그 외에도 조직 및 시설관리, 재정관리, 인력관리, 지역사회관계 등의 영역이 포함된다.

### (3) 평가규범에 따른 분류 ★꼭!

① **효과성(effectiveness) 평가**

프로그램의 목적달성 정도를 평가한다.

② **효율성(efficiency) 평가**

투입과 산출을 비교 평가, 즉 비용최소화와 산출극대화를 평가한다.

③ **공평성(equity) 평가**

프로그램의 효과와 비용이 사회집단 간에 공평하게 배분되었는지 평가한다.

### (4) 평가범위에 따른 분류

① **단일평가:** 아래 사항을 각각 분리하여 어느 하나에 대해 행하는 평가이다.

- 표적문제의 개념화 및 개입의 설계와 관련된 평가
- 프로그램 집행의 평가
- 프로그램 효용성에 대한 평가

② **포괄평가:** 아래 사항의 모두를 행하는 평가이다.

- 표적문제의 개념화 및 개입의 설계와 관련된 평가
- 프로그램 집행의 평가
- 프로그램 효용성에 대한 평가

### (5) 평가시점에 따른 분류

① **사전평가**

프로그램이 시작되기 이전에 행하는 평가로 적극적 평가라고 한다.

② **사후평가**

프로그램이 종료된 후에 행하는 평가로 소극적 평가라고 한다.

### (6) 평가 주체에 따른 분류

**① 자체평가**(self evaluation)

- 프로그램 담당자 스스로 행하는 평가이다.
- 많은 정보를 얻을 수 있고 비용이 절약되며, 장기적인 평가가 가능하다.
- 공정성 확보에 문제가 있을 수 있다.

**② 내부평가**(in-house evaluation)

- 프로그램을 직접 담당하지 않는 기관 내부자에 의해 이뤄지는 평가이다.
- 프로그램 관련 정보 및 관계자와 자주 접촉할 수 있다.
- 프로그램 운영자들로부터 많은 협조와 도움이 될 만한 정보를 제공받을 수 있다.
- 외부평가에 비해 객관적이지 못하거나 독립적이지 못할 수 있다.

**③ 외부평가/고문평가**(consultant evaluation)

프로그램을 담당하는 기관의 외부자에 의해 이뤄지는 평가이다.

### (7) 메타평가(meta-evaluation)

- 평가를 잘 했는지에 대한 평가, 즉 평가에 대한 평가이다.
- 평가계획서나 평가결과를 다른 평가자에 의해 점검받는 것이다.
- 평가의 신뢰도, 타당도, 유용도, 평가의 방식, 보고의 문제, 적정성, 평가 비용 등을 평가한다.

### (8) 적합성 평가(appropriateness evaluation)

- 개별 프로그램의 평가가 이루어지기 전에 그 프로그램의 가치를 따져 보는 데 의미를 두는 평가이다. 즉 효과성 평가와 효율성 평가가 진행되기 이전에 그 평가들이 추구하는 목표가 사회적 가치나 사회정책적 입장에서 바람직한지에 관한 여부를 검토하는 평가이다.
- '적합성'이란 프로그램이 추구하는 수단이나 전략보다 프로그램이 추구하는 목표가 궁극적으로 사회적 가치에 부합하는지를 가리키는 개념이다.

## 3. 평가조사의 절차와 내용

### 1) 평가조사의 절차[25)]

- 평가목적 및 대상 결정
- 프로그램 책임자 및 담당자의 이해와 협조 요청
- 프로그램의 목표 확인
- 조사대상의 변수 선정
- 이용가능한 자료 및 측정도구 결정
- 새로운 측정도구 개발
- 적절한 조사설계 형태의 선정
- 조사의 수행
- 결과의 분석 및 해석
- 결과보고 및 환류(feedback)

### 2) 프로그램 평가조사의 내용

프로그램은 평가성 검증, 성과평가, 효율성평가, 과정평가, 투입요소평가, 노력평가, 소비자 만족도 조사 등 다양한 유형과 내용으로 평가될 수 있다.[26)] 다음에서 프로그램 평가조사에 필요한 기준과 기법을 살펴보자.

#### (1) 프로그램 평가의 기준

**① 합법성(legitimacy)**

사회복지 프로그램이 관련 법률과 운영규칙 등에 얼마나 적합하게 운영이 되는가에 따른 평가이다.

**② 노력성(effort)**

다양한 프로그램과 관련된 사람들이 프로그램을 위해 얼마나 노력하고 일하고 있는지에 따른 평가이다(활동시간, 활동내역, 프로그램 장비, 서비스를 이용한 클라이언트 수 등).

**③ 효과성(effectiveness)**

목적달성 정도를 나타내는 평가기준으로서 프로그램의 성공 여부로 나타난다.

④ **효율성**(efficiency)

투입과 산출의 비율로서, 최소한의 비용으로 최대한의 산출을 얻는 것을 의미한다.

⑤ **적절성**(adequacy)

프로그램의 실현가능성을 의미한다. 즉, 현실적으로 적합한 양과 질의 범위 내에서 프로그램이 계획되고 운영되는가를 기준으로 평가한다.

⑥ **접근가능성**(accessibility)

모든 사람들이 시간적 · 공간적 · 비용적 · 심리적 · 지리적으로 손쉽게 서비스를 이용할 수 있는가에 의해 평가된다.

⑦ **만족성**(satisfaction)

프로그램을 이용한 사람들의 만족도와 문제해결 정도에 대한 평가인데 매우 주관적일 수 있다.

⑧ **지속성**(continuity)

클라이언트가 중단이나 누락없이 서비스를 지속적으로 제공받을 수 있는 정도에 따라 평가가 이뤄진다.

⑨ **적합성**(fitness)

프로그램이 서로 다른 클라이언트의 욕구에 적합한가에 따라 평가가 이뤄진다.

⑩ **포괄성**(comprehensiveness)

다양한 욕구를 충족하기 위해 다양한 서비스가 제공되고 있는가에 대한 평가이다.

⑪ **통합성**(integration)

상호연관된 서비스가 분절적이지 않고, 유기적이고 통합적으로 제공되고 있는지에 따른 평가이다.

⑫ **형평성**(equity)

서로 다른 처지에 있는 사람들을 다르게 대우하는 수직적 형평성, 같은 처지에 있는 사람을 똑같이 대우하는 수평적 형평성이 있다.

### (2) 프로그램 평가조사의 기법

#### ① 모니터링 기법

프로그램의 운영을 직접 평가하기 위하여 사용하는 방법으로 첫째, 프로그램을 위해 사용된 자원할당, 수혜과정의 일관성, 신빙성, 정확성 등을 검토하는 책임성 감사 둘째, 프로그램을 수행하는 사회복지사나 지도감독자들이 실제 수행한 업무실적을 검토하는 행정감사 셋째, 프로그램 활동에 투입된 전체 시간과 프로그램 목표달성과 직접 관련된 활동시간을 비교 검토하는 시간-활동조사가 있다.

#### ② 사회조사기법

첫째, 실험은 프로그램 활동과 프로그램 목표달성 간에 관련된 인과관계의 존재 여부를 증명하고자 하는 것이다. 둘째, 서베이조사는 표적집단에 표본을 선정하고 표본에 대한 자료를 수집하고 분석하여 프로그램을 평가한다. 셋째, 사례연구는 참여관찰, 면접, 내용분석법 등과 같은 자료수집방법을 통해 프로그램을 평가하는 방법이다.

#### ③ 비용분석기법

첫째, 비용회계는 프로그램 비용을 프로그램 산출(상담횟수, 입양아동의 수, 서비스 이용횟수 등)과 관련시킨 평가이다. 둘째, 비용편익분석은 비용과 프로그램 활동의 결과를 금전적인 단위로 관련시키는 방법으로 평가목적은 비용과 목표달성의 관계를 확인하는 것이다. 셋째, 비용효과분석은 프로그램 비용과 결과를 관련시키는 방법이다.

### (3) 프로그램 효과성 평가 ★꼭!

효과성은 프로그램이 목표했던 바를 성취하는 정도와 관련이 있다. 만일, 목표가 성취되었다면 그것이 프로그램으로 인한 것인지를 확인하는 것이 효과성에 대한 평가이다. 사회복지 조직과 프로그램은 다양한 목표 중 대사회적인 목표성취 여부에 보다 관심을 가져야 한다.[27)]

#### ① 측정대상

- 효과측정의 대상은 서비스를 제공받은 클라이언트의 욕구상태와 행동의 변화이며, 서비스 전달체계상의 변화도 포함이 된다. 면접이나 관찰, 설문조사 등을 이용해서 클라이언트의 욕구상태와 행동변화 정도를 측정할 수 있다.
- 프로그램이 진행되는 동안 서비스에 대한 접근성, 프로그램의 안정성, 지

속성, 클라이언트와 운영자 간의 의사소통과 책임감 등을 조사하여 서비스 전달체계상의 효과를 측정할 수 있다.

**② 효과측정 관련 자료 원천**

- 클라이언트: 프로그램 목표가 클라이언트의 문제와 행동의 변화이므로 평가자료의 가장 중요한 원천이 된다. 면접이나 설문지 등을 통해 자료를 수집할 수 있으나, 응답내용의 신뢰성과 타당성의 확보를 위한 노력이 뒤따라야 한다.
- 프로그램 담당자: 프로그램 운영에 직접 개입한 사람으로서 전문적이고 신뢰할 수 있는 자료가 된다. 사례기록, 평가지표 등이 중요한 원천이 된다. 그러나 특정 전문분야에 한정된 편협한 내용이 될 수 있어 전반적인 평가를 하는데 부족할 수 있다.
- 클라이언트의 주변인물들: 프로그램 진행과정에 직접 참여하지 않으므로 이들은 객관적인 정보를 제공할 수 있다.
- 이차적 자료: 기타 클라이언트와 관련된 지역사회 네트워크, 즉 학교생활기록부, 사건조서, 상담일지, 진료기록 등의 이차적인 자료들도 원천이 될 수 있다.

**③ 평가조사와 프로그램 오류**

평가조사 결과 프로그램의 효과성이 나타나지 않을 수 있는데, 이는 이론적 오류이거나 실행적 오류 때문이다. 평가조사는 프로그램의 오류가 무엇인지를 조사함으로써 프로그램 수정이나 개선을 위한 합리적 근거가 된다는 점에서 의의가 있다.

- 이론적 오류: 프로그램 개입이 매개변수들의 변화는 초래하였지만, 개입목표의 성과지표는 변화하지 않는 경우를 말한다. 이론적 오류는 매개변수들 사이의 상호작용을 명확히 이해하지 못했기 때문에 발생하는 것으로, 이런 경우 다른 매개변수들을 고려하여 개입이론을 수정해야 한다.
- 실행오류: 매개변수조차 변하지 않았다면, 이는 실행오류일 가능성이 크다. 즉, 프로그램의 성과가 발견되지 않은 것은 매개변수가 변하지 않았기 때문으로 보는 것이다. 실행오류를 설명하는 평가조사는 의도했던 매개 변수에 변화가 발생하지 않았는지를 위주로 파악한다.

**④ 성과변수와 기준**[28]

- 성과변수 혹은 성과지표란 프로그램 실행의 결과를 어떤 형태로든 측정할 수 있는 형태로 표현한 것으로, 프로그램의 효과성 평가는 이러한 성과변

수들을 프로그램의 예상목표 혹은 기대치와 비교하여 평가한다.

예 프로그램 참여자들의 지식이나 능력의 변화, 신체적 · 정신적 건강상태의 변화, 실업률, 사망률 등 지역사회 지표의 변화, 관찰이나 서비스 기관의 기록, 욕구조사 등

- 성과변수의 비교기준으로는 절대적 목표기준과 상대적 비교기준이 있다.
  - 절대적 목표기준: 프로그램의 성과목표를 사전에 정해두고, 이의 달성 여부를 평가의 기준으로 하는 것이다. 이를 효과적으로 사용하기 위해서는 성과변수를 정교하게 규정해두고, 계량화하는 것이 중요하다. 일단 정교화, 양화되면 평가를 손쉽게 할 수 있다는 장점이 있지만, 평가의 초점을 제한하여 실행과정의 예기치 못한 결과들에 대해서는 평가할 수 없다는 단점이 있다.
  - 상대적 비교기준: 평가기준을 유사한 활동을 수행하는 다른 프로그램들과 비교하여 상대적인 개념으로 제시하는 것으로, 평가의 유연성을 제공할 수 있다는 장점이 있으나 성과지표의 엄격성이 떨어진다는 단점이 있다.

### (4) 프로그램 효율성 평가 꼭!

효과성 평가가 프로그램의 목표달성의 정도를 알고자 하는 것이라면, 효율성 평가는 그러한 목표달성을 위해 얼마만큼의 자원을 사용했는가를 평가하고자 하는 것이다. 프로그램의 수행으로 인한 편익이 그 비용을 정당화할 수 있는지, 더 적은 비용으로 같은 결과를 얻을 수 있는 방법이 있었는지 등에 대해 그 대답을 얻고자 하는 것이다.[29] 일반적으로 효율성은 투입(input), 산출(output)로 분석된다.

#### ① 비용-편익분석(cost-benefit analysis)

- 프로그램에 드는 비용과 성과 모두를 화폐적 단위로 나타내어 '프로그램으로 인한 비용-편익'의 산술적 비율을 구해내고자 하는 분석방법이다.
- 장점: 모든 비용과 편익을 화폐로 환산함으로써 서로 다른 목표를 갖는 프로그램까지도 비교할 수 있다.
- 단점: 사회복지 프로그램으로 인한 편익을 화폐로 환산하기가 어렵다는 점에서 한계가 있다.

#### ② 비용-효과분석(cost-effectiveness analysis)

- 단지 비용 측면만을 금전적 가치로 분석하고 편익(성과)에 대해서는 화폐단위 환산을 하지 않는 분석방법이다.
- 동일한 목표를 가진 프로그램들을 각각의 소요 비용들로 비교하여, 최소 비용으로 최대 효과를 내는 프로그램이 가장 효율적이라고 판단한다.
- 비용-성과분석(cost-outcome analysis)이라고도 불린다.[30]

13장

# 13장 질적 연구방법론

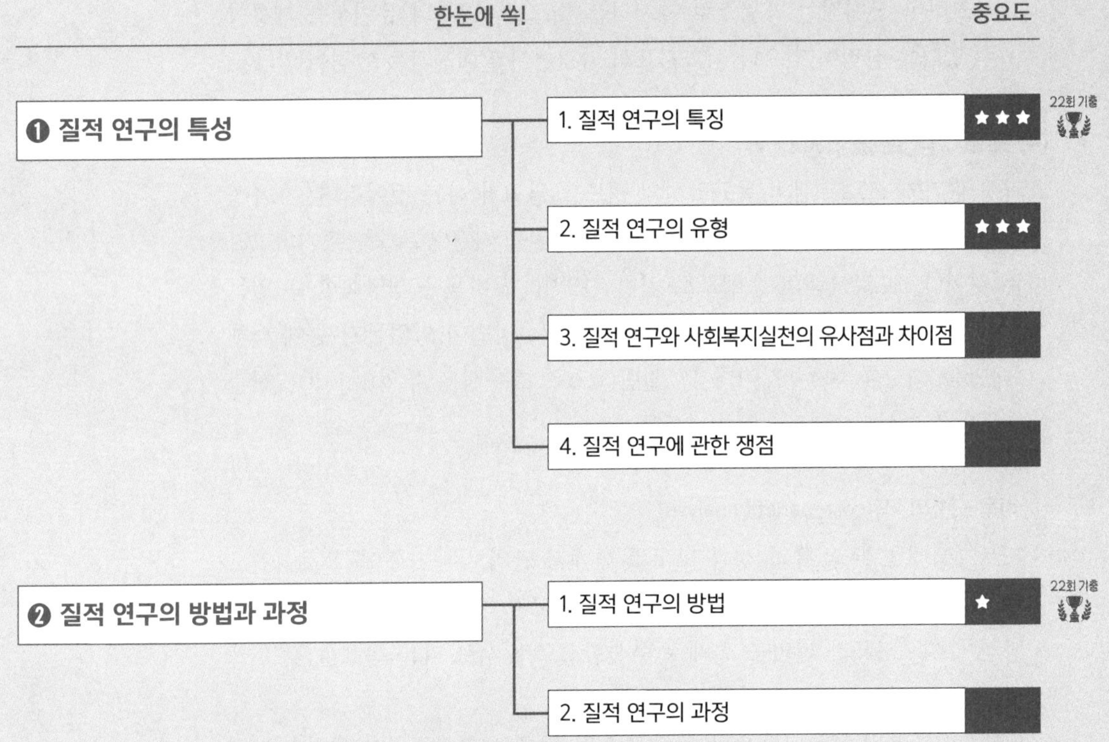
한눈에 쏙!
중요도
❶ 질적 연구의 특성
1. 질적 연구의 특징
★★★
22회 기출
2. 질적 연구의 유형
★★★
3. 질적 연구와 사회복지실천의 유사점과 차이점
4. 질적 연구에 관한 쟁점
❷ 질적 연구의 방법과 과정
1. 질적 연구의 방법
★
22회 기출
2. 질적 연구의 과정

# 기출경향 살펴보기

## 이 장의 기출 포인트

최근 시험에서 매회 2~3문제가 꾸준히 출제되고 있다. 양적 연구방법과의 비교, 질적 연구에 관한 쟁점, 질적 연구의 조사도구 등 질적 연구와 관련된 전반적인 내용들이 출제되고 있다. 최근 시험에서는 질적 연구의 다양한 유형(근거이론, 문화기술지, 현상학, 참여행동연구 등), 근거이론의 코딩 방법, 참여관찰자의 유형, 혼합연구방법론, 질적 연구의 엄격성 검증 등 난이도가 높고 정교해진 문제도 출제되고 있다.

## 최근 5개년 출제 분포도

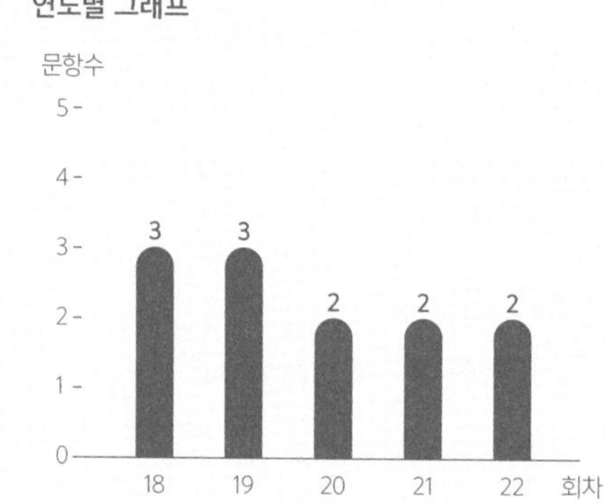


평균출제문항수

**2.4** 문항

## 2단계 학습전략

데이터의 힘을 믿으세요!
강의로 복습하는 **기출회독 시리즈**

3회독 복습과정을 통해
최신 기출경향 파악

## 최근 10개년 핵심 키워드

| | | |
|---|---|---|
| 기출회독 **056** | 질적 연구의 특성 | 11문항 |
| 기출회독 **057** | 질적 연구의 유형과 방법 | 11문항 |

기본개념 완성을 위한 **학습자료 제공**

기본개념 강의, 기본쌓기 문제, O X 퀴즈, 기출문제, 정오표, 묻고답하기, 지식창고, 보충자료 등을 **아임패스**를 통해 만나실 수 있습니다.

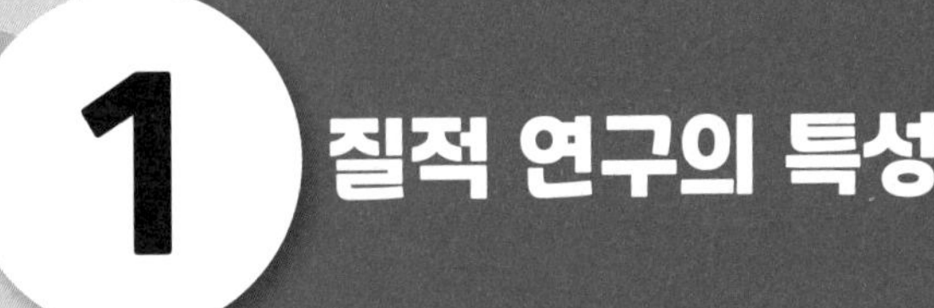

# 1 질적 연구의 특성

| 기출회차 | | | | |
|---|---|---|---|---|
| 1 | 2 | 3 | 4 | 5 |
| 6 | 7 | 8 | 9 | 10 |
| 11 | 12 | 13 | 14 | 15 |
| 16 | 17 | 18 | 19 | 20 |
| 21 | 22 | | | |

강의로 복습하는 기출회독 시리즈

Keyword 056, 057

중요도 ★★★

질적 연구방법의 특징에 관해서는 양적 연구방법과의 차이점을 묻는 문제, 질적 연구방법과 양적 연구방법을 통합하는 혼합연구방법에 대한 문제, 질적 연구의 조사도구에 대한 문제 등이 출제되었다. 최근에는 사례를 제시하고 이에 해당하는 연구방법의 특징을 묻는 문제도 출제되었다. 22회 시험에서는 질적 연구의 전반적인 특징을 묻는 문제가 출제되었다.

## 1. 질적 연구의 특징 (22회 기출)

- 귀납적 방법을 주로 활용한다. 하지만, 연역적 방법을 배제하는 것은 아니다.
- 질적 연구는 과정에 보다 많은 관심을 둔다. 양적 연구에 비해 연구과정이 덜 구조화되어 있다. 이런 점에서 양적 연구에 비해 자료수집 및 분석과정이 유연하고 융통성이 있다.
- 연구자 자신을 자료수집의 중요한 도구로 활용한다. 연구자의 관찰과 통찰 등을 통해 자료를 수집하고 분석한다.
- 질적 연구는 주로 기술적이고 탐색적인 연구에 활용된다.
- 조사대상자의 삶의 현장에서 이루어지는 구체적인 일상의 삶에 대한 심층적인 이해와 파악을 추구한다. 심층적이고 풍부한 사실의 발견, 상황이나 맥락을 중요시한다.
- 조사대상이 되는 표본의 수가 양적 연구에 비해 적은 편이다.
- 질적 연구는 연구 과정에서 잠정적인 가설들이 형성되는 것이 일반적이다.
- 자료수집방법에 융통성이 있고, 연구설계와 연구절차에 있어서 유연성이 있다.
- 자연스러운 상태의 생활환경이 연구의 장이 된다.
- 면접, 관찰, 문헌자료 등 다양한 형태의 폭넓은 자료를 수집하여 종합한다.
- 엄격한 인과관계를 규명하기보다는 복합적인 상호작용의 규명에 초점을 둔다.
- 상대적으로 비용이 적게 들 수 있다(하지만, 장기간에 걸친 질적 연구는 많은 시간과 비용을 필요로 한다).
- 정밀한 표본추출과 표준화된 측정에 기초한 연구보다 일반화 가능성이 적다.
- 연구대상자가 소규모일 경우가 많다.

한걸음 더

질적 연구가 적절한 사례

- 잘 알려지지 않은 주제에 대한 탐색적 접근을 하고자 하는 경우
- 자연스러운 상황에서 생생한 경험에 대한 이해와 그 의미를 분석하고자 하는 경우
- 다양한 유형의 행위, 지위나 역할과 관련된 행위, 사회적 관계, 소규모 집단, 생활양식이나 하위 문화 등의 주제를 연구하는 경우

## 2. 질적 연구의 유형

질적 연구의 유형에 관한 문제가 지속적으로 출제되고 있다. 특히, 근거이론에 관한 내용이 가장 많이 다뤄지고 있는데, 근거이론의 자료분석방법(코딩)에 관한 문제는 최근 시험에서 단독 문제로 3회(16회, 19회, 20회)나 출제되었다.

### (1) 근거이론(현실기반이론) 꼭!

- 귀납적인 과정을 거쳐 현실적인 자료에 근거하여 개발된 이론으로서 현실기반이론(grounded theory) 또는 기초이론이라 한다.
- 조사과정을 통해 체계적으로 수정되고 분석된 자료를 상호 비교 검토함으로써 이론을 추출해내는 방법이다.
- 기존에 이론적 기반이 갖추어지지 않은 분야를 연구하는데 적합하다.
- 근거이론 연구에서 조사자는 미리 어떤 이론을 설정하지 않고 조사를 시작하며 자료수집과 분석 과정에서 이론을 생성하도록 한다.
- 근거이론은 질적 연구의 한 방법으로 이론적 표집을 선호한다.

이론적 표집

이론적으로 의미를 부여할 수 있는 표본을 구성하는 데 초점을 둔다. 특히 근거이론 연구에 많이 활용하는 표집방법이다. 지속적인 비교를 통해서 이론 개발에 적절하다고 판단되는 표본을 추가적으로 선택한다. 동질적 표집과 예외사례 표집을 결합시킨다.

이전에 발견된 개념과 가설을 만들어낸 사례들과 유사한 새로운 사례를 뽑아내는 것으로 시작한다. 이 유사한 사례를 관찰해 더 이상 새로운 통찰력을 얻지 못한다고 생각되면 다른 유형의 사례를 선정하고, 다른 유형의 사례를 관찰해 더 이상 어떤 새로운 통찰력도 얻지 못할 때까지 이 같은 과정을 반복한다.

보충자료

질적 연구의 유형

- 일반적으로 양적 접근에서는 조사자의 관점을 엄격한 구조 틀로서 배제하려고 하지만, 질적 접근에서는 오히려 조사자의 관점을 조사연구의 중요한 요소로 포함시킨다.
- 연구자의 이론적 민감성을 중요시한다. 여기서 이론적 민감성이란 연구자가 자료로부터 얼마나 중요한 정보를 수집하고 규명할 수 있는지에 대한 연구자의 자질이라고 할 수 있다. 이는 연구자의 민감하고 통찰력 있는 시각

을 요구하며, 자료의 의미 있는 분석을 가능하게 한다.

- 근거이론은 자료에 기반을 두고 사람, 사건, 현상에 대한 이론을 발전시키는 데 목적을 둔다. 즉, 이론에서 가설을 도출하고 자료를 수집하여 그것을 검증하는 단계를 거치는 양적 접근과는 달리 근거이론 접근에서는 자료에서 이론을 도출하는 데에 주된 관심을 둔다.
- 근거이론의 조사방법은 실제 삶의 현장에서 심도 있는 자료를 수집하기 위해 면접조사나 관찰과 같은 기법을 중요시한다. 또한, 산만하게 흩어져 있는 자료를 체계화시키는 작업 자체가 일종의 설명이 되고, 그에 의해 잠정적인 개념이나 범주 체계 혹은 이론이 드러나게 된다.
- 근거이론에서는 조사연구 상황에서 조사자와 조사대상자 간 상호작용이 필연적으로 서로에게 영향을 줄 수밖에 없음을 인식한다. 따라서 조사자는 관찰의 상호작용 과정에서 일어나는 변화 자체가 중요한 자료라는 것을 인식하고, 자신의 생각과 성찰을 사용해서 이를 수집하고 분석의 대상으로 삼는다.
- 경험적인 세계의 관찰에 근거하여 만들어진 이론으로, 현실기반이론은 기본적으로 다른 질적 연구조사자가 사용하는 것과 같은 현장관찰방법을 사용한다. 이는 참여관찰이나 개방형 면접과 같은 것이다.

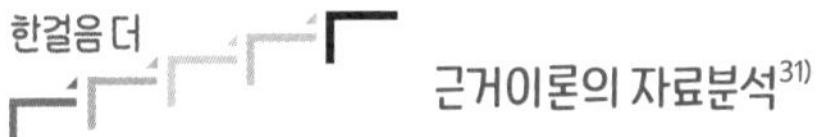


근거이론의 자료분석[31]

**1. 개방코딩**

자료를 통해 현상에 이름을 붙이고 개념을 도출하고 범주화하는 단계이다. 연구자는 정보를 구분함으로써 연구하고자 하는 현상에 대한 정보의 초기 범주들을 형성한다. 연구자는 각각의 범주 내에서 몇 가지의 속성 혹은 하위 범주를 찾아내고, 차원화하기 위한 자료들을 찾거나 속성의 연속성 위에 있는 극단적인 가능성들을 보여준다. 즉, 개방코딩의 단계는 확보된 자료를 전사한 후, 각 의미 단위마다 속성과 차원에 따라 '명명'하는 과정이다.

**2. 축코딩**

개방코딩을 통하여 도출된 각 범주와 하위 범주들 간의 관계를 연결시키고, 범주를 속성과 차원의 수준으로 계속 발전시키며, 범주의 관련성을 패러다임 모형으로 파악하는 것이다. 이 과정은 코딩 패러다임 혹은 논리적 다이어그램을 사용해서 제시되는데, 연구자는 중심현상, 인과적 조건, 상호작용 전략을 확인 · 구체화하고, 맥락적 조건, 중재적 조건을 확인하며 이 현상의 결과를 묘사한다.

**3. 선택코딩**

코딩의 마지막 단계로서 모든 범주의 유형을 통합시키고 정교화하여 이후 새로운 이론을 생성하고, 이를 도식화하기 위한 과정이다. 이 과정을 통해 결정된 핵심범주와 모든 개념 간의 관계를 통합적으로 설명할 수 있는 전형적인 이야기를 서술하고 그에 대한 포괄적인 개념을 찾는다.

### (2) 민속지학(문화기술지) 꼭!

- 어떤 문화 속에서 생활하는 사람들의 관점에서 문화를 연구하는 것을 민속지학적 연구조사(ethnographic research) 또는 민속지학(ethnography)이라고도 부른다. 예를 들어, 아동복지시설의 문화를 그 기관의 생활지도교사나 시설아동의 관점에서 연구한다든지, 또는 장애인근로자들의 노동문화를 장애인이면서 근로자의 관점에서 연구하는 것이다.
- 연구자가 오랜 기간 대상자와 함께 생활하면서 관찰대상자의 관점에서 특정 집단의 문화를 이해하는 방법이며 자료수집과정에서 일어나는 연구자와 연구대상자 간의 상호작용과 이것이 미치는 영향에 관심을 둔다.

### (3) 현상학 꼭!

- 현상학은 사물이나 현상의 본질을 탐구한다기보다는 사물이나 현상에 대한 경험의 본질을 탐구하는 것이다. 즉, 현상학적 연구에서는 어떤 경험이 그 경험을 한 사람에게 주는 의미가 무엇인지를 탐구한다. 예를 들어 사회현상의 원리를 이해함에 있어서 실제 그 사회현상을 경험한 사람들의 '경험'이 드러내는 '본질'을 이해함으로써 사회현상의 원리를 이해하고자 하는 방식이다.
- 현상학에는 몇 가지 세부적인 형태가 있다.
  - 첫째, 자기발견적 탐구(heuristic inquiry)이다. 자기발견적 탐구에서 연구조사자는 공평한 관찰자가 되도록 노력하고, 실제로 연구하고 있는 현상을 직접 경험하며, 그 현상을 경험하면서 갖고 있는 자신의 생각과 감정을 조사하기 위해 자기성찰(introspection)을 행한다.
  - 둘째, 해석학(hermeneutics)이다. 해석학은 해석의 과정을 강조한다. 해석의 과정에서 연구조사자는 매우 많은 복잡하고 구체적인 내용으로부터 일정한 유형을 찾고자 노력한다.
  - 셋째, 이해(understand)이다. 질적 탐구는 연구자가 관찰하는 사람들을 그 사람들의 관점에서 이해하려는 시도이다. 즉, 연구자가 관찰하는 대상이 그들에게 주는 특별한 의미를 이해하고자 하는 시도이며, 이는 사회복지 실천 개념인 감정이입(empathy)과 상당히 유사하다.

### (4) 참여행동연구 꼭!

- 참여행동연구(participatory action research)는 연구대상자들에게 연구의 목적과 절차에 대한 통제권이 주어진 사회조사의 한 접근방법이다.
- 참여행동연구에서 연구자의 기능은 연구대상자들(소외계층이 전형적인 예가 됨)에게 하나의 자원으로서 봉사하는 것이다. 즉, 연구대상자가 자신의

이익을 위해 효과적으로 일할 수 있는 기회를 제공하는 것이다.

- 소외계층 참여자들은 그들의 문제를 정의하고 필요한 해결책을 찾으며, 그들의 목적을 실현시키는 데 도움이 될 만한 연구가 어떻게 설계되어야 하는지를 이끌어간다.
- 참여행동연구는 연구자가 연구대상자보다 우위에 있다는 암묵적 가정에 대한 도전으로 고안되었다. 전통적인 연구는 '연구대상자(subjects)'를 연구의 '대상(objects)'으로 축소시켰다고 비판하면서, 연구자와 연구대상자의 구분을 없애고 연구 자체에 의해 영향을 받게 되는 연구대상자들이 연구설계에 대해 함께 책임 있는 존재가 되어야 한다고 주장한다.
- 연구자와 연구대상자가 함께 집합적으로 토론과 상호작용을 통해 문제를 분석해나가는 교육과정이기도 하며, 급진적인 변화와 연구대상자의 임파워먼트를 목적으로 추구하기도 한다.
- 연구는 교육과 의식의 개발, 의식을 행동으로 옮기는 수단으로 기능해야 한다고 강조한다.

### (5) 내러티브 탐구 꼭!

- 내러티브 탐구(narrative inquiry)는 개인의 인생을 탐색하는 데 초점을 두는 질적 탐구전략으로, 한 명 이상의 개인들을 면접하거나 관련 문서들을 활용하여 자료를 수집하고 개인의 인생 이야기에 대한 내러티브를 전개해간다.
- 내러티브 탐구는 사람들이 의식적으로 말하고 싶은 이야기를 다시 이야기함으로써 그들이 의식하지 못하는 더 깊은 이야기들이 있어 그 안에 살고 있음을 인식시키는 방법을 제시한다. 즉, 우리 삶에 대한 이야기를 하고(storytelling) 그것을 다시 이야기(re-storytelling)할 때 그러한 이야기 조각들이 서로 연결되어 넓은 의미에서 우리의 삶을 조망한다.

## 3. 질적 연구와 사회복지실천의 유사점과 차이점

### (1) 유사점

- 사회복지실천은 클라이언트에 대한 개별화된 사정을 중요시한다.
- 클라이언트의 삶을 관찰하고 기록하며, 귀납적이고 유연한 사고를 행한다.
- 클라이언트의 문제를 정의하고 필요한 정보를 수집하여, 그에 따라 개입방안을 결정한다.
- 클라이언트에 대한 관찰, 심층면접 등 자료수집방법 및 분석과정이 유사

하다.
• 클라이언트에 대한 공감이나 감정이입을 통해 비심판적인 환경을 조사한다.

#### (2) 차이점

• 사회복지실천은 이론과 모델에 바탕을 둔 규범적 시각을 갖지만, 질적 연구는 규범적 시각이 연구의 질을 저하한다고 생각한다.
• 사회복지실천은 클라이언트에게 서비스를 제공하는 것에 중점을 두지만, 질적 연구는 학문적 지식과 이해의 증가를 중요시한다.
• 사회복지실천가는 대상자의 문제나 감정을 관찰하지만, 질적 연구의 주요 관심사는 사건이나 경험이다.
• 사회복지실천가는 클라이언트의 변화 정도에 따라 종결하지만, 질적 연구는 연구자의 자료수집이 충분하다고 생각할 때 종결한다.
• 사회복지실천가의 성공은 클라이언트의 변화에 대한 확인이지만, 질적 연구는 학문적으로 검증된 연구이다.

## 4. 질적 연구에 관한 쟁점

#### (1) 질적 연구와 양적 연구의 병행에 관한 쟁점

양자를 동시에 사용하는 것이 바람직하다는 의견이 있지만 실질적으로 두 접근은 각기 서로 다른 가정에 근거를 두고 있기 때문에 동시에 사용하는 것은 어렵다. 양자를 상호보완적으로 사용하여 질적 연구의 단점인 객관성을 보완할 수 있다는 의견이 있다.

#### (2) 질적 연구의 과학성에 관한 쟁점

과학적이라고 반드시 연역적이고 가설검증적인 연구만 의미하는 것은 아니다. 질적 연구에 있어서 과학적인 연구란, 엄격하고 체계적인 경험적 탐구를 의미하며 현실기반이론을 추구하는 것이다.

#### (3) 질적 연구의 일반화 가능성에 관한 쟁점

질적 연구는 연구결과를 일반적으로 적용하기보다는 그 연구결과가 다른 상황과 대상에 어느 정도 일반화될 수 있는지에 초점을 둔다.

#### (4) 질적 연구에서 연구자의 주관성 배제에 관한 쟁점

질적 연구의 목적은 주관적인 것을 객관적으로 연구하는 것이다. 따라서, 연구자의 편견적 태도가 종종 연구에 반영될 수 있다. 질적 연구자는 주관성에 대한 반성을 포함하는 세부적인 현장기록을 통해 편견 개입의 가능성을 줄여야 한다.

### (5) 관찰자 효과의 제거에 관한 쟁점

연구자의 존재가 연구 대상자의 행동에 변화를 일으키는 일종의 반응성이다. 질적 연구자들은 자연스럽고 비강요적이며, 비심판적인 태도로 대상자와 상호작용을 하고자 노력하지만 영향력을 모두 제거할 수는 없기 때문에 순수하게 '자연 상태로의 연구'란 사실상 어렵다.

### (6) 질적 연구의 신뢰성 확보에 관한 쟁점

양적 연구자들이 주장하는 동일한 조건 아래서 서로 다른 연구자의 연구에 의해 동일한 결과가 도출될 수 있는가에 대한 신뢰성 쟁점이다. 질적 연구자들이 주장하는 신뢰성은 양적 연구자들이 주장하는 관찰결과의 일관성이 아니라 연구자가 기록하는 내용과 실제로 일어나는 상황 간에 일치되는 정도, 즉 자료의 정확성과 포괄성을 신뢰성으로 간주한다.

질적 연구의 검증

보충자료

질적 연구의 검증

**1. 질적 연구의 엄격성**

- 연구자와 연구대상자 간의 장기간에 걸친 관계형성은 연구대상자의 반응성과 연구자의 편견을 줄이는 데 도움이 될 수도 있다. 하지만, 연구자의 지나친 몰입으로 인해 관찰과 해석에 있어서 문제가 생길 수도 있다.
- 다른 동료연구자들의 점검을 통해 자료수집과 해석에 있어서 편견이나 문제점을 점검한다.
- 연구자가 연구대상자에게 관찰결과와 해석의 정확성에 대해 확인할 수 있도록 한다.
- 연구자의 해석에 적합하지 않은 예외사례를 충분히 찾아보도록 한다.
- 연구자뿐만 아니라 다른 사람들이 연구결과를 살펴볼 수 있도록 자료수집 및 분석의 과정을 모두 기록하고 공개한다.

**2. 다원측정/삼각측정/다원화/다각화(triangulation)**

- 질적 연구의 신뢰도와 타당도를 확보하기 위한 전략 중에 하나이다. 측정오류를 최소화하고 조사자나 조사대상자의 편견과 오류를 수정, 완화하고 자료수집의 객관성을 높이기 위한 방법이다. 마치 사건을 취재하는 기자가 자신이 얻은 정보나 사건에 대한 문제의식의 사실 여부와 타당성을 확인하기 위해 다양한 취재원을 통해 확인하는 것과 유사하다.
- 대표적인 유형으로 이론의 다원화(하나의 자료를 해석하기 위해 다양한 이론과 복수의 관점을 활용, 대조적인 이론적 지향을 가진 동료 연구자가 자료를 분석), 연구방법의 다원화(한 연구에서 여러 가지 연구방법을 함께 활용), 관찰자 다원화(한 연구에서 여러 명의 관찰자가 관찰), 자료의 다원화[다양한 출처의 자료(면접, 문헌자료, 관찰자료 등)를 활용], 학제 간 다원화(다른 학문영역에 있는 연구자들과 공동으로 연구)가 있다.

# 2 질적 연구의 방법과 과정

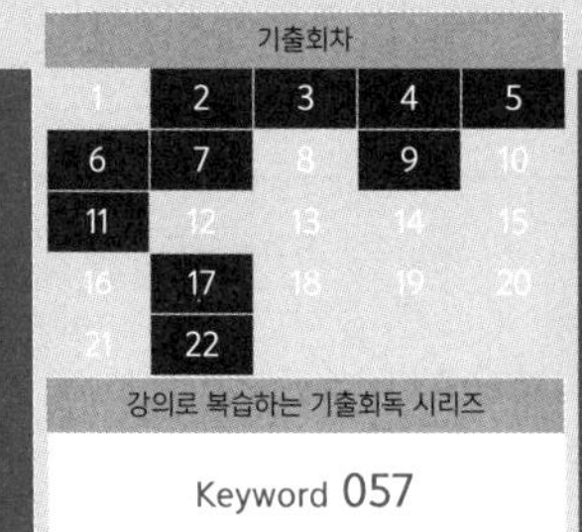

기출회차
1 2 3 4 5
6 7 8 9 10
11 12 13 14 15
16 17 18 19 20
21 22
강의로 복습하는 기출회독 시리즈
Keyword 057


## 1. 질적 연구의 방법 22회 기출

중요도 ★

최근 시험에서는 질적 연구방법의 일반적 특성 수준을 넘어서서 질적 연구방법에 해당하는 구체적인 유형들에 대해 묻는 문제들이 출제되기 시작했다. 질적 연구방법에 대한 문제는 점점 난이도가 높아지고 있는 추세이므로 전반적인 내용을 꼼꼼하게 학습할 필요가 있다. 22회 시험에서는 참여관찰자의 유형 중 완전 참여자에 관한 문제가 출제되었다.

### 1) 참여관찰

#### (1) 개념

참여관찰(participant observation)은 대상자의 활동에 참여하여 관찰하는 방법이다.

**① 장점**

- 가설을 구성하고 독립변수와 종속변수를 분리시키는 데 필요한 기본적인 정보를 결정하는 데 도움이 된다.
- 자료가 연구자에 의해 직접 구해지므로 연구대상자의 보고능력이나 의지에 방해받지 않는다.
- 어린이와 같이 언어구사력이 떨어지는 집단에 효과적이다.
- 현장에서 이뤄지므로 자료가 세밀하고 정교하다.
- 행동의 미묘한 차이를 연구하고 일정 기간의 사회과정을 조사하는 데 효과적이다.
- 조사연구설계를 수정할 수 있어서 연구에 유연성이 있다.
- 비용적인 측면에서 경제적이다. 관찰자와 기록할 수 있는 도구만으로 수행할 수 있다.

**② 단점**

- 외적 타당도가 떨어진다. 주관성이 많이 개입되고, 일반화 가능성이 낮을 수 있으므로 결론이 제한적이다.
- 관찰자의 선입견이 개입될 수 있으며, 관찰자 효과가 나타날 수 있다.
- 연구대상이 소수의 개인이나 집단 등으로 제한되며, 대규모 집단은 어렵다.
- 직접 현장에 참여하므로 시간적 · 공간적 · 물리적 제약이 따른다.

### (2) 참여관찰자의 유형

| | |
|---|---|
| 완전 참여자 (complete participant) | • 관찰자는 대상자와 자연스럽게 생활하고 상호작용한다.<br>• 연구대상자들은 완전 참여자의 신분과 목적을 모른다. |
| 관찰 참여자 (participant-as-observer) | • 연구자는 조사대상 집단의 일원으로 참여하여 활동한다.<br>• 연구대상자들에게 참여자의 신분과 목적을 알린다. |
| 참여 관찰자 (observer-as-participant) | • 연구대상자들에게 참여자의 신분과 목적을 알린다.<br>• 그러나 조사집단에 완전히 참여하지는 않는다. |
| 완전 관찰자 (complete observer) | • 완전관찰자는 사회과정의 일부가 되지 않으면서 사회과정을 관찰한다.<br>• 연구조사자가 비관여적이므로 관찰자효과를 일으킬 가능성은 적지만, 연구대상의 완전한 이해의 가능성도 낮다. |

### (3) 참여관찰의 단계

- 연구장소 선택: 연구문제의 성격에 따라 장소를 결정한다. 오랜 시간을 두고 관찰가능한 영구적이고 안정성 있는 장소를 선택한다.
- 연구대상에게 접근: 연구장소가 공개적인지, 관찰되는 것을 얼마나 꺼리는지에 따라 접근 용이성을 결정한다. 현장에 대한 사전 지식을 습득할 필요가 있다.
- 표집: 대부분의 현지관찰은 의도적 표집을 사용한다. 연구문제나 목적이 표본의 크기를 결정하는 중요한 변수가 된다.
- 자료수집: 표본을 추출하는 데 대부분 비확률 표집을 실시한다. 추출된 표본을 대상으로 자료를 수집한다.
- 철수: 연구가 비공개적일 때는 철수 자체가 대상자에게 영향을 미칠 수 있다. 몰래 관찰되었다는 사실에 격분할 수 있다.
- 자료분석 보고: 자료의 처리와 분석, 해석을 한 뒤 보고서를 작성함으로써 참여관찰을 완결한다.

### (4) 참여관찰자의 윤리적 이슈

- 나의 말과 행동이 관찰되는 것을 모를 때 대화하는 것이 윤리적인가?
- 내가 싫어하는 사람들에게 나의 목적을 위해 정보를 얻어내는 것이 윤리적인가?
- 문제가 심각하여 도움이 필요한 상황에서 직접적으로 반응하지 않는 것이 윤리적인가?

• 인간관계를 전략적으로 사용하는 것이 윤리적인가?

## 2) 심층면접

• 심층면접(intensive interview)은 응답의 이유, 의견, 가치, 동기, 경험 등 언어적인 표현뿐만 아니라 몸짓, 표정 등 비언어적 반응까지 관찰이 가능하다. 개인면접과 달리 면접시간이 많이 걸리고 내용도 깊어져 매우 상세한 정보를 얻을 수 있다.
• 심층면접은 무작위 표집방법을 사용하지 않고 표본의 수도 작기 때문에 면접의 결과를 일반화시키는 데 무리가 있고, 조사과정에서 면접원의 편견의 개입 등이 문제가 된다.
• 질적 연구에서 활동되는 면접은 개방형이며 구조화되어 있지 않은 경우가 많다.

### (1) 비공식 대화면접(informal conversation interview)

가장 개방적인 면접 형태로서, 관찰과정 중에서 면접자와 응답자 사이에 계획되지 않고 예측되지 않은 상호작용이다.

### (2) 면접지침 접근법(interview guide approach)

• 면접에 대해 미리 계획하여 개방적이지만 비공식 대화 면접보다는 더 구조화된 면접지침을 가지고 관찰하는 면접법이다. 이 방법은 사전에 계획되어 있으므로 면접자의 편견을 줄일 수 있고, 면접 후 자료의 분석이나 보고서 작성에 더 효과적이다.
• 면접지침 접근법은 고도로 구조화된 면접법의 경우, 면접이 부자연스러워지고 면접자가 예상하지 못했던 상황에 대한 질문의 준비 등 융통성이 없다는 단점과 완전히 구조화되어 있지 않은 비공식 대화면접의 단점을 보완한 형태라고 볼 수 있다.

### (3) 표준화 개방형 면접(standardized open-ended interview)

면접상의 질문을 미리 정확하게 써놓고 순서와 표현에 주의를 기울이면서 면접하는 방법이다. 면접자의 영향과 편견을 최소화 하면서 일관성을 유지하고 자원이 부족하여 응답자와 포괄적으로 면접을 추구할 시간이 없을 때 유용한 방법이다.

## 2. 질적 연구의 과정

질적 연구과정의 특징은 문제구성에서 가설검증에 이르는 단계가 한번 수행되면 다시 거슬러 올라갈 수 없는 양적 연구와는 대조적으로 언제든지 모든 단계를 다시 반복적으로 수행하게 되고(feedback), 이러한 과정을 거쳐 점점 정교한 연구과정으로 새로 태어나게 된다는 점에 있다.

### (1) 문제구성과 이론의 탐색

- 연구자가 자신이 편견을 가지고 있음을 인정하고 관찰의 시작점으로 삼는다.
- 계속적인 관찰과 그 결과의 해석을 통하여 편견을 제거해 나가는 과정이다.
- 이론에 입각한 문제 구성은 필요하지만, 가설설정은 요구되지 않는다.

### (2) 자료의 수집과 분석

#### ① 표집(연구대상 선정)

질적 연구에서 대상의 선정은 양적 연구처럼 대표성이 아니라 연구하려고 하는 문제의 특성을 가장 잘 나타내는 대상이다. 특히 질적 연구의 대상은 협조가 연구에 절대적이므로 접근가능성의 문제를 고려해야 한다.

#### ② 관찰, 정리 및 부호화

질적 연구의 자료는 연구대상의 주관적 의미를 탐구하는 과정이므로 연구자의 자료수집 기술은 자료의 신뢰성과 타당성에 영향을 미친다. 수집된 자료는 다른 자료와의 비교를 위해 정리하고 부호화하는 데 양적 연구처럼 구조화된 지침에 의할 필요는 없다.

#### ③ 목록의 부호화(부호화된 자료의 분류)

자료나 관찰의 내용이 어떤 영역에 속하는지 연구결과가 어떤 의미를 갖는지 미리 파악하기 위한 분류이다. 목록의 부호화 과정에서는 관찰대상의 연령별, 시간별, 지역별, 특성별로 분류하고 비교한다. 분류된 자료는 연구과정에서 수정될 수 있으며, 반복되고 환류되는 과정을 거친다.

#### ④ 분석적인 메모

질적 연구자는 관찰 과정에서 분석적인 메모가 필요하다. 분석적 메모는 목록의 부호화에서 이뤄진 분류에 의미를 부여하고 정보를 제공하기 때문에 중요한 역할을 한다.

#### ⑤ 질적 연구의 자료분석

질적 연구의 자료분석이란 현장에서 수집된 자료들을 토대로 체계적으로 탐구하고 정리하는 과정이다. 이 과정에서 자료단위를 세분화 또는 종합화하여 다음 단계인 보고서 등을 작성하는 토대를 마련한다.

#### ⑥ 자료분석에서 주의할 사항

- 분석적 질문을 전개하는 것이 좋다.
- 현장 기록에는 관찰자의 코멘트가 있어야 한다.
- 발견한 것에 메모를 남긴다.
- 현장에 있는 동안 문헌탐구를 시작하는 것이 좋다.
- 관찰과정에서 알게 된 사실은 누설하지 말아야 한다.

#### ⑦ 자료 분석과정에서 범하기 쉬운 오류(케인, Kahane)

- 편협성: 연구자의 주관성과 편견
- 원주민화: 연구자가 대상자와 동일시하여 정체성과 분석감 상실
- 감정적 반응: 연구조사자의 강한 개인적 감정 반응
- 성급한 결론: 자료가 적당한지 신중히 판단할 것
- 의심스러운 원인: 어떤 결과에 대한 원인을 부정확하게 판단
- 보이지 않는 증거: 언급하지 않은 관찰에 대해 무시
- 잘못된 딜레마: 그릇된 문제의 제기

### (3) 가설과 이론의 구축

현장에서 수집된 자료는 분석과정을 거쳐 자연스럽게 이론으로 통합된다. 문제의 구성에서 관찰과 분석, 추상화의 과정이 환류되고 반복되면서 자연스럽게 정교한 이론이 도출된다.

### (4) 질적 연구의 보고서 작성

양적 연구처럼 엄격한 보고서 형식이 존재하지 않지만 양적 연구의 양식처럼 문제제기, 기존 이론의 탐색, 연구방법 및 분석과 요약으로 구성된다. 하지만 양적 연구의 보고서와 차이점은 질적 연구는 자료수집과 분석이 동시에 이뤄지기 때문에 결과를 기술할 때도 동시에 자료수집이 이뤄질 수 있다. 또 분석내용도 양적 연구의 통계추론이 아니라 연구대상의 의미 구축에 대한 자료의 정리, 분류, 추상화이므로 분석적 서술을 활용한다.

# 조사계획서 및 조사보고서

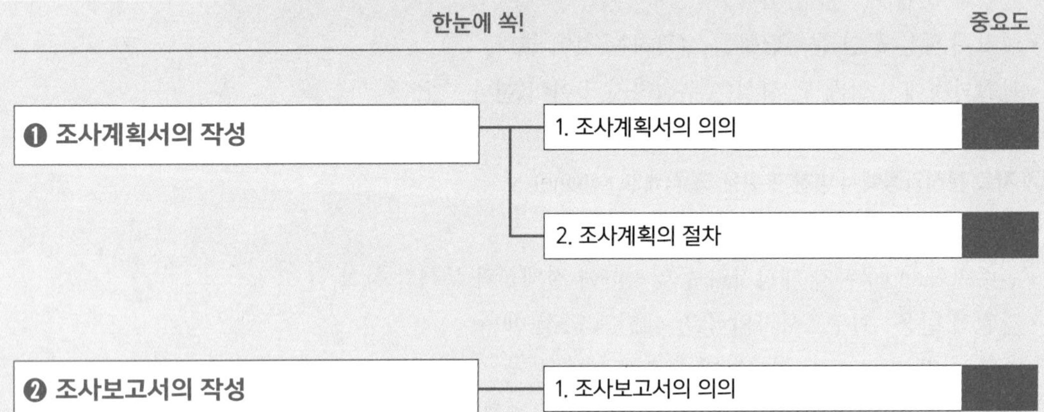

# 기출경향 살펴보기

## 이 장의 기출 포인트

6회 시험 이후 한 문제도 출제되지 않았다. 이후에도 출제될 가능성은 매우 낮아 보이므로 간략하게 정리하고 넘어가도 무방하다. 조사보고서의 작성 요령을 개략적으로 이해한 후 표제, 목차, 개요, 서론, 본문, 결론 및 제언, 참고문헌, 부록에 이르는 조사보고서의 기본 구조를 잘 정리하자.

## 최근 5개년 출제 분포도

연도별 그래프

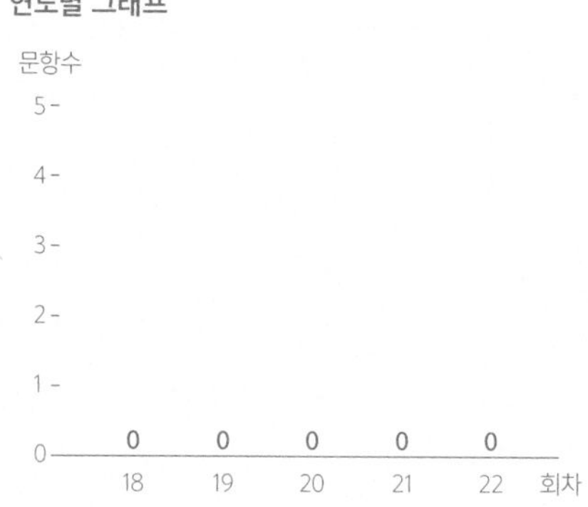


평균출제문항수

**0.0** 문항

## 2단계 학습전략

데이터의 힘을 믿으세요!
강의로 복습하는 **기출회독 시리즈**

3회독 복습과정을 통해
최신 기출경향 파악

## 최근 10개년 핵심 키워드

기본개념 완성을 위한 **학습자료 제공**

기본개념 강의, 기본쌓기 문제, O X 퀴즈, 기출문제, 정오표, 묻고답하기, 지식창고, 보충자료 등을 **아임패스**를 통해 만나실 수 있습니다.

# 1 조사계획서의 작성

| 기출회차 | | | | |
|---|---|---|---|---|
| 1 | 2 | 3 | 4 | 5 |
| 6 | 7 | 8 | 9 | 10 |
| 11 | 12 | 13 | 14 | 15 |
| 16 | 17 | 18 | 19 | 20 |
| 21 | 22 | | | |

강의로 복습하는 기출회독 시리즈

## 1. 조사계획서의 의의

조사의 목적과 내용, 대상, 자료수집방법, 조사도구, 조사일정, 비용 등을 밝힘으로써 조사감독자 등 이해관련자들이 조사의 방향을 이해하고, 조사수행에 필요한 사항이나 자원을 미리 준비하는 데 필요한 정보를 제공하는 문서이다.

- 조사설문의 내용과 조사의 중요성을 제시
- 조사담당자와 기관 및 수행활동의 소개
- 필요한 자료의 수집, 처리, 분석, 해석 방법 제시
- 조사를 통해 얻을 수 있는 이익에 대한 설명

## 2. 조사계획의 절차

### (1) 조사목적의 설정

조사를 실시하기 전에 조사의 정당성을 인식하고 조사의 목적을 설정해야 한다.

- 탐색적 목적: 특정 현상을 좀 더 이해하거나 타당성을 검토하기 위한 목적
- 기술적 목적: 상황을 기술(記述)하는 목적
- 설명적 목적(인과관계적 목적): 현상에 대한 원인과 결과를 조사하는 목적
- 설명적 목적(예측적 목적): 미래의 상태를 진술하려는 목적

### (2) 조사목표의 수립

조사목적을 수행하기 위해서는 조사목표의 수립이 필요하다. 조사목표는 조사의 주된 목표인 상위조사목표와 세부적인 하위조사목표로 나뉜다.

### (3) 조사내용의 소개

조사를 통해 얻어야 할 정보의 내용들을 규명하는 단계로서, 조사내용이 지

나치게 방대하면 시간과 비용의 낭비를 가져오고 반면 지나치게 적으면 조사문제의 해결에 필요한 해답을 충분히 구할 수 없다. 조사내용은 목적을 간단히 요약하고 세부사항들을 항목별로 자세히 설명한다.

### (4) 조사대상 선정 계획

조사대상을 모집단 전체로 할 것인지, 표본으로 할 것인지, 또 표본은 어떤 방법으로 수집할 것인지, 표본의 크기는 어떻게 할 것인지 등에 대해 결정을 해야 한다. '일반집단 → 위험집단 → 표적집단 → 클라이언트집단' 순으로 체계적으로 조사대상자를 식별할 필요도 있다.

### (5) 자료수집방법과 조사도구 계획

자료수집방법으로 우편조사, 면접조사, 전화조사, 온라인조사, 내용분석법 등 어떤 방법을 선택할 것인지 결정한다. 또 자료수집방법의 결정에 따라 설문지, 면접조사표, 관찰조사표, 온라인조사표 등 조사도구의 선택도 이뤄져야 한다. 예비조사의 여부도 결정해야 한다.

### (6) 조사담당자 내정

실제 조사의 진행을 담당할 사람이나 기관을 결정하는 것으로 직접 수행할 것인지 요원을 고용할 것인지 결정해야 하는데, 조사담당자에 대한 계획을 할 때에는 담당자의 성명, 담당 부서, 직위, 경력, 담당 역할 등에 대해 기술한다.

### (7) 분석방법 결정

실험방법, 비실험방법을 선택할 것인지의 분석방법을 결정해야 한다. 통계분석방법을 선택한다면 수집한 자료를 어느 정도 수준까지 분석할 것인지를 계획해야 한다. 표본의 특징과 분포를 파악하기 위해서는 단순통계분석을 사용하고 외생변수들의 영향을 추정하기 위해서는 추리통계분석을 행한다.

### (8) 조사보고서 작성

사회조사 결과를 서면으로 기록하여 관련 담당자에게 전달하거나 학회 등에 발표함으로써 의미를 갖게 된다.

| 기출회차 | | | | |
|---|---|---|---|---|
| 1 | **2** | 3 | 4 | **5** |
| **6** | 7 | 8 | 9 | 10 |
| 11 | 12 | 13 | 14 | 15 |
| 16 | 17 | 18 | 19 | 20 |
| 21 | 22 | | | |

강의로 복습하는 기출회독 시리즈

# 2 조사보고서의 작성

## 1. 조사보고서의 의의

### (1) 조사보고서의 의의

조사보고서는 조사목적을 달성하기 위해 조사결과, 발견한 사항들과 이로부터 추론한 내용을 조사문제, 조사대상, 조사방법, 조사절차 등과 함께 체계적으로 정리하여 행정책임자나 학계 등에 제시하는 문서이다.

### (2) 조사보고서의 유형

#### ① 탐색적 조사보고서

조사문제를 규명하거나 가설을 설립하는 데 도움을 주는 보고서로서, 향후 논리적이고 정교한 조사를 실시하도록 하기 위해 수행된 조사의 결과를 보고하는 문서이다. 보고가 탐색적 목적을 가지고 있으며, 결론은 단정적이 아니라 잠정적인 것임을 밝혀야 한다.

#### ② 기술적 조사보고서

조사문제와 관련된 사회적 현상의 특성과 변수 간의 상호관계성을 서술하기 위해서 수행된 조사의 결과보고서이다. 기술하는 내용이 모집단 전체에 관한 것인지 표본에 한정된 것인지 제시해야 한다. 변수 간의 관계를 기술함에 있어 통계적 오차의 범위에 관해서도 기술해야 한다.

#### ③ 설명적 조사보고서

변수 간의 인과관계를 밝히기 위한 조사의 결과보고서로서, 보고의 목적이 설명적인 것임을 밝혀야 하고 인과관계의 신뢰성에 대한 근거도 제시해야 한다. 또 활용한 추리통계분석 결과를 간략히 정리하고 세부적인 결과는 부록에 참고하는 것이 바람직하다.

④ **제안적 조사보고서**

자료분석결과에 따라 특정 정책이나 개입방안을 창안하여 제안하는 문서이다. 보고의 목적이 제안임을 밝혀야 하고 제안내용의 근거를 논리적으로 제시해야 한다.

### (3) 조사보고서의 작성요령

① **보고대상에 적합하도록 작성해야 한다.**

보고의 대상이 누구인지 확인하고 보고 받을 대상의 수준을 고려하여 작성해야 한다.

② **문장표현에 주의해야 한다.**

정확하고 간결하게 표현해야 하며, 시제는 기존의 연구결과를 인용할 때는 과거를, 자신의 조사결과를 언급할 경우에는 현재를 사용한다.

③ **통계자료분석 결과는 가능한 도표 등을 사용하여 제시한다.**

도표나 수표는 일정한 양식을 사용하는 것이 좋으며, 보고 대상자가 도표를 이해할 수 있도록 적절한 해석과 설명이 있어야 한다.

④ **정확성 · 명료성 · 간결성을 갖춰야 한다.**

문법적으로 정확하고 논리적으로 질서정연해야 하며, 문장배열이 간결하고 필요한 내용만 선별적으로 기록해야 한다.

### (4) 조사보고서의 기본 구조

① **표제**

표제에는 조사제목, 조사자, 기관의 이름, 작성일자 등이 표기된다.

② **목차**

보고서의 내용을 나타내는 세부 제목들을 순서에 따라 나열하고 해당 면을 표시하여 쉽게 찾을 수 있도록 하고, 도표가 많은 경우 표 목차를 별도로 만드는 것이 좋다.

③ **개요**

조사보고서의 중요한 부분을 요약 정리하여 짧은 시간에 조사보고서 전체의 내용을 파악할 수 있도록 한다. 조사개요에는 조사목적, 조사배경, 조사문제, 가설, 조사내용, 조사방법, 주요 조사결과 및 발견사항, 결론 등이 포함된다.

#### ④ 서론

조사의 취지, 필요성, 목적, 조사범위, 기존의 연구와 비교, 용어의 설명 등이 서술된다. 기존의 유사한 조사와 유사점 또는 차이점에 대해 서술해야 한다.

#### ⑤ 본문

<table>
<tr><td>조사목적</td><td colspan="2">탐색적 · 기술적 · 설명적 · 제안적 목적인지 서술한다.</td></tr>
<tr><td>문제와 가설</td><td colspan="2">조사문제와 가설을 설명하고 가설에 사용된 개념들을 조작적으로 정의한다.</td></tr>
<tr><td>이론적 배경</td><td colspan="2">• 조사문제와 방법에 대한 이론적 배경을 서술한다.<br>• 기존의 문헌이나 연구결과와 검토하고 비교함으로써 수행된다.<br>• 조사가 독창적이라는 근거를 밝힌다.<br>• 사회적 · 학문적 기여도를 제시한다.</td></tr>
<tr><td rowspan="5">하위 조사목표</td><td>조사설계</td><td>조사목적, 주제, 조사문제, 조사대상, 설문지 구성, 자료수집 방법, 자료분석, 보고서 작성, 조사설계가 가지고 있는 장단점에 대해 언급한다.</td></tr>
<tr><td>자료수집방법</td><td>질문지법, 면접법, 내용분석법 등 자료수집방법을 제시한다.</td></tr>
<tr><td>표본추출</td><td>조사대상이 모집단인지 표본인지 설명한다. 표본이라면, 표집 단위, 표집틀, 표본추출절차, 표본크기, 응답률 등에 대한 설명이 있어야 한다. 구체적인 표집방법을 언급한다.</td></tr>
<tr><td>통계적 자료분석방법</td><td>자신이 사용한 통계기법의 정당성을 입증할 수 있어야 한다.</td></tr>
<tr><td>조사결과</td><td>논리적이고 적절한 문체를 사용하여 보고한다.</td></tr>
</table>

#### ⑥ 결론 및 제언

전체적으로 조사목적, 조사과정, 조사방법, 조사내용 등을 간략히 정리하고 조사결과를 토대로 결론을 내린다. 연구의 함의 뿐 아니라 조사상의 제한점과 오류발생 가능성을 정직하게 제시한다. 신뢰성 여부를 판단할 수 있도록 기술해야 하고, 일반화의 가능성을 알려줘야 한다.

#### ⑦ 참고문헌

조사과정에 사용한 참고자료의 출처를 밝힌다.

#### ⑧ 부록

통계분포, 사회지표, 프로그램 소개, 이용자 현황, 설문지 원본 등 부수적인 자료를 첨부한다.

## 미주목록

1) Rubin, A. & Babbie, E., 1998: 34-42.
2) 김영종, 1999: 23-26.
3) Babbie, E., 2000: 29-45; 이관우, 1978: 30-36; 정경숙 외, 1998: 3-5; 채구묵, 2001: 20-21, 김기원, 2001: 19-21.
4) 김기원, 2001: 29-33; 채서일, 1997: 28-37.
5) 김해동, 1989: 142-143.
6) 최성재, 2005: 164-166.
7) 최성재, 2005: 164-166.
8) 채서일, 1997: 45.
9) Lin, 1976: 249; Nachmias & Nachmias, 1981: 81; 김경동, 이온죽, 1986: 279; 최성재, 2005: 173.
10) 김기원, 2001: 445.
11) 이관우, 1978: 252-253; 김기원, 2001: 408에서 재인용.
12) Rubin, A. & Babbie, E., 1999: 32-330.
13) 김기원, 2001: 501-503.
14) 채서일, 1997: 258.
15) 채구묵, 2005: 196-197.
16) 채서일, 1997: 251-252; 김기원, 2001: 222-223.
17) 홍두승, 2000: 131-132; 김영종, 1999: 132.
18) 남세진, 최성재, 1988: 254-258.
19) 김영종, 1999: 140.
20) 남세진, 최성재, 1988: 191.
21) 김영종, 1999: 332.
22) 최성재, 2005 : 459-462.
23) 김영종, 1999: 207.
24) 강영걸 외, 2004: 455-456; 남세진 · 최성재, 1988: 346-347.
25) 남세진, 최성재, 1988: 342-349.
26) 김귀환 외, 2005: 265-266.
27) 이익섭, 이윤로, 2004: 250-261.
28) 김영종, 2006: 439.
29) 김영종, 1999: 432.
30) 이익섭, 이윤로, 2004: 255.
31) 홍현미라 외, 2008: 46-57.

## 참고문헌


강영걸, 박성복, 정영숙, 2004, 『사회복지조사론』, 현학사.

강영걸 외, 2004, 『사회복지조사론』, 양서원.

김기렬, 1999, 『사회과학조사방법론』, 박영사.

김기원, 2001, 『사회복지조사방법론』, 나눔의집.

김귀환 외, 2005, 『사회복지조사방법론』, 나눔의집.

김영종, 1999, 『사회복지조사방법론』, 학지사.

김정기 외, 1999, 『사회조사분석론』, 청원대학교 출판부.

김형식, 1997, 『사회복지프로그램 평가기법』, 아시아미디어리서치.

남세진 · 최성재, 1988, 『사회복지조사방법론』, 서울대학교출판부.

박용치, 1997, 『현대조사방법론』, 경세원.

소영일, 1995, 『연구조사방법론』, 박영사.

이관우, 1978, 『조사분석방법론』, 형설출판사.

이익섭, 윤영로, 2004, 『사회복지조사론의 이해』, 학지사.

이홍탁, 1994, 『사회주사방법론』, 법문사.

유태균, 2006, 『사회복지 자료분석의 기초원리』, 공동체.

채서일, 1992, 『사회과학조사방법론』, 학현사.

채구묵, 2001; 2005, 『사회복지조사론』, 양서원.

최성재, 2005, 『사회복지조사방법론』, 나남.

홍현미라, 권지성, 장혜경, 이민영, 우아영, 2008, 『사회복지 질적 연구방법론의 실제』, 학지사.

Babbie E. R.(2000), *Practice of Social Research, Wordsworth publishing Company*, CA.

Bailey K. D.(1987), *Methods of Social Research*, NY.

Bernal J. D., Science in History, MIT Press, Cambridge, 박영호 역, 한울, 1995.

Bradshaw J.(1977), "The Concept of Social Need", in Planning for Social Welfare. Englewood Cliffs, NJ: Prentice-Hall.

Campbell D. T. & Stanley J. C.(1966), Experimental and Quasi-Experimental Designs for Research, Houghston Mifflin Company.

Cook T. D. & Campbell D. T.(1979), Quasi-Experimentation: Design & Analysis Issues for Field Settings, Houghston Mifflin Company, Boston.

Delbecq S. R. T. & Van De Venm(1977), "Problem Analysis and Program Design: Nominal Group Process Technique", in Planning for Social Welfare.

Everitt A. & et al.(1992), *Applied Research for Better Practice*, Macmillan, company, NY.

Flexner, Berg S.(1987), *Random House Dictionary of the English Language*, Random House, NY.

Gates B. I.(1980), *Social Program Administration: The Implementation of Social Policy*. Englewood Cliffs, NJ: Prentice-Hall.

Huitt & Willian G., Maslow's Hierarchy of Needs, valdosta.edu/col/regsys.

Lauffer A.(1978), A Social Planning at the community Level, Englewood Cliffs, NJ: Prentice-Hall.

Olmstead J. A.(1973), Organization Structure and Climate: Implication for Agencies. Working Papers No. 2. Department of Health, *Education and Welfare in the U.S.A.*(Social and Rehabilitation Service).

Padgett D. K., *Qualitative Method in Social Work Research,* Sage Publications Inc., 유태균 역, 『사회복지 질적 연구방법론』, (2001).

Rubin A. & Babbie E.(2001), Research Methods for Social Work, Wadsworth Publishing, 성숙진 외 역, 『사회복지조사방법론』(2005), 시그마프레스.

Skidmore R. A.(1983), Social Work Administration, Englewood Cliffs, New Jersey; Prentice-Hall, Inc.

Strauss, A., & Corbin, J.(1998), 신경림 역, 『근거이론의 단계』(2001), 서울: 현문사.

York R. O.(1982), *Human Service Planning: Concepts, Tools & Methods*. Chapel Hill, NC : The University of North Carolina Press.